# Lutherische Kirche in der Welt

Jahrbuch des Martin-Luther-Bundes 2021

Begründet von Christian Stoll
Herausgegeben von Carsten Rentzing

# Lutherische Kirche in der Welt

Jahrbuch des Martin-Luther-Bundes
Folge 68 • 2021

MARTIN-LUTHER-VERLAG • ERLANGEN
2021

Bibliografische Information
der Deutschen Nationalbibliothek
Die Deutsche Nationalbibliothek verzeichnet diese
Publikation in der Deutschen Nationalbibliografie;
detaillierte bibliografische Daten sind im Internet über
<http://dnb.d-nb.de> abrufbar.

ISBN 978-3-87513-199-4



Herausgegeben im Auftrag des
Martin-Luther-Bundes
von Carsten Rentzing
Redaktion: Rainer Stahl, Erlangen
Gestaltung: Frank Thiel, Erlangen
Druck: Augustana-Druckerei, Bielsko-Biała (Polen)

# Inhalt

Carsten
Rentzing

# Zum Geleit

Liebe Leserin, lieber Leser,

zu den geringeren Folgen der immer noch andauernden pandemischen Krise weltweit gehört, dass das Jahrbuch des Martin-Luther-Bundes in diesem Jahr verspätet erscheint.

Zu den größeren Folgen für die Christenheit weltweit und auch für die lutherischen Kirchen in der Diaspora gehören immer noch die Einschränkungen beim gemeinsamen Gottesdienst und beim sakramentalen Leben der Kirche. Besonders schmerzhaft vermisst wurde und wird der gemeinsame Gesang in der Gemeinde. Manche Versuche, mit den digitalen Mitteln auszuhelfen und beherzt alleine oder im kleinen Kreis mit Balkonsingen die Zeit der härtesten Ausgangssperren und Maßnahmen zu überbrücken, zeigten nur umso deutlicher, was fehlte und schmerzhaft vermisst wurde.

Lied, Gesang und Musik erfreuen sich bei den lutherischen Kirchen weltweit einer sehr hohen Wertschätzung. Diese Wertschätzung hat bei Martin Luther selbst ihren besten Anwalt.

Luthers schönstes und prägnantestes Zeugnis wird in seinen Tischreden (WA TR 1,968) überliefert und soll hier zitiert werden:

„Der schönsten und herrlichsten Gaben Gottes eine ist die Musica. Der ist der Satan sehr feind, damit man viel Anfechtungen und böse Gedanken vertreibet. Der Teufel erharret ihr nicht. Musica ist der besten Künsten eine. Die Noten machen den Text lebendig. Sie verjagt den Geist der Traurigkeit, wie man am Könige Saul siehet. Etliche vom Adel und Scharrhansen meinen, sie haben meinem gnädigsten Herrn jährlich 3000 Gülden erspart an der Musica; indeß verthut man unnütz dafür 30 000 Gülden. Könige, Fürsten und Herrn müssen die Musicam erhalten; denn großen Potentaten und Regenten gebühret, über guten freien Künsten und Gesetzen zu halten. Und da gleich einzelne, gemeine und Privat-Leute Lust dazu haben und sie lieben, doch können sie die nicht erhalten.

H. Georg, der Landgraf zu Hessen, und H. Friederich, Kurfürst zu Sachsen, hielten Sänger und Cantorei; jetzt hält sie der Herzog zu Bayern, K. Ferdinandus und Kaiser Carl. Daher lieset man in der Bibel, daß die frommen Könige Sänger und Sängerinnen verordnet, gehalten und besoldet haben.

Musica ist das beste Labsal einem betrübten Menschen, dadurch das Herze wieder zufrieden, erquickt und erfrischt wird; wie der sagt beim Virgilio: Tu calamos inflare leves, ego dicere versus; Singe du die Noten, so will ich den Text singen.

Musica ist eine halbe Disciplin und Zuchtmeisterin, so die Leute gelinder und sanftmüthiger, sittsamer und vernünftiger machet. Die bösen Fiedler und Geiger dienen dazu, daß wir sehen und hören, wie eine feine gute Kunst die Musica sei; denn Weißes kann man besser erkennen, wenn man Schwarzes dagegen hält."

Anno 38 am 17. December, da D. Martin Luther die Sänger zu Gaste hatte, und schöne liebliche Motetten und Stücke sangen, sprach er mit Verwunderung: „Weil unser Herr Gott in dies Leben, das doch ein lauter Schmeißhaus ist, solche edle Gaben geschüttet und uns gegeben hat, was wird in jenem ewigen Leben geschehen, da Alles wird aufs Allervollkommenste und Lustigste werden; hier aber ist nur materia prima, der Anfang.

Musicam habe ich allezeit lieb gehabt. Wer diese Kunst kann, der ist guter Art, zu Allem geschickt. Man muß Musicam von Noth wegen in Schulen behalten. Ein Schulmeister muß singen können, sonst sehe ich ihn nicht an. Man soll auch junge Gesellen zum Predigtamt nicht verordnen, sie haben sich denn in der Schule wohl versucht und geübet."

Da man etliche feine, liebliche Moteten des Senfels sang, verwunderte sich D. M. L. und lobte sie sehr, und sprach: „Eine solche Motete vermöcht ich nicht zu machen, wenn ich mich auch zerreißen sollte, wie er denn auch wiederum nicht einen Psalm predigen könnte als ich. Drum sind die Gaben des H. Geistes mancherlei, gleichwie auch in einem Leibe mancherlei Glieder sind. Aber Niemand ist zufrieden mit seiner Gabe, läßt sich nicht genügen an dem, das ihm Gott gegeben hat, alle wollen sie der ganze Leib sein, nicht Gliedmaße.

Die Musica ist eine schöne herrliche Gabe Gottes, und nahe der Theologie. Ich wollt mich meiner geringen Musica nicht um was Großes verzeihen. Die Jugend soll man stets zu dieser Kunst gewöhnen, denn sie macht feine geschickte Leute …"

So beschreibt der Reformator Nutzen und Kraft der Musik und des Gesangs. Bemerkenswert ist, dass neben dem aufmunternden Blick auf Gottes Ewigkeit und die positiven Wirkungen der Musik der Auftrag, Gesang und Musik einzuüben und zu ermöglichen, sich nicht nur an die Geistlichen, an die Schulen und an die Jugend richtet, sondern zu einem geradezu politischen Auftrag guter Regierung wird.

Und noch einmal Luther (an anderem Ort in den Tischreden): „Singen ist die beste Kunst und Übung. Es hat nichts zu thun mit der Welt; ist nicht vor dem Gericht noch in Hadersachen. Sänger sind auch nicht sorgfältig, sondern sind fröhlich, und schlagen die Sorgen mit Singen aus und hinweg."

Dem Schmerz des Verlustes an Gottesdienst, Sakrament, Musik und Gesang stellt dieser Band in einer kleinen Auswahl nun einige Beiträge zum lutherischen Gesang und seiner Lieddichtung entgegen.

Den Anfang bildet Anton Tikhomirovs Beitrag über Jochen Klepper, dessen Lieder in Russland guten Anklang und Eingang gefunden haben. Rudolf Keller erinnert an Paul Gerhardt mit seiner auf Christus bezogenen Mystik, die bis heute menschliche Nöte anzusprechen und zu verwandeln vermag. Ihm folgt Miloš Klátik mit einer Darstellung zu Juraj Tranovoský (Georgius Tranoscius), dessen prägende Wirkung für Dichtung, Lied und Gesang im slawischen Sprachraum im deutschsprachigen Bereich leider kaum bekannt ist. Rainer Stahl schließt die Reihe der Beiträge zu Musik, Lied und Dichtkunst mit einem Beitrag über Martin Luther einschließlich der Herausforderungen bei der Übersetzung seiner Liedtexte.

Gerhard Müllers Beitrag „Was ist der Mensch?" knüpft als zweiter Teil an den Beitrag desselben Autors zu „Gottes Vielfalt. Gottesvorstellungen und Gottesverstellungen" des letztjährigen Jahrbuches an.

Mit diesem Band wird die Dokumentation fortgesetzt und abgeschlossen, mit der Georg Kretschmar seinen Dienst von 1999 bis 2005 in der früheren Sowjetunion und dann in deren Nachfolgestaaten festgehalten hat. Mit dem Jahr 2005 war für die neuere Geschichte der lutherischen Kirche in Russland und vieler benachbarter Länder die Zäsur erreicht, nach der der geistliche Dienst, die Ausbildung und die Leitung dieser kleiner gewordenen Diasporakirchen mehr und mehr in einheimische Hände überging.

Dank zu sagen ist allen, die in dieser schweren Zeit ein Erscheinen dieses neuen Bandes „Lutherische Kirche in der Welt" ermöglicht haben. Allen, die ihn die Hand nehmen, viel Freude und Aufmunterung bei der Lektüre.

Zum Tag des Erzengels Michael
und aller Engel (Michaelis) 2021

Dr. Carsten Rentzing
Präsident des
Martin-Luther-Bundes

Anton
Tikhomirov

# Jochen Klepper: Zeugnis durch Katastrophe[1]

Reinhold Schneider, sein engster Freund, Schriftsteller und überzeugter Katholik, schrieb über den tragischen Tod von Jochen Klepper und seiner Familie:

> „Klepper hat die Seinen an der Hand genommen, als es kein Recht und keinen Schutz mehr gab, und ist mit ihnen vor den Richter, den schrecklichen Vater, geeilt, sich schuldig wissend und doch unergründlicher Gnade gewiss: gerade dieser Tod, von ihm her gesehen, zu einem Glaubenszeugnis und einem Zeichen der Treue geworden; es war kein Nein, vielmehr ein Ja, der glaubensstarke Schritt über die Schwelle des Ewigen Hauses …“[2]

Jochen Klepper wurde 1903 in der Familie eines schlesischen Pastors geboren.[3] Er studiert Theologie, bricht jedoch kurz vor seinen Abschlussprüfungen ab, weil er sich nicht in der Lage fühlt, Pastor und Prediger zu werden. Danach arbeitet er als Journalist und macht erste literarische Experimente. Es ist jedoch wichtig zu verstehen, dass er durch seine Lehrer an der Universität[4]

---

1 Dieser Text stellt eine erweiterte Version meines Vortrags dar, den ich am 2. September 2020 in Moskau bei der Eröffnung der Ausstellung „Christliche Märtyrer der Nazi-Zeit“ gehalten habe.

2 Jochen Klepper, Unter dem Schatten deiner Flügel. Aus den Tagebüchern der Jahre 1932–1942, Stuttgart 1956, 12–13.

3 Die Informationen über die Biografie Kleppers gebe ich auf der Grundlage von seinen Tagebüchern (Jochen Klepper, a. a. O. [wie Anm. 2]), dem klassischen Werk von Rita Thalmann: Jochen Klepper: ein Leben zwischen Idyllen und Katastrophen, München 1977, und teilweise nach Heinz Grosch: Nach Jochen Klepper fragen. Bilder – Dokumente – Biographisches, Stuttgart 2003. Hinweise, gewonnen aus anderer Literatur, werden extra angegeben.

4 Zum Beispiel an der Universität Breslau den ab 1926 in Greifwald lehrenden Systematischen Theologen und Lutherforscher Rudolf Hermann. Helmut Gollwitzer schreibt dazu: „Theologisch, so hatte ich den Eindruck, war Klepper im Blick auf Luther im wesentlichen auf Studieneindrücke bei Rudolf Hermann beschränkt geblieben. Zwei-

eine der interessantesten theologischen Schulen jener Zeit kennenlernen kann: die Lutherrenaissance. Das war eine Bewegung, die von der damals entdeckten frühen Theologie Luthers inspiriert war, in der die Frage nach dem Gericht Gottes besonders akut war und die Idee betont wurde, dass Gott durch den Fluch hindurch, durch die Erfahrung, von ihm verlassen zu sein, *doch* vergibt und rettet. Klepper ist, wie aus seinen Tagebucheinträgen und seiner Arbeit hervorgeht, tief von diesen Ideen geprägt. Was aber noch auffälliger ist: Diese Ideen bestimmen auf tragische Weise auch sein persönliches Schicksal.

Eines der wichtigsten Ereignisse in Kleppers Leben ist die Eheschließung mit Johanna (Hanni) Stein. Sie war Witwe, zwölf Jahre älter als er und hatte zwei Töchter aus ihrer ersten Ehe: Brigitte und Renate. Und – was damals in Deutschland am wichtigsten war – sie ist Jüdin. 1932 zieht die Familie nach Berlin, wo sie bis zu ihrem Tod lebt.

Der Aufstieg der Nazis zur Macht bedeutet für Klepper den Beginn der Unterdrückung und der Schwierigkeiten, die mit seiner Ehe verbunden sind. Allerdings war das Regime in dieser Hinsicht nicht konsequent. 1937 wurde Kleppers Roman „Der Vater" veröffentlicht, in dem er das Leben des zweiten preußischen Königs, des Sohns von König Friedrich I., König Friedrich Wilhelm I., beschreibt. Und dieser Friedrich Wilhelm I. war eine der Kultfiguren der Nazis. Kleppers Roman war sehr beliebt bei Pastoren, Wehrmachtsoffizieren und hochrangigen Beamten des Dritten Reiches geworden. Er stand auch in Hitlers persönlicher Bibliothek.

Die Wahl dieses Charakters scheint auf den ersten Blick überraschend zu sein. Friedrich Wilhelm I. wurde der „Soldatenkönig" genannt, er galt als Begründer des preußischen Militarismus und war für seine Zähigkeit und seine autoritären Tendenzen bekannt. In dieser Hinsicht wurde er oft mit seinem Zeitgenossen und Freund Peter dem Großen verglichen.[5]

---

fellos ist ihm von diesem einiges an Kernsubstanz Lutherischer Theologie erschlossen und eingeprägt worden, allerdings mit einer gewissen Vereinseitigung zur Individualfrömmigkeit bzw. zum individuellen Glaubensverständnis" (zitiert nach: Rita Thalmann, Jochen Klepper [wie Anm. 3], 271).

5 Jochen Kleppers Roman „Der Vater" berichtet öfter von den Begegnungen beider (u. a. am Ende des Kapitels „Heerschau und Landfahrt". Jochen Klepper, Der Vater. Roman eines Königs, München [versch. unveränd. Aufl.] 1977/2001; 193–209 u. 245. Ergänzt sei, dass das „Bernsteinzimmer" unter König Friedrich I. geschaffen und in das Berliner Schloss eingebaut worden war. König Friedrich Wilhelm I. hat es dann 1716 Zar Peter I. geschenkt! Vgl.: Das Bernsteinzimmer. Die zweite Geburt, Sankt Petersburg 2004, 11–12.

Jochen Klepper sieht in dieser Figur jedoch einen Mann von tiefem Glauben. Es war der christliche Glaube, der Protestantismus in der Wahrnehmung des Schriftstellers, der seiner Meinung nach zur Hauptgrundlage und zum Kern des aufstrebenden preußischen Staates geworden war.

Während der Arbeit an dem Roman kommt Klepper, der einst Mitglied der Sozialdemokratischen Partei war, allmählich zu monarchistischen Überzeugungen. In der Monarchie sieht er jedoch weniger ein politisches System, das besser wäre als jedes andere, sondern ein Gleichnis, ein religiöses Bild, das uns in der Heiligen Schrift von Gott selbst gegeben worden sei. Der König, der Herrscher, ist eine Art Symbol, dank dessen wir Gott besser verstehen können, Gott in seinem weltlichen Reich ahnen können, Gott nämlich, der die volle Macht über die Welt hat, der nach eigenem Ermessen urteilen, hinrichten und vergeben kann. Bezeichnend ist, was eine der Charaktere im Roman sagt, indem er sich an den König wendet:

> „Gott ist ein himmlischer ewiger König; und der König ist ein irdischer sterblicher Gott. Könige, Majestät, Könige im Glauben, sind wandelndes Gleichnis unter den Menschen, sind Hüter der heiligen Ordnung Gottes, für die er sich in seinem Sohne hingab; Haushalter seiner Geheimnisse sind die Könige der Erde – auch dort, wo sie morden.“[6]

„Auch wenn sie töten.“ So wird der König zum Symbol des verborgenen oder, wie Luther manchmal sagt, „nackten“ Gottes. Gott, der in seiner Heiligkeit und Gerechtigkeit sowie in seiner Allmacht und Allwissenheit zur schrecklichsten existenziellen Bedrohung für einen unvollkommenen und sündigen Menschen wird. Luther hatte Angst vor ihm und identifizierte ihn in einigen Werken fast mit dem Teufel. Gleichzeitig glaubte Luther, dass man nur durch die Erfahrung seines Fluches Erlösung erkennen und finden kann. Und so wird im Verständnis von Klepper ein christlicher Monarch zum Symbol dieses Gottes auf Erden.

Um die Ordnung aufrechtzuerhalten, um die Schöpfung Gottes vor der Zerstörung durch die Kraft der Sünde zu retten, ist der König gezwungen, Gewalt anzuwenden, Böses zuzulassen. Das Gute setzt sich durch das Böse durch, das Leben – durch den Tod, das Wohl – durch Leiden, der Wille Gottes – durch die Sünde. Gleichzeitig muss der König für jede seiner Handlungen und für jede seiner Entscheidungen eine persönliche, innerliche Verantwortung tragen. In dieser Hinsicht wird er nicht nur ein Symbol

---

6 Jochen Klepper, Der Vater. Roman des Soldatenkönigs [wie Anm. 5], 332 (im Kapitel „Der König und der Abenteurer“).

für Gott, sondern auch umgekehrt, zu einem Bild der Menschen angesichts Gottes, vor Gott. So schreibt Klepper in seinem Roman:

> „Dem harten Richter schwindelte, als er, von den Gleichnissen zerquält und von der Schwere der Bilder bedrängt, die nun als Wirklichkeit aus seinem Leben hervorgebrochen waren, das letzte, unergründlichste und unerträglichste vor sich aufsteigen sah: das Bild des stellvertretenden Leidens, das er für die verletzte Ordnung forderte wie der heilige, unwandelbare Gott. Ihn schauerte davor, ein König zu sein und das Gleichnis Gottes aufrichten zu müssen, richtend und fordernd, indes er immer mehr zum Büßer wurde und tiefer als sein ärmster Gefangener gebeugt war unter Gottes Gericht. Denn Könige müssen schwerer sündigen als andere Menschen. Er lebte nur noch im Bilde. Sein Herz war tot in Angst vor dem Dunkel, in dem Gott sich verbarg; der verborgene Gott, der keine andere Offenbarung vor sich zuließ als das Kreuz.“[7]

Für Klepper ist es auch im Allgemeinen wichtig, im Bewusstsein zu behalten, dass alles im Menschen von Sünde erfüllt ist und gleichzeitig nach dem Willen Gottes geschieht. In sein Tagebuch schreibt er:

> „Ein Katholik wie Schneider arbeitet in dem Gefühl der Verderblichkeit vor Menschen und des Verdienstes vor Gott – wir Protestanten müssen unser Leben ertragen in dem Gefühl der Vergeblichkeit unserer Arbeit vor Menschen und der Verwerflichkeit vor Gott.“[8]

Was auch immer ein Mensch tut, welche Entscheidung er in einer bestimmten Situation trifft, es wird eine Sünde sein. Selbst das Beste, das Höchste im Menschen ist sündig und zur Verdammnis verurteilt – in diesem Fall ist Klepper absolut eins mit Luther. Aber anscheinend kann er auch weiter gehen als der Reformator: Sogar unser Glaube, unser gerecht machender Glaube an Christus, wird von Gott gerichtet. Er schreibt: „Auch der Glaube, der uns rechtfertigt und selig macht, ist etwas, das von Gott unausgesetzt gerichtet werden muss.“[9]

Dies ist jedoch nur die eine Seite der Medaille. Die zweite macht deutlich, dass alles nach Gottes Willen getan wird. Dies bedeutet, dass Gott nicht nur trotz unserer Sünde und Schuld handelt, sondern auch durch sie und in ihnen.

Zu leben bedeutet für Klepper, ständig zu irren und gleichzeitig von Gott in diesem Irren geführt zu werden. Gott wird nicht außerhalb menschlicher

7 A. a. O., 661 (im Kapitel „Der Gott von Geldern“).
8 Unter dem Schatten deiner Flügel [wie Anm. 2], 307.
9 A. a. O., 913.

Schuld und menschlicher Sünde offenbart, sondern tief in ihnen. Gott, der aus menschlicher Sünde und Schuld heraus handelt, ist auch ein verborgener, unverständlicher Gott – aber dieser Gott ist auch der Gott, der sich in Leiden, Verdammnis und der Schuld des Kreuzes offenbart.

> „Nicht mehr so viele Möglichkeiten durchprobieren – einen Weg gehen. Gottes Führung kann es machen, dass er zum Schluss nicht falsch war, auch wenn ich diesen Weg vielleicht bei jedem Schritt für falsch halten muss und umkehren möchte. So verläuft ja schließlich auch dieses Leben, das ich nun zu schreiben beginne –. Ja, vielleicht will ich überhaupt niemals etwas schreiben, als dies In-die-Irre-Laufen und Dennoch-von-Gott-geführt-werden?“[10]

***

In dieser Hinsicht ist seine Meinung über die christliche Literatur und über die Bibel besonders interessant. Es war die Bibel im vollen Sinne des Wortes, die das Leben dieses Schriftstellers erfüllte. In allem, was ihm widerfuhr, suchte und fand er Echos ihrer Texte. Sein ursprüngliches Motto waren die Worte des württembergischen Theologen Johann Albrecht Bengel (1687–1752) aus dem Vorwort zu seiner Ausgabe des Neuen Testaments: „Te totum applica ad textum; et rem totam applica ad te“ = „Wende dich ganz dem Text zu, und die ganze Sache wende auf dich an“. Dabei ist wichtig: Wenn er eine biblische Epigraphik für seine Gedichte auswählt, gibt er nur selten einen genauen Vers an, sondern meistens signiert er einfach den Text mit: „Die Bibel“. Da Klepper die Theologie gründlich studiert hatte, kann eine solche Haltung nur als bewusstes Signal wahrgenommen werden: Die Bibel ist für ihn wichtig, ohne ihre wissenschaftliche oder exegetische Forschung zu berücksichtigen, als etwas Elementar-Integrales, das existiert und in der Lage ist, außerhalb des historischen religiösen und kulturellen Kontextes zu sprechen. Der Text der Bibel selbst ist darüber hinaus bereits eine Grundlage für Hoffnung: eine rettende Realität. Diese Idee wird in einer anderen Passage aus seinen Tagebüchern etwas anders ausgedrückt:

> „— In der eigenen Sprache ausgedrückt, bedrücken die eigenen Fragen noch mehr – in den Worten der Schrift bezeichnet, enthalten sie schon Befreiung, Trost und Antwort …“[11]

10 A. a. O., 160.
11 A. a. O., 310.

Jedoch erscheint ihm die Bibel gleichzeitig doch nicht als flache Ebene. Es ist offensichtlich, dass für ihn eine bestimmte Hierarchie der Wahrheiten in ihr besteht. Darüber hinaus ist diese Hierarchie in eine breitere Hierarchie eingebunden, die auch außerbiblische Texte umfasst:

> „Aber auch Predigen und Beten geschehen in der Buße vor Gott, der alle Gesetze seiner Heiligkeit selbst erfüllt [...] Das ist mir Christus: Gottes erträgliche Gestalt unter den Menschen [...] Gott ist ganz in Christus. Aber Christus ist nicht der ganze Gott. In diesen Paradoxen des Glaubens lebt man hin, – und nur wenn ich Jesaja oder Luther lese, kommt eine Beruhigung in meinem Geist.“[12]

Damit gelangen wir zu der Frage nach Kleppers Verständnis der christlichen Schrift.

Diese Beziehung kann mit Hilfe von zwei scheinbar widersprüchlichen, aber eng verwandten Thesen bezeichnet werden:

1. Christliche Fiktion ist in der Tat nicht mehr und nicht weniger als eine Fortsetzung der Bibel, eine Art prophetischer Akt. 2. Jedes Kunstwerk, einschließlich des christlichen, ist ein Haufen von Sünde, Lüge und leerer Eitelkeit.

Die erste dieser Thesen kann durch das folgende Zitat von Klepper selbst veranschaulicht werden:

> „Was ist alles Wort, das sich nicht gründet aufs Johannes-Evangelium? Was sind alle Bücher, die nicht erschüttert Recht, Weihe und Notwendigkeit erfahren von dem einen Buche her, das allein das Amt des Buches so groß macht?“[13]

Hier geht es jedoch nicht nur um die Auslegung der Schrift. Literatur ist für Klepper gleichzeitig eine Interpretation des Lebens. Darüber hinaus sprechen wir nicht über zwei verschiedene Momente, sondern über zwei Seiten desselben Prozesses, weil das Leben für ihn wie für Luther „voller Bibel“ ist. Das Leben kann nur auf der Grundlage der Bibel interpretiert und verstanden werden. Dies ist die wahre Bedeutung der Literatur: Das wirkliche Leben in einem biblischen Licht zu zeigen, das Leben mit der Bibel zu verbinden. Literatur ist eine Art Brücke: vom Leben zur Schrift und umgekehrt. In gewissem Sinne könnte man sagen, dass die Literatur für Klepper dieselbe Rolle spielt, die die mündliche Predigt für Luther hätte spielen sollen.

12 A. a. O., 88.
13 A. a. O., 484.

In diesem Sinne ist es kein Zufall, dass Klepper ganz am Ende seines Aufsatzes über den christlichen Roman den Evangelisten Johannes zitiert: „Es sind auch viele andere Dinge, die Jesus getan hat; so sie aber sollten eins nach dem andern geschrieben werden, achte ich, die Welt würde die Bücher nicht fassen, die zu schreiben wären."[14] Der Dienst eines christlichen Schriftstellers stellt die Schaffung dieser sozusagen „fortlaufenden und aktualisierenden" Bücher dar.

In diesem Sinne ist für ihn die natürlichste Form eines christlichen Romans der historische Roman, in dem der Autor versucht, den wahren Plan Gottes hinter bestimmten realen historischen Ereignissen oder Persönlichkeiten zu erraten und zu enthüllen. Darüber hinaus ist Historizität, wie zum Beispiel in seinem Roman „Der Vater" gezeigt, nicht in erster Linie ein Hinweis auf die Vergangenheit und nur deren Interpretation, sondern auch ein Weg, die gegenwärtigen Prozesse und die gegenwärtige Lebenssituation der Menschen besser zu verstehen.

Und hier kommen wir zur zweitwichtigsten These. Wie wir bereits gesehen haben, ist jede Tat einer Person für Klepper sündig, leer und falsch. Das betrifft auch die christliche Literatur und die christliche Dichtung. Klepper schreibt: „[...] ich würde wohl [...] noch weiter schreiben – und vielleicht gerade dem Lobe Gottes im Bewusstsein der Verwerflichkeit; denn dies ist wohl der echte Stoff des Protestantismus"[15]. An einer anderen Stelle im Tagebuch heißt es:

> „Ich bin zur Überzeugung gekommen, dass eine protestantische Dichtung fast unmöglich ist: sie kann von Vergebung und Gnade als ihrem Hauptinhalt nichts aussagen, weil sie, mit jedem ihrer Worte, den Anspruch auf Gnade und Vergebung braucht [...]. Wo die Dichtung von der Offenbarung der Schrift und der Geschichte, dem Handeln Gottes an Menschen, zerschmettert wird, wo die Dichtung an der Offenbarung sich reibt – dort könnte der Funke protestantischer Dichtung hervorspringen. Manchmal geht es nur mit der verhassten, leichtfertigen Dialektik: protestantische Dichtung protestiert gegen sich selbst."[16]

***

14 Jochen Klepper, Der christliche Roman, Berlin 1940, 29 (Joh 21,25).
15 Unter dem Schatten deiner Flügel [wie Anm. 2], 318.
16 A. a. O., 87.

Obwohl Kleppers Monarchismus nicht politischer, sondern religiöser Natur ist, bekräftigt er mit seinem Bild vom Schriftsteller die traditionellen lutherischen Überzeugungen, die mit der Zwei-Reiche-Lehre verbunden sind. Es geht auch um die Verehrung weltlicher Mächte, wie sie von Gott gegeben und daher unantastbar sind. Man sollte dazu einige der damals typischen nationalistischen Tendenzen nicht unterschätzen, die auch in Kleppers Weltanschauung verankert waren. All dies führte dazu, dass Klepper die Idee einer aktiven Opposition gegen das NS-Regime entschieden ablehnte.

Er konnte dieses Regime jedoch nicht akzeptieren, und er akzeptierte es natürlich nicht. In religiöser Hinsicht war Hitlers Regime für ihn etwas Dämonisches, Gott Hassendes. In politischer Hinsicht war dieses Regime das Gegenteil von der „preußischen Idee", wie Klepper sie verstand, der Idee eines Staates, der wenn auch autoritär und streng, aber doch gerecht ist und sich auf christlichen Werten gründet.

All dies spiegelt sich in einer Reihe seiner Gedichte wider – wie zum Beispiel in den „Olympischen Sonetten". Wie schon der Name sagt, wurden diese Gedichte während der Olympischen Spiele 1936 in Berlin geschrieben. Eines dieser olympischen Sonette heißt „Zeughaus". Es beschreibt das für die Olympischen Spiele festlich geschmückte Zeughaus in Berlin, in dem die Fahnen des alten preußischen Heeres aufgehängt sind:

Die Ampeln brennen über den Kanonen.
Die alten Fahnen hängen stumm im Lichte;
doch nicht zum Fest: sie werden zum Gerichte.
Sie rauschten in den Schlachten und vor Thronen.

В мерцанье уличных огней свисают
над пушками старинные знамена
Они не праздник, – суд нам возвещают,
взивавшиеся в битвах и у трона.

Vor ihnen gilt kein Leugnen und kein Schonen.
Vor ihrem Wissen wird der Trug zunichte.
Zerfetzt von allen Leiden der Geschichte,
verdammen sie und weigern sich, zu lohnen.

Пред горечью их мудрости послушно
вся ложь и миражи все отступают.
Изодраны скорбями дней минувших,
не славят больше флаги, – проклинают.

Sie, die einst brausend in die Zukunft wehten,
sind wie das Schweißtuch eines Todgeweihten
und allen Schwüren dieser Welt entnommen.

Те, что когда-то в будущее вились,
сейчас повязки будто, что скрывают
от палачей приговоренных лица.

Von Liedern schweigend, zeugend von Gebeten,
erkennen sie nur die fürs Kreuz Bereiten
und rufen nur noch, die als Beter kommen.[17]

Не с маршами, – с молитвами сроднились
Они теперь и лишь того признают,
Кто со смиреньем пред крестом склонится.[18]

Natürlich konnten solche Gedichte in jener Zeit nicht veröffentlicht werden, sie wurden aber von einigen Freunden und Bekannten Kleppers heimlich abgeschrieben und verbreitet.

In den späten 30er Jahren wird ebenfalls „Kyrie" veröffentlicht, Kleppers Sammlung geistlicher Gedichte. Es verkauft sich auch in großen Stückzahlen. Zu vielen Texte wird sofort Musik geschrieben, sie werden bei Gottesdiensten gesungen. Jetzt enthält das Evangelische Gesangbuch zwölf Klepper-Texte. Der bekannteste von ihnen ist das Lied „Die Nacht ist vorgedrungen". Es steht auch im Gesangbuch der Evangelischen-Lutherischen Kirche Russlands. Aber jetzt biete ich es in meiner neuen Übersetzung:

Die Nacht ist vorgedrungen,
der Tag ist nicht mehr fern.
So sei nun Lob gesungen
dem hellen Morgenstern!
Auch wer zur Nacht geweinet,
der stimme froh mit ein.
Der Morgenstern bescheinet
auch deine Angst und Pein.

---

17 „Zeughaus" in Jochen Klepper, „Ziel der Zeit". Die gesammelten Gedichte, Witten und Berlin 1962, 38.

18 Die russische Übertragung des Gedichtes stammt von mir (A.T.).

Смотри, звезда восходит
На темных небесах,
Чтоб снова нам напомнить:
Не вечны боль и страх.
Глаза полны слезами,
Но пусть уста твои
Вольются в хор, что славит
Свет утренней звезды!

Dem alle Engel dienen,
wird nun ein Kind und Knecht.
Gott selber ist erschienen
zur Sühne für sein Recht.
Wer schuldig ist auf Erden,
verhüll nicht mehr sein Haupt.
Er soll errettet werden,
wenn er dem Kinde glaubt.

Владыка сил бесплотных
Родился во хлеву:
Наш долг за нас исполнить
С нас нашу снять вину.
Не прячьте лиц в смущенье,
Вы, делавшие зло,
Ведь всех грехов прощенье
Младенцем нам дано.

Die Nacht ist schon im Schwinden,
macht euch zum Stalle auf!
Ihr sollt das Heil dort finden,
das aller Zeiten Lauf
von Anfang an verkündet,
seit eure Schuld geschah.
Nun hat sich euch verbündet,
den Gott selbst ausersah.

Ночи предел положен.
Дорога вас зовет:
В хлеву, среди соломы,
Спасенье всех нас ждет.

От века нас готовил
К спасенью ход времен.
Свершитель Божьей воли,
Сегодня нам рожден.

Noch manche Nacht wird fallen
auf Menschenleid und -schuld.
Doch wandert nun mit allen
der Stern der Gotteshuld.
Beglänzt von seinem Lichte,
hält euch kein Dunkel mehr,
von Gottes Angesichte
kam euch die Rettung her.

Нет, ночи еще могут
Пугать своею тьмой.
Но чернота дороги
Озарена Звездой.
Свет ясный не померкнет,
Тьма не объемлет нас.
Своим судом навеки
Бог осужденных спас.

Gott will im Dunkel wohnen
und hat es doch erhellt.
Als wollte er belohnen,
so richtet er die Welt.
Der sich den Erdkreis baute,
der lässt den Sünder nicht.
Wer hier dem Sohn vertraute,
kommt dort aus dem Gericht.[19]

Бог скрыт от нас во мраке,
Там, где и тьма как свет.
Нам в трепете и страхе
Пред Ним держать ответ.

19 Evangelisches Gesangbuch, Nr. 16.

Но нас Творец Вселенной
Не выпустит из рук.
Тех, кто Младенцу верен,
Он проведет сквозь суд.

Brigitte, Hannys älteste Tochter, wurde nach England geschickt – buchstäblich am Vorabend des Ausbruchs des Zweiten Weltkrieges. Wegen ihrer Krankheit konnte damals Renate nicht zusammen mit ihrer Schwester Deutschland verlassen. Weiterhin kümmert sich Jochen mit allen seinen Kräften um Renate, um sie davor zu schützen, in ein Konzentrationslager geschickt zu werden, und um ihre Auswanderung in ein neutrales Land zu organisieren.

Natürlich ist Klepper wegen seiner Familie besonders besorgt über alles, was im Allgemeinen mit Juden in Deutschland geschieht. Er versucht, in dieser so schrecklichen Situation ein neues Verständnis ihrer religiösen und ethnischen Identität zu beschreiben. Allerdings war Klepper nicht frei von den damals üblichen christlichen Vorurteilen. Zum Beispiel schreibt er in sein Tagebuch: „Im Nationalsozialismus und dem Judentum stehen sich zwei Gegner gegenüber, die beide Christus hassen.“[20] Gleichzeitig sieht er jedoch etwas anderes. Um noch einmal aus seinen Tagebüchern zu zitieren:

> „Worin sind wir besser als die Juden? In dem, was Gott uns geschenkt hat. Wir haben's nicht erworben und verdient. Mit den Juden geschieht etwas so Ungeheuerliches, dass man sich der lähmenden Wirkung kaum mehr erwehren kann! Die entsetzliche Ohnmacht des Volkes gegenüber dem, das im Namen des Volkes geschieht [...] Das eigene Wesen – das Judentum –: Gott muss retten. Gott muss schnell retten.“[21]

In dieser schwierigen Zeit werden Hanni und Renate getauft. Dieser Schritt hatte keinen externen Nutzen: Das NS-Regime verfolgte Juden nicht aus religiösen, sondern aus rassistischen Gründen. Die Taufe dieser beiden zunächst eher nichtreligiösen Frauen ist eine Folge von Jochens persönlichem Lebensbeispiel. Selbstverständlich war für beide Frauen die Konversion zum Christentum keine leichte Entscheidung und mit vielen unangenehmen Erfahrungen und Problemen verbunden. Einige von ihnen werden zum Beispiel durch den folgenden Eintrag aus Kleppers Tagebuch belegt:

20 Unter dem Schatten deiner Flügel [wie Anm. 2], 572.
21 A. a. O., 667–668.

„Die arme Renerle ist gleich heute am ersten Sonntag zur Sonntagsarbeit in der Fabrik ausersehen worden und war sehr unglücklich. Und doch haben wir gestern abend sehr ernst mit Renerle reden müssen; dem Judentum völlig entfremdet, verstand sie ihre neue Lage, ihr neues Schicksal überhaupt nicht, verstand nicht, dass sie das jüdische Schicksal in Deutschland als Christin unter Juden mittragen muss.“[22]

Inzwischen beginnt der Zweite Weltkrieg. Wie viele Deutsche seiner Zeit war Klepper vom Erfolg der Wehrmacht beeindruckt, aber zugleich äußerst alarmiert. Um einen Tagebucheintrag zu zitieren:

„Der Sieg in Norwegen verspricht so überraschend und glanzvoll zu werden wie der in Polen, nur viel opferreicher. Gerade die tieferen Deutschen sind aber schmerzlich enttäuscht von dieser herrlichen Armee, die sich mit der ruhmvollen militärischen Aufgabe hinwegtäuschen lässt über die Frage, wofür dies alles geschehe und auf welchen Weg Deutschland gerate. Eine einzigartige Armee, die jede Leistung auf sich nimmt und die Verantwortung scheut. Ich für mein Teil habe mich ganz für den Sieg als das schwerste Schicksal Deutschlands vorbereitet, auf einen Aufstieg, der den tiefen inneren Verfall so verdeckt, dass keiner wird davon reden können. Es ist sehr schwer, ob Sieg oder Niederlage, nicht mehr wünschen, sondern nur noch fürchten zu können.“[23]

1940 wird Klepper in die Armee eingezogen. Er dient im Nachschub. Nach einigen Monaten kehrt er jedoch nach Hause zurück. Da Klepper mit einer jüdischen Frau verheiratet war, galt er als unwürdig, Soldat zu sein.

Zu Hause sieht er sich mit der Tatsache konfrontiert, dass die Situation seiner Familie fast unerträglich geworden ist. Renate muss einen David-Stern auf ihren Kleidern tragen, und deshalb kann sie sich nicht einmal mehr an ihren Lieblingsplatz in der Kirche setzen oder zur Kommunion gehen, sonst zieht sie die verdächtigen Blicke von anderen Gemeindemitgliedern auf sich.

Und doch gibt es trotz aller Widrigkeiten plötzlich Hoffnung. Obwohl fast niemand jüdische Auswanderer aus Deutschland annimmt, gibt Schweden nach den unwahrscheinlichen Bemühungen Kleppers und seiner Freunde die Erlaubnis zur Einreise von Renate. Kleppers Bekannten in der Elite des Dritten Reiches bestätigen eindeutig, dass das Verlassen Deutschlands die einzige Rettung für Renate sein wird. Jetzt müssen sie jedoch ein Ausreisevisum für sie bekommen. Die endgültige Entscheidung muss von Adolf Eichmann getroffen werden. Klepper hat einen Tag nach seinem Gespräch

22 A. a. O., 924.
23 A. a. O., 876–877.

mit Reichsinnenminister Frick auch mit ihm ein Gespräch und als dessen Aussage in seinem Tagebuch festgehalten: „Ich habe noch nicht mein endgültiges Ja gesagt."[24] Wir kennen die Reaktion auf dieses Gespräch aus dem letzten Eintrag in Kleppers Tagebuch:

„Nachmittags die Verhandlung auf dem Sicherheitsdienst.
Wir sterben nun – ach, auch das steht bei Gott –
Wir gehen heute Nacht gemeinsam in den Tod.
Über uns steht in den letzten Stunden das Bild des Segnenden Christus,
der um uns ringt.
In dessen Anblick endet unser Leben."[25]

Dieser Eintrag in sein Tagebuch wurde zu einem der Schuldbeweise im Prozess gegen Adolf Eichmann in Israel ...[26]

Ja, Jochen Klepper war nicht zu aktivem Widerstand gegen den Nationalsozialismus bereit. Aber er kann durchaus als christlicher Märtyrer dieser Zeit angesehen werden. Durch seinen Tod verkündigt er Christus auf paradoxe und tragische Weise. Dies hatte Reinhold Schneider in den Worten, die ich am Anfang zitiert hatte, genau ausgesagt. Den letzten schrecklichen Schritt zusammen mit seinen Liebsten hatte Klepper in der Hoffnung auf die unendliche Kraft der Vergebung und Barmherzigkeit Gottes, die uns in Christus gezeigt wurde, getan. So wurde von einem anderen Freund des Dichters festgestellt:

> „Was ihn überdauert, ist die Macht und Hilflosigkeit seines Glaubens. Wenn ich so ungeschützt leben musste, wie er gelebt hat, wie könnte ich bestehen? – Als Protestant hatte ich sonst niemals Fürbitte für Verstorbene getan. Sie für Jochen Klepper zu tun, war mir ein Bedürfnis. Vielleicht aus dem Gefühl heraus: Wie sollte uns vergeben werden, wenn ihm nicht vergeben wird?"[27]

Durch sein Leben und Tod, durch seine Arbeit und seine theologischen Überlegungen gab Jochen Klepper Zeugnis von menschlicher Schwachheit, von menschlicher Niederlage und von der Hoffnungslosigkeit der gefalle-

24 A. a. O., 1132.
25 A. a. O., 1133.
26 Vgl. Ernst G. Riemenschneider, Der Fall Klepper. Eine Dokumentation, Stuttgart 1975, 3.
27 Zitiert nach: Ilse Jonas, Jochen Klepper. Dichter und Zeuge, Berlin 1960, 151–152. Der Autor des gegebenen Zitats wird nicht genannt.

nen menschlichen Natur. Aber damit gleichzeitig bezeugte er Gottes Größe, die Unbedingtheit seiner Liebe und Barmherzigkeit. Die Lektion, die er uns erteilt, ist eine schreckliche Lektion. Aber genau deshalb dürfen solche Lektionen nicht vergessen werden.

Zum Schluss noch ein Zeugnis über Jochen Klepper:

> „Deutlich besinne ich mich auf ein Gespräch mit Jochen Klepper. Er hatte – sehr bekümmert, aber auch sehr scharf – vom ‚Versagen' so vieler Prediger gesprochen. Ich hatte damals selbst schon etliche Jahre Predigtdienst hinter mir und kannte aus eigener Erfahrung die schwierige Situation des Predigers […]. Ich fragte ihn etwas traurig: ‚Was sollen wir denn predigen?' Unvergesslich ist mir seine Antwort: ‚Trost, immer wieder Trost!'."[28]

28 Dokumentiert bei: Ilse Jonas, a. a. O., 97.

Rudolf
Keller

# „Ich will dich ins Herze schließen“

## Die Mystik in den Liedern Paul Gerhardts[1]

*Hans-Peter Hübner zum 60. Geburtstag*

## 1. Allgemeine Vorbemerkungen

Was ist eigentlich Mystik? Oft hört man, Mystik sei eine Epoche mittelalterlicher Theologie, in der besondere Personen hervorstechen und deshalb immer wieder genannt werden. Wen kann man unter dem Stichwort nennen? Bernhard von Clairveaux, ja sogar auch Luther und auch Paul Gerhardt. Ich will aber nicht nur historisch fragen, was Mystik ist. Man sollte keinesfalls Mystik nur als eine spezifisch katholische Tradition im Unterschied zu evangelischer Frömmigkeit darstellen und bearbeiten. In der in Finnland betriebenen Lutherforschung gab es ein besonderes Interesse für das Thema. Professor Tuomo Manermaa in Helsinki setzte seine Schüler immer wieder an Untersuchungen über Einzelfragen der Mystik im älteren Luthertum. Das war eine wichtige Ergänzung zu den sonst häufig untersuchten Themen. Ich möchte der Frage, was Mystik bedeutet, einen Augenblick von der grundsätzlichen Seite her nachgehen.

Das Wort Mystik lässt sich aus der griechischen Sprache herleiten. Ein uns an Weihnachten sehr bekannter Text ist da ein Zentralhintergrund. Im 1. Timotheusbrief (3,16) lesen wir: „Groß ist, wie jedermann bekennen muss, das Geheimnis des Glaubens: Er ist offenbart im Fleisch, gerechtfertigt im Geist, erschienen den Engeln, gepredigt den Heiden, geglaubt in der Welt, aufgenommen in die Herrlichkeit.“ Hier wird das Geheimnis des Glaubens

1 Diese Überlegungen gehen zurück auf einen Vortrag, den ich im Rahmen der Veranstaltungen des Evangelischen Erwachsenenbildungswerks in Ansbach gehalten habe.

beschrieben. Wörtlicher müssten wir das griechische Wort vielleicht übersetzen „das Geheimnis der Frömmigkeit“ oder „des Gottesdienstes“. Für unser Wort steht im griechischen Text das Wort „Mysterion“. Und dieses Wort wird gebraucht in dem urchristlichen Lied, das im Brief an Timotheus zitiert wird. Es preist Christus in drei Doppelzeilen. Damit sind wir auf einer wichtigen Spur. Christliche Mystik will das Geheimnis Gottes und der Person des Jesus Christus ernst nehmen. Da gibt es Grenzen für den Verstand. Aber doch geht es um eine erkennbare Wahrnehmung mit allen Sinnen. So ist der Verstand nicht ausgeschaltet, sondern intensiv in die Wahrnehmung einbezogen.

Wenn ich Gedanken zu Paul Gerhardt zusammentrage, dann soll aus einer beachtlichen Reihe seiner Liedtexte deutlich werden, worum es hier geht.[2] Ich führe unsere Gedanken also nicht „über“ den Dichter, sondern „mit“ dem Dichter und entlang an seinen eigenen Texten.

Das Geheimnis der Person Jesus Christus erkennt Paul Gerhardt auf seine Weise, wenn er im Weihnachtslied singt:

„Ich sehe dich mit Freuden an
und kann mich nicht satt sehen;
und weil ich nun nichts weiter kann,
bleib ich anbetend stehen.
O dass mein Sinn ein Abgrund wär
und meine Seel ein weites Meer,
dass ich dich möchte fassen.“ (EG 37,4).

Das ist nach meiner Ansicht eine der klarsten Strophen, in denen Paul Gerhardt Elemente einer christlichen Mystik in seiner Poesie aufnimmt.

Auch das Zitat, das ich als Thema und Überschrift gewählt habe, kommt aus einem Weihnachtslied: „Ich will dich ins Herze schließen“ – So singt Paul Gerhardt in dem Weihnachtslied „Fröhlich soll mein Herze springen“ (EG 36,11).

In den theologischen Lehrbüchern, aus denen Paul Gerhardt in seiner Zeit als Schüler und Student gelernt hat, ist nicht so sehr das Thema Mystik an sich von Bedeutung, sondern der Gedanke der „unio mystica“, eine geheimnisvolle Vereinigung mit Gott als Gegenüber im Gebet und natürlich ganz besonders in der Feier des Mahles, das Christus seiner Gemeinde gestiftet

2 Die Texte werden in der Regel nach dem Evangelischen Gesangbuch zitiert. Das bedeutet zwar den bedauerlichen Verlust von manchem Originalton, dient aber der Umsetzbarkeit ins praktische Leben des mit dem Gesangbuch vertrauten Normalbenutzers. Nur in Ausnahmefällen gehe ich auf den Urtext zurück.

und hinterlassen hat. Das kann der Mensch aber nicht selbst herbeiführen, sondern die menschliche Demut ist die korrespondierende Haltung zu dieser Erfahrung der Einung mit Christus. Wir sind gerechtfertigt von Gott in und durch Christus. Er, Christus, wohnt in uns, wie das etwa im Bild vom Weinstock in der Verkündigung Jesu nach dem Johannesevangelium zum Ausdruck kommt: „Ich bin der Weinstock, ihr seid die Reben. Wer in mir bleibt und ich in ihm, der bringt viel Frucht; denn ohne mich könnt ihr nichts tun“ (Joh 15,5). Wenig vorher kann man im selben Johannesevangelium das Wort Jesu lesen: „Wer mich liebt, der wird mein Wort halten; und mein Vater wird ihn lieben, und wir werden zu ihm kommen und Wohnung bei ihm nehmen“ (Joh 14,23). Auch beim Apostel Paulus findet man Aussagen, die dies beschreiben: „die Liebe Gottes ist ausgegossen in unsere Herzen durch den Heiligen Geist, der uns gegeben ist“ (Röm 5,5b). Oder Paulus beschreibt die Antwort, die ihm zuteil wurde. Gott, zu dem er gefleht hat, hat ihm geantwortet: „Lass dir an meiner Gnade genügen, denn meine Kraft ist in den Schwachen mächtig“ (2 Kor 12,9). Und in wunderbarer Weise beschreiben auch die Johannesbriefe: „Gott ist die Liebe; und wer in der Liebe bleibt, der bleibt in Gott und Gott in ihm“ (1 Joh 4,16b). Dabei werden im gleichen Kapitel die Beziehungen klar dargestellt: „Darin besteht die Liebe; nicht, dass wir Gott geliebt haben, sondern dass er uns geliebt hat und gesandt seinen Sohn zur Versöhnung für unsere Sünden“ (1 Joh 4,10).

Paul Gerhardt hat diesen biblischen Gedanken in seinen Liedern viel Raum gegeben, aber er denkt zugleich ganz in den Bahnen Luthers, der so großen Wert darauf legte, dass unser Heil von außen zu uns kommt. Das wird deutlich in der zweiten Strophe von „Ich steh an deiner Krippen hier“:

„Da ich noch nicht geboren war,
da bist du mir geboren
und hast mich dir zu eigen gar,
eh ich dich kannt’, erkoren.
Eh ich durch deine Hand gemacht,
da hast du schon bei dir bedacht,
wie du mein wolltest werden.“ (EG 37,2)

Oder noch deutlicher in „Wie soll ich dich empfangen“:

„Nichts, nichts hat dich getrieben
zu mir vom Himmelszelt
als das geliebte Lieben,
damit du alle Welt

in ihren tausend Plagen
und großen Jammerlast,
die kein Mund kann aussagen,
so fest umfangen hast." (EG 11,5).

## 2. Zum Leben von Paul Gerhardt

Bevor wir tiefer in die Thematik im Detail eindringen, möchte ich die wichtigsten Stationen aus dem Leben des großen Dichters Paulus Gerhardt beleuchten. Er selbst spricht und schreibt immer seinen Namen Paulus Gerhardt, weil er seinen Namenspatron Paulus hochschätzte und sich bewusst und dankbar in dessen Gedankenwelt einreihte.

Paulus Gerhardt wurde am 12. März 1607 in Gräfenhainichen geboren.[3] Dieser Ort liegt im Landkreis Wittenberg am Rand der Dübener Heide. In dem Ackerbürgerstädtchen Gräfenhainichen war sein Vater, Christian Gerhardt, Landwirt und Gastwirt, verwaltete aber auch eines der Bürgermeisterämter. Seine Mutter, Dorothea, geb. Starke, kam aus Eilenburg und entstammte einer sächsischen Pfarrersfamilie. Der Vater starb bereits 1619, als Paulus zwölf Jahre alt war. Zwei Jahre später, 1621, starb auch die Mutter. Paul Gerhardt war mit 14 Jahren Vollwaise. Er hatte noch einen Bruder und zwei Schwestern. In der Fürstenschule in Grimma, einer der drei berühmten Schulen des Landes Sachsen, setzte er seine Schulbildung bis 1627 fort. Frömmigkeit, gottesdienstliches Leben und Musik sind ihm als Bestandteile der Schulbildung mit auf den Lebensweg gegeben worden. Ab 1628 ist er eingeschriebener Student an der Wittenberger Universität. Hier studierte er im Geiste der dort gelehrten lutherischen Orthodoxie. Ganz sicher hat er auch die Bücher Johann Arndts, das „Paradiesgärtlein" und die „Vier Bücher vom wahren Christentum", dort kennengelernt und den für die Barockdichtung wichtigen Poetikprofessor August Buchner gehört.

Nach dem Studium war Gerhardt zunächst Hauslehrer in Wittenberg und wohl ab 1643 in Berlin. Hier wirkte er im Haus des Kammergerichtsadvokaten Berthold. Später heiratete er eine Tochter aus dieser Familie. In dieser Berliner Zeit lernte er den Kantor an der Nikolaikirche, Johann Crüger, ken-

3 Vgl. Christian Bunners, Gerhardt, in: Komponisten und Liederdichter des Evangelischen Gesangbuchs, hg. v. Wolfgang Herbst, Göttingen 1999 (= Handbuch zum Evangelischen Gesangbuch, Bd. 2), 110–112.

nen, der Gerhardts Liedtexte in einem Gesangbuch veröffentlichte und zu vielen Liedern eine Melodie schuf. Erst durch Crüger wurden Gerhardts Lieder bekannt. Wann die Lieder im Einzelnen gedichtet wurden, lässt sich gar nicht mehr immer ermitteln. In unserem Gesangbuch steht bei vielen Liedern die Jahreszahl 1653. Das ist aber nur das Erscheinungsjahr des Crüger'schen Gesangbuchs *Praxis pietatis melica*, in dem man sie erstmals lesen und historisch nachweisen kann. Inge Mager schreibt dazu: „Das Zusammentreffen von Crüger und Gerhardt in Berlin muß als eine besondere Fügung in der Geschichte des deutschen Kirchenliedes bezeichnet werden."[4] Viele der bekannten Melodien, die wir bis heute singen, verdanken wir Johann Crüger.[5] Nach Crügers Tod 1662 kam dessen Nachfolger Johann Georg Ebeling[6] als Kantor nach Berlin, der eine erste Gesamtausgabe von Gerhardts Liedern 1667 mit eigenen Vertonungen herausgab. Das war ein deutliches Zeichen für die große Beliebtheit des Dichters. Und es geschah sicher nicht zufällig genau zu dem Zeitpunkt, als Gerhardt durch den Großen Kurfürsten von seinem Amt abgesetzt worden war. Darauf werden wir noch genauer eingehen.

Erst im Jahr 1653 übernahm Gerhardt seine erste Pfarrstelle in Mittenwalde, südlich von Berlin. Die Berliner Freunde hatten ihn dorthin empfohlen. Er war damals 46 Jahre alt. Zwei Jahre später, 1655, heiratete er Anna Maria Berthold aus Berlin, eine Tochter des Kammergerichtsadvokaten, bei dem er Hauslehrer gewesen war. Sicher hat er seine Frau damals auch als Schülerin unterrichtet. Er kannte sie jedenfalls schon lange. Er war 48 Jahre alt, seine Braut 32. Die erste Tochter des neu vermählten Pfarrerehepaars starb bereits mit einem Dreivierteljahr. Vier weitere Kinder kamen in der Familie zur Welt. Aber nur der Sohn Paul Friedrich hat die Eltern überlebt. 1657 folgte Gerhardt einem Ruf an die St. Nicolaikirche in Berlin, wo er als Diaconus (= zweiter Pfarrer) tätig war. Das war ein Höhepunkt in seinem Wirken. Er genoss hohes Ansehen. Paul Gerhardt war überzeugter Lutheraner und nahm seine Ordinationsverpflichtung auf die lutherischen Bekenntnisschriften sehr ernst.

Es kam zum Berliner Kirchenstreit. Das brandenburgische Herrscherhaus in Berlin war seit 1613 zum reformierten Bekenntnis übergewechselt. Der Kurfürst konnte diesen Konfessionswechsel zwar nicht auf die Bevölkerung des Landes übertragen, aber er verlangte Toleranz und den Verzicht auf jegliche Polemik gegen die reformierte Konfession. Das sollten die Pfarrer

4 Inge Mager, Einführung, in: Paul Gerhardt, Geh aus, mein Herz. Sämtliche deutsche Lieder, hg. v. Reinhard Mawick, Leipzig 2006, 10.
5 Vgl. Joachim Stalmann, Crüger, in: Komponisten (wie Anm. 3), 66–69.
6 Joachim Stalmann, Ebeling, in: Komponisten (wie Anm. 3), 79f.

des Landes dem Großen Kurfürsten 1664 schriftlich erklären. Die wenigen Pfarrer, die dazu nicht bereit waren, gingen außer Landes. Die eingeforderte Toleranz wurde in Berlin mit Macht erzwungen. Auch Paulus Gerhardt, der sich auf sein Ordinationsgelübde berief, wurde 1666 seines Amtes an der Nicolaikirche enthoben, kehrte 1667 mit fürstlicher Erlaubnis noch einmal kurz in sein Amt zurück und verzichtete dann auf sein Amt, als der Kurfürst erneut Anpassung verlangte. 1668 starb seine Frau mit nur 45 Jahren. Von da an führte eine Schwägerin seinen Haushalt. Gerhard wurde dann ab 1669 Pfarrer in Lübben im Spreewald. Diese Gemeinde gehörte damals zu Sachsen, wo der Kurfürst aus Berlin nichts zu sagen hatte und Gerhardt unbeschädigt seines Amtes nach lutherischer Überzeugung walten konnte. In Lübben ist er am 27. Mai 1676 mit 69 Jahren gestorben.

Im Jahr vor seinem Tod hat er ein Testament aufgesetzt. „In ihm dankt er Gott für alles ‚an Leib und Seele empfangene Gute' und bittet um ‚eine fröhliche Abfahrt', nach welcher er sich am ‚lieben jüngsten Tage' auf die Begegnung mit dem Auferstandenen und allen zu ihm Gehörenden freut."[7]

Wir rufen uns in Erinnerung, dass der Dreißigjährige Krieg von 1618 bis 1648 gedauert hat. Gräfenhainichen wurde in diesem Krieg zerstört. Gerhardts Elternhaus dort ist völlig verschwunden.

## 3. Gerhardts geistliche Grundhaltung

Viele, die sich an Gerhardts Liedern erfreut haben, haben ihn immer wieder so dargestellt, dass er zu ihrer persönlichen Einstellung gerade gepasst hat, als sturen Orthodoxen, als Erweckten, als Pfarrherrn, als den Goethe des 17. Jahrhunderts. Bei ihm waren orthodoxer Glaube, die Aneignung des Glaubens und die mystisch anmutende Gottes- und Christusgemeinschaft eng miteinander verbunden. Er stand damit in der Nachfolge Luthers selbst, der in seinen Liedern zwar nur selten das „Ich" des Glaubenden so ausdrücklich thematisiert, aber doch immerhin auch in seinem Reformationslied „Nun freut euch lieben Christen gemein" gedichtet hat: „Er (= Christus) sprach zu mir: ‚Halt dich an mich, es soll dir jetzt gelingen; ich geb mich selber ganz für dich, da will ich für dich ringen; denn ich bin dein und du bist mein, und wo ich bleib, da sollst du sein, uns soll der Feind nicht scheiden.'"(EG 341,7). Paulus Gerhardt befand sich mit seiner Akzentuierung des „Ich" in

7 Mager (wie Anm. 4), 18f.

klarer und guter Tradition. Das könnte man auch in Beziehung zu Luthers Auslegung des Glaubensbekenntnisses im Kleinen Katechismus zeigen. Nur geht Gerhardt ausgeprägter an diese Aufgabe.

Ein neueres Buch über ihn handelt ausdrücklich über den Aspekt: „Gott und das Leid in den Liedern Paul Gerhardts“[8]. Bei Gerhardt ist das Leid immer getragen von Glaubenszuversicht. In dem uns bekannten Lied „Sollt ich meinem Gott nicht singen“ (EG 325) stehen ursprünglich noch weitere Strophen, die wir in unseren heutigen Gesangbüchern nicht mehr finden. Sie haben folgenden Wortlaut:

„Wie so manche schwere Plage
wird vom Satan umgeführt,
die mich doch mein Lebetage
niemals noch bisher gerührt!
Gottes Engel, den er sendet,
hat das Böse, was der Feind
anzurichten hat gemeint,
in die Ferne weggewendet.
Alles Ding währt seine Zeit,
Gottes Lieb in Ewigkeit.

Wie ein Vater seinem Kinde
sein Herz niemals ganz entzeucht,
ob es gleich bisweilen Sünde
tut und aus den Bahnen weicht:
Also hält auch mein Verbrechen
mir mein frommer Gott zugut,
will mein Fehlen mit der Rut
und nicht mit dem Schwerte rächen.
Alles Ding währt seine Zeit,
Gottes Lieb in Ewigkeit.“[9]

Daran schließt sich dann an, was wir immer noch im Gesangbuch haben:

8 Sven Grosse, Gott und das Leid in den Liedern Paul Gerhardts (FKDG 83), Göttingen 2001.

9 In der Anm. 4 genannten Gesamtausgabe, 212–214.

„Seine Strafen, seine Schläge,
ob sie gleich sehr bitter seind,
dennoch, wenn ichs recht erwäge,
sind es Zeichen, dass mein Freund,
der mich liebet, mein gedenke
und mich von der schnöden Welt,
die uns hart gefangen hält,
durch das Kreuze zu ihm lenke.
Alles Ding währt seine Zeit,
Gottes Lieb in Ewigkeit.“ (EG 325,8)

So hat der Dichter seine Leiderfahrung vor Gott bewältigt.

Manche seiner Lieder sind in die bekannten Werke Johann Sebastian Bachs eingegangen und so zum unsterblichen Bestandteil evangelischer Frömmigkeit geworden und haben viele Verehrer gefunden. In dem sehr instruktiven und kundig verfassten Essay zur Biographie von Gerhardt aus der Feder von Inge Mager, der der neusten Gesamtedition von Gerhardts Liedern vorangestellt ist, nennt sie seinen Standpunkt aus ihrer Sicht „erschreckend kompromißlos“ (S. 14). Aber sie räumt doch ein, dass seine Überzeugungstreue gegenüber seinem aus Gottes Wort belehrten Gewissen „folgerichtig und nicht diskriminierend gemeint“ gewesen sei. In seine Lieder ist aus dem theologischen Streit zwischen den Konfessionen – Streit der Lutheraner mit den Reformierten und Streit der Lutheraner mit römischen Katholiken – nichts eingeflossen.

## 4. Gerhardts Lieder im Kirchenjahr

Schon immer wieder sind Texte aus seinen Liedern angeklungen. Jetzt wollen wir ausdrücklich nach der Mystik in seinen Liedern fragen. Bekannt ist vor allem der Choral „O Haupt voll Blut und Wunden“, mit dem er 1656 ein Lied aus mystischer Tradition des Benediktinermönchs Arnulf von Löwen aus der Zeit vor 1250 aufnahm und umdichtete. Arnulf war Abt in einem Benediktinerkloster in Belgien. Sein Lied greift die Jesusliebe auf, die Bernhard gepredigt hatte, als er das Hohelied auslegte.[10] Solche alten

10 Johannes Kulp, Die Lieder unserer Kirche. Eine Handreichung zum Evangelischen Kirchengesangbuch (Handbuch zum EKG. Sonderband), Berlin 1959, 115–117.

Hymnen hatten vor Gerhardt schon viele aufgegriffen und das vorreformatorische Liedgut für die Gemeinde umgedichtet und so singbar gemacht. Solche bearbeiteten Texte finden wir ja übrigens auch schon unter Luthers Liedern.

Paulus Gerhardt war ein hoch gebildeter und belesener Theologe – in seiner Bibliothek, die später 1716 in Berlin von der Schwiegertochter nach dem Tod des Sohnes Paul Friedrich Gerhardt versteigert wurde, sollen sich 1150 Buchtitel befunden haben.[11] Er hat für das Lied „O Haupt voll Blut und Wunden" den alten Text aus der Epoche der Mystik gefunden und daraus etwas Eigenes gemacht, das ganz in seine Dichtung passt. Die einzelnen Körperteile des sterbenden Christus werden angesprochen: das Haupt, das Angesicht, die Wangen. Der Sänger steht ganz bei dem Gekreuzigten und Sterbenden, aber er erkennt darin auch seine Freude:

> „Es dient zu meinen Freuden und tut mir herzlich wohl,
> wenn ich in deinem Leiden, mein Heil, mich finden soll.
> Ach möcht' ich, o mein Leben, an deinem Kreuze hier
> mein Leben von mir geben, wie wohl geschähe mir!"
> (EG 85,7)

Dieser Gedanke wird in den folgenden Strophen weiter ausgebaut. Die Einheit eines Sterbenden mit dem am Kreuz einmal für alle Gestorbenen steht im Blickpunkt dieses Liedes:

> „Ich danke dir von Herzen, o Jesu, liebster Freund,
> für deines Todes Schmerzen, da du's so gut gemeint.
> Ach gib, dass ich mich halte zu dir und deiner Treu
> und wenn ich nun erkalte, in dir mein Ende sei.
>
> Wenn ich einmal soll scheiden, so scheide nicht von mir,
> wenn ich den Tod soll leiden, so tritt du dann herfür;
> wenn mir am allerbängsten wird um das Herze sein,
> so reiß mich aus den Ängsten kraft deiner Angst und Pein.

11 Mager (wie Anm. 4), 19.

Erscheine mir zum Schilde, zum Trost in meinem Tod,
und lass mich sehn dein Bilde in deiner Kreuzesnot.
Da will ich nach dir blicken, da will ich glaubensvoll
dich fest an mein Herz drücken. Wer so stirbt, der stirbt
wohl." (EG 85,8–10)

Diese bekannten Worte, die vielen von uns vertraut sind, sind ein Musterbeispiel dafür, wie Paul Gerhardt Anklänge an die Mystik in seine eigenen Gedanken einbaut. Sie sprechen von der Einheit zwischen Christus und dem gläubigen Ich, die im Tod zur vollen und tiefen Wirkung gelangt. Aber doch ist klar, dass in diesen Gedanken keine Vision oder übersinnliche Erfahrung beschrieben wird, sondern aus der Betrachtung des sterbenden Christus werden die Gedanken auf mein eigenes Sterben und die Frucht des Leidens Christi in meinem Tod gelenkt.

Schon früher hatte Paul Gerhardt sich dem Passionsthema zugewendet in dem Lied „Ein Lämmlein geht und trägt die Schuld". Das „Lämmlein" – er verwendet die vertrauliche Verkleinerungsform des Lammes Gottes – wird als der große Freund und Heiland beschrieben. In dieser Dichtung wird ein Dialog zwischen dem leidenden Christus und dem himmlischen Vater dargestellt. Christus antwortet dem Vater:

„Ja, Vater, ja von Herzensgrund,
leg auf ich will dir's tragen;
mein Wollen hängt an deinem Mund,
mein Wirken ist dein Sagen."

Die Strophen dieses Liedes besingen lutherische Rechtfertigungsbotschaft ganz pur und ohne Zutun.

„Ich will von deiner Lieblichkeit
bei Nacht und Tage singen,
mich selbst auch dir nach Möglichkeit
zum Freudenopfer bringen.
Mein Bach des Lebens soll sich dir
und deinem Namen für und für
in Dankbarkeit ergießen;
und was du mir zugut getan,
das will ich stets, so tief ich kann,
in mein Gedächtnis schließen."

Das Evangelische Gesangbuch hat eine wichtige Strophe verschwinden lassen. Noch im vorangehenden, dem Evangelischen Kirchengesangbuch, war sie enthalten:

„Erweitre dich, mein Herzensschrein,
du sollst ein Schatzhaus werden
der Schätze, die viel größer sein
als Himmel, Meer und Erden.
Weg mit den Schätzen dieser Welt
und allem, was ihr wohlgefällt!
Ich hab ein Beßres funden:
Mein großer Schatz, Herr Jesu Christ,
ist dieses, was geflossen ist
aus deines Leibes Wunden.“ (EKG 62,6)

Hier wird ganz überschwänglich von dem unvergleichlichen Schatz gesprochen, der uns durch das Opfer Christi am Kreuz zuteil wird. Diese Zentralaussage hätte doch besser auch im aktuellen Gesangbuch erhalten bleiben sollen. Die Originalfassung des Liedes enthält noch zwei weitere Strophen, die ein dankbares Gespräch mit dem am Kreuz Geopferten zeigen.

„Was schadet mir des Todes Gift?
Dein Blut, das ist mein Leben.
Wenn mich der Sonnen Hitze trifft,
so kann mirs Schatten geben.
Setzt mir der Wehmut Schmerzen zu,
so find ich bei dir meine Ruh
als auf dem Bett ein Kranker,
und wenn des Kreuzes Ungestüm
mein Schifflein treibet um und um,
so bist du dann mein Anker“[12].

Dies Lied spricht von dem Äußersten: „wenn mir nichts mehr schmecken will, soll mich dies Manna speisen; im Durst soll’s sein mein Wasserquell, in Einsamkeit mein Sprachgesell zu Haus und auch auf Reisen.“ Jedoch die letzte Strophe bringt die Gedankenführung auf einen Höhepunkt der Zuversicht:

12 Dieser volle Wortlaut in der Edition (wie Anm. 4), 65f.

„Wenn endlich ich soll treten ein
in deines Reiches Freuden,
so soll dein Blut mein Purpur sein,
ich will mich darein kleiden;
es soll sein meines Hauptes Kron,
in welcher ich will vor den Thron
des höchsten Vaters gehen
und dir, dem er mich angetraut,
als eine wohlgeschmückte Braut
an seiner Seite stehen.“ (EG 83)

Christus, der Bräutigam, der die Braut heimholt und in festlichem Schmuck strahlen lässt – das ist das Bild, das die Einheit des Gläubigen mit Christus beschreibt und darin auch Gedanken formuliert, die wir der Mystik zuschreiben. Die Schlussstrophe finden wir auch in der heute gebräuchlichen Fassung. Worum aber geht es in den getilgten Strophen? Der feste Glaube des selbst leidgeprüften Seelsorgers macht um den Tod keinen Bogen und kennt den Anker, an dem er – gleich dem ungestüm umgetriebenen „Schifflein“ – Halt finden kann. Davon ist ohne Umschweife die Rede. Das empfinden heute viele Menschen als zu „negativ“. Dass aber das Herz des Gläubigen ein „Schatzhaus“ werden soll, wie Gerhardt es formuliert, das ist doch eine so frohe Aussage, dass mir nicht recht einleuchtet, warum diese Strophe getilgt worden ist. Das EKG (62,6) hatte bereits die Mitte der Strophe im Text verändert. Die ursprüngliche Fassung lautete:

„Weg mit dem Gold Arabia!
Weg Calmus, Myrrten, Casia!
Ich hab ein Bessers funden …“

Die revidierte Version hat das Fremde weggenommen (siehe oben):

„Weg mit den Schätzen dieser Welt
und allem, was ihr wohlgefällt!
Ich hab ein Beßres funden.“

Was in diesem großen Choral Anklänge an mystische Gedanken sind, müssten wir noch genauer feststellen. Das Staunen und die Vereinigung mit Gott, den der Sänger „mit Liebesarmen fassen“ will, der Dialog mit diesem Gott und der Nutzen „zu allen Zeiten“ und in allen Lebenslagen, schließlich die bräutliche Vereinigung mit Christus vor dem höchsten Thron des Vaters –

das alles sind Gedanken aus der Mystik, die der Dichter in die große Liedform übertragen hat. Gerhardt hat sich darin wahrscheinlich leiten lassen von dem Lied des Straßburgers Wolfgang Dachstein, der auf alle Fälle die Melodie geschaffen hat, die ursprünglich zu dem Text „An Wasserflüssen Babylon“ gesungen wurde. Der angedeutete Dialog zwischen Gott und seinem Sohn erinnert auch stark an Luthers Lied: „Nun freut euch, lieben Christen g'mein“.

Auch den fröhlichen Wechsel und Tausch zwischen Christus und dem Gläubigen, den Luther so eindrucksvoll beschrieben hat, finden wir bei Paul Gerhardt, etwa in seinem Lied „O Welt, sieh hier dein Leben“ (EG 84). Das sündige Ich betrachtet seine eigene Lage, dankt für das Leiden Christi und zieht Folgerungen daraus:

> „Nun, ich kann nicht viel geben
> in diesem armen Leben,
> eins aber will ich tun;
> es soll dein Tod und Leiden,
> bis Leib und Seele scheiden,
> allzeit in meinem Herzen ruhn.
>
> Ich wills vor Augen setzen,
> mich stets daran ergötzen,
> ich sei auch, wo ich sei.“ (EG 84,8f)

Was wir an mystischen Aussagen hier in den Passionsliedern so direkt finden, wollen wir auch an Liedtexten dem Kirchenjahr entlang – von Advent bis zum Sommer und den Tages- und Jahreszeiten – verfolgen.

Aus „Wie soll ich dich empfangen“ habe ich schon zitiert. Ich greife den Schluss dieses Adventsliedes hier auf. Der Dichter fragt seine Mitchristen:

> „Was fragt ihr nach dem Schreien der Feind und ihrer Tück?
> Der Herr wird sie zerstreuen in einem Augenblick.
> Er kommt, er kommt, ein König,
> dem wahrlich alle Feind
> auf Erden viel zu wenig
> zum Widerstande seind.
>
> Er kommt zum Weltgerichte:
> zum Fluch dem, der ihm flucht,
> mit Gnad und süßem Lichte
> dem, der ihn liebt und sucht.“

Da jedoch endet die Beschreibung des Tuns des kommenden Heilands. Die Dichtung schlägt um und wird zum Bittruf:

> „Ach komm, ach komm, o Sonne, und hol uns allzumal zum ewgen Licht und Wonne in deinen Freudensaal." (EG 11).

Die Erfahrung, dass der kommende Christus stärker ist als alle Feinde, die war dem Zeitzeugen der Grausamkeit des Dreißigjährigen Krieges ganz wichtig und von großer Bedeutung. Viele haben es ihm nachgesungen und Trost darin gefunden.

Von den Weihnachtsliedern habe ich auch bereits zitiert, weil sie das Mysterium der Menschwerdung Gottes besingen und bestaunen. Aus einem Weihnachtslied habe ich auch die Überschrift für diese Abhandlung genommen. Das Lied schließt ab:

> „Süßes Heil, lass dich umfangen,
> lass mich dir, meine Zier, unverrückt anhangen.
> Du bist meines Lebens Leben;
> nun kann ich mich durch dich
> wohl zufriedengeben.
>
> Ich bin rein um deinetwillen:
> Du gibst g'nug Ehr und Schmuck,
> mich darein zu hüllen.
> *Ich will dich ins Herze schließen,*
> o mein Ruhm! Edle Blum,
> lass dich recht genießen.
>
> Ich will dich mit Fleiß bewahren;
> ich will dir leben hier,
> dir will ich hinfahren;
> mit dir will ich endlich schweben
> voller Freud ohne Zeit
> dort im andern Leben." (EG 36,10–12).

Da kommt die Einung mit dem, der Fleisch und Blut angenommen hat, obwohl er nicht von dieser Welt war, so klar zum Ausdruck. Gerade die zuletzt zitierte Strophe ist uns ja in der Interpretation des Weihnachtsoratoriums von Bach so vertraut und wichtig. Nicht selten wird der Text abgewandelt und stattdessen formuliert: „voller Freud ohne Leid". Aber Paul Gerhardt wollte viel mehr ausdrücken. Die Freude dort im andern Leben wird „ohne Zeit“ sein, das heißt den Gesetzmäßigkeiten des Zeitlichen und Vergänglichen und Begrenzten ganz enthoben.

Nach meinem Eindruck finden wir eine ganz besondere Stufe der Vollendung menschlichen Ausdrucksvermögens für die Anbetung an der Krippe des menschgewordenen Christus in dem Lied „Ich steh an deiner Krippen hier“. Die tiefen Gegensätze zwischen der menschlichen Todesnacht und der Sonne Christus werden vor unser Auge gemalt. Aber die Strahlen dieser Sonne haben das Licht des Glaubens in mir zugerichtet: „Wie schön sind deine Strahlen!“ Paul Gerhardt lehrt uns das Staunen. Und die Armut der Krippe möchte er vertauschen mit den schönsten Formen einer Wiege für „edle Kinder großer Herrn“. Mit dem Duft der edelsten Gewächse will er die Krippe schmücken: Liebliche Violen, Rosen, Nelken, Rosmarin – das soll wie ein Fluidum in der Luft – seine Krippe schmücken. Ich zitiere die Schlussstrophen:

„Du fragest nicht nach Lust der Welt
noch nach des Leibes Freuden;
du hast dich bei uns eingestellt,
an unsrer Statt zu leiden,
suchst meiner Seele Herrlichkeit
durch Elend und Armseligkeit;
das will ich dir nicht wehren.

Eins aber, hoff ich, wirst du mir,
mein Heiland, nicht versagen,
dass ich dich möge für und für
in, bei und an mir tragen.
So lass mich doch dein Kripplein sein;
komm, komm und lege bei mir ein
dich und all deine Freuden.“ (EG 37,8 + 9).

Der Blick geht von der Geburt Jesu weiter zu seinem Tun und Leiden, zum Ziel seiner Menschwerdung. Die uns bekannte Melodie dieses Liedes ist die Melodie von Johann Sebastian Bach. In den älteren originalen Ausgaben wird die Melodie „Nun freut euch, lieben Christen g'mein“ angegeben, die Bach im Weihnachtsoratorium verwendet. Aber damals sang man auch „Nun freut euch, lieben Christen g'mein“ nicht nach der bekannten Melodie Luthers, die wir heute kennen, sondern nach der Melodie von „Es ist gewisslich an der Zeit“ zu diesem Text, weil die uns jetzt geläufige kunstvolle Melodie noch nicht als Gemeindelied denkbar war, die Choräle in Bachs Kantaten sollten nämlich der Gemeinde mit den bekannten Gemeinde-Melodien die Möglichkeit zum inneren Einstimmen geben.

Unter den Osterliedern ist „Auf, auf, mein Herz mit Freuden" besonders zu nennen. Er betrachtet darin das Ostergeschehen als den Siegeskampf Jesu gegen den Tod. Zielpunkt ist:

„Ich hang und bleib auch hangen
an Christus als ein Glied;
wo mein Haupt durch ist gangen,
da nimmt er mich auch mit.
Er reißet durch den Tod,
durch Welt, durch Sünd, durch Not,
er reißet durch die Höll,
ich bin stets sein Gesell." (EG 112,6)

Das Lied führt an die Pforte des Himmels und bietet deshalb großen Trost in Traurigkeit (Strophen 7 und 8).

Zu Himmelfahrt haben wir kein Lied von Paul Gerhardt, wohl aber zu Pfingsten das Bittlied an den Heiligen Geist „Zieh ein zu deinen Toren, sei meines Herzens Gast" (EG 133). Die Einheit mit Christus kommt am deutlichsten zum Ausdruck in den Strophen 5 und 6:

„Du bist ein Geist, der lehret,
wie man recht beten soll;
dein Beten wird erhöret,
dein Singen klinget wohl;
es steigt zum Himmel an,
es lässt nicht ab und dringet,
bis der die Hilfe bringet,
der allen helfen kann.

Du bist ein Geist der Freuden,
von Trauern hältst du nichts,
erleuchtest uns im Leiden
mit deines Trostes Licht.
Ach ja, wie manches Mal
hast du mit süßen Worten
mir aufgetan die Pforten
zum güldnen Freudensaal."

Das mystische Element ist hier die Perspektive, die sich bietet, die Öffnung des Blicks in den ewigen „güldnen Freudensaal“. Diese Perspektive ergibt sich schon hier und jetzt auch im Leiden aus dem Licht des Trostes und den süßen beschreibenden Worten des Evangeliums.

## 5. Gerhardts Loblieder im Tagesablauf

Werfen wir nun, nachdem wir das Kirchenjahr knapp abgeschritten haben, einen Blick auf die allgemeinen Lieder des Lobes und der Zuversicht. „Du, meine Seele singe“ (EG 302) steht hier weit voran mit der herrlichen Melodie von Johann Georg Ebeling. Weiter sind hier zu nennen: „Nun danket all und bringet Ehr“ (EG 322), „Ich singe dir mit Herz und Mund“ (EG 324) und „Sollt ich meinem Gott nicht singen“ (EG 325). Letzteres habe ich oben schon erwähnt und daraus zitiert. Einen besonderen Platz verdient auch das Lied „Ist Gott für mich, so trete gleich alles wider mich“ (EG 351). Es mündet in die Schlussstrophe:

„Mein Herze geht in Sprüngen
und kann nicht traurig sein,
ist voller Lust und Singen,
sieht lauter Sonnenschein.
Die Sonne, die mir lachet,
ist mein Herr Jesus Christ;
das, was mich singen machet,
ist, was im Himmel ist.“ (EG 351,13)

Am bekanntesten von allen Liedern unseres Dichters ist wohl das Lied: „Befiehl du deine Wege“ (EG 361). Dies Lied war immerhin einmal 1976 im dreihundertsten Todesjahr auf einer Jubiläumsbriefmarke zu sehen. Zum Thema Mystik passt auch gut „Warum sollt ich mich denn grämen“ (EG 370), wo die Vereinigung mit Christus klar zum Thema wird:

„Herr, mein Hirt, Brunn aller Freuden,
du bist mein, ich bin dein,
niemand kann uns scheiden.
Ich bin dein, weil du dein Leben
und dein Blut mir zugut
in den Tod gegeben;

du bist mein, weil ich dich fasse
und dich nicht, o mein Licht,
aus dem Herzen lasse.
Lass mich, lass mich hingelangen,
da du mich und ich dich
leiblich werd umfangen." (Str. 11 + 12)

Dann sind da die Morgen- und Abendlieder „Wach auf, mein Herz und singe dem Schöpfer aller Dinge" (EG 446) und das herrliche „Die güldne Sonne" (EG 449). Das Thema „Sonne" kommt ja in seinen Liedern so oft vor, oft auch metaphorisch gedeutet als Jesus Christus. Aus „Die güldne Sonne" zitiere ich hier nur zwei der zwölf Strophen:

„Willst du mir geben, womit mein Leben
ich kann ernähren, so lass mich hören
allzeit im Herzen dies heilige Wort:
‚Gott ist das Größte, das Schönste und Beste,
Gott ist das Süßste und Allergewisste,
aus allen Schätzen der edelste Hort.'

Kreuz und Elende, das nimmt ein Ende;
nach Meeresbrausen und Windessausen
leuchtet der Sonnen gewünschtes Gesicht.
Freude die Fülle und selige Stille
hab ich zu warten im himmlischen Garten;
dahin sind meine Gedanken gericht'." (EG 449,10 + 12)

Auch hier blickt der Dichter voraus auf die Ewigkeit, wie er das so oft tut. Mit Worten beschreibt er Gottes Wesen, wie er sich uns zeigt. Und dann kontrastiert er die Dunkelheit von Kreuz und Elend dem Gesicht der Sonne, die dem himmlischen Garten das Gesicht gibt, auf die er seine Gedanken hier schon ausrichtet.

Auch in dem Sommerlied „Geh aus, mein Herz, und suche Freud", wird der Blick von der Betrachtung der Natur ausgeweitet zum Ausblick in Gottes Garten. Dieser Blick dient ihm als Hinweis auf die Ewigkeit:

„Welch hohe Lust, welch heller Schein
wird wohl in Christi Garten sein!
Wie muss es da wohl klingen,

da so viel tausend Seraphim
mit unverdroßnem Mund und Stimm
ihr Halleluja singen.

Mach in mir deinem Geiste Raum,
dass ich dir werd ein guter Baum,
und lass mich Wurzel treiben.
Verleihe, dass zu deinem Ruhm
ich deines Gartens schöne Blum
und Pflanze möge bleiben.

Erwähle mich zum Paradeis
und lass mich bis zur letzten Reis
an Leib und Seele grünen,
so will ich dir und deiner Ehr
allein und sonsten keinem mehr
hier und dort ewig dienen.“ (EG 503,10 + 14 + 15)

Das sind die wichtigsten Lieder, in denen sich Bezüge zu den Gedanken finden, die in der Mystik von Bedeutung sind. Paul Gerhardt macht sie sich gerne und mit ganzem Herzen zu eigen. Aber er zielt dabei nicht auf die Erinnerung an die vergangene Epoche großer mittelalterlicher Mystiker, wenn er sich auch ihrer Gedanken gerne bedient. Er griff damit Bilder auf und setzte sie in Dichtung um, die er aus der Bibel kannte und sich zueigen machte. Es wäre ein weiterer interessanter Schritt, die biblischen Quellen der Lieder von Paul Gerhardt aufzuspüren und zu versuchen, die von ihm geleistete Umsetzung zu beschreiben. Auch könnte man erörtern, welche seiner Lieder heute überhaupt nicht mehr in den Gesangbüchern stehen.

Übrigens, auch im Gotteslob, aus dem katholische Christen in der Feier der Messe singen, ist der Dichter enthalten, der in seinem Leben nie aus der engen Region Sachsen und Brandenburg herausgekommen ist.

Noch im bayerischen Anhang zum EKG stand das Adventslied „Warum willst du draußen stehen?“ Es schließt mit der Strophe:

„Alles dient zu deinem Frommen,
was dir bös und schädlich scheint,
weil dich Christus angenommen
und es treulich mit dir meint.
Bleibst du ihm nur wieder treu,
ist’s gewiss und bleibt dabei,

dass du mit den Engeln droben
ihn dort ewig werdest loben."
(EKG [bayerischer Anhang] 403,7;
[niedersächsischer Anhang] 400,6)

## 6. Was erkennen wir bei Paul Gerhardt?

Mit den Mitteln der barocken Sprache umschreibt der Dichter, was er als lutherischer Theologe aus der Bibel gelernt und als Seelsorger für wichtig erkannt hat. Dabei hat er Elemente der mystischen Tradition verarbeitet. Die Mystik hat ihm Impulse vermittelt, die er gerne aufgenommen hat und genial in Sprache zu fassen wusste. Seine Liedtexte korrespondieren seiner persönlichen harten Lebenserfahrung. Dem Leid setzt er die sieghafte Gewissheit des Glaubens entgegen. Alles jedoch, was er gedichtet und in die Öffentlichkeit gegeben hat, ist theologisch geprägt von seinem Umgang mit der Bibel und der Lehre der evangelisch-lutherischen Kirche. In dieser Perspektive macht er in seiner Dichtung die persönliche Glaubenserfahrung des Einzelnen in konzentriertem Blick auf die zentralen Heilstatsachen und ihre Reichweite zu seinem unverkennbaren Thema.

Miloš
Klátik

# Juraj Tranovský – der prägende Dichter der Reformation im slawischen Sprachraum

* 27. 3. 1592, Tešín –
† 29. 5. 1637, Liptovský Mikuláš

In der slowakischen Barockliteratur hat Juraj Tranovský, evangelischer Pfarrer und Dichter tschechischer und lateinischer geistlicher Lieder und Gebete, besondere Bedeutung. Und darüber hinaus kann man sagen, dass seine Lieder über Generationen hinweg prägend für die slowakischen Lutheraner waren. Sein Name kursiert in verschiedenen Versionen und Sprachen. Oft wird die latinisierte Form gebraucht: Tranoscius, beziehungsweise Georgius Tranoscius (Tranoscyus), manchmal auch Třanowský, oder Třánowsky, oder Trzanowski, oder Trzanovský, oder Tranosci.

In diesem Jahr sind es 385 Jahre, die seit der Veröffentlichung von Tranovskýs „Kancionál" vergangen sind. Im nächsten Jahr werden wir an den 430. Geburtstag von Juraj Tranovský erinnern. Das bekannte und erweiterte Liederbuch „Kancionál" ist unwiderruflich mit seinem Namen verbunden. Er ist der Autor dieses Buches und der Dichter sehr vieler darin enthaltener Lieder. Im Geiste von Hebräer 13, Vers 7 – „Gedenkt eurer Lehrer, die euch das Wort Gottes gesagt haben" – erinnern wir auch an ihn als einen, der das Wort Gottes gepredigt hat. Wir wollen dem Beispiel seines Glaubens folgen und ihn nachahmen. Christen kennen ihn in der Tschechischen Republik, vor allem in Schlesien und Mähren und ganz besonders in Valašské Meziříčí, wo er mehrere Jahre lang gearbeitet hat. Leider kommt er in der deutschen theologischen und historischen Literatur nur sehr selten oder gar nicht vor, in den bekannten großen Lexika deutscher Sprache wird er nicht einmal erwähnt.

In der Slowakei ist sein Name in unserer Kirche bekannt; treue Gemeindeglieder haben schon etwas von ihm gehört. Die jüngere Generation hat jedoch nicht mehr so viele Kenntnisse über ihn wie es in früheren Generationen üblich war. Es wurden nicht viele Werke über sein Leben und Wirken geschrieben; neuere, sein Werk kritisch würdigende und sachlich kompetent recherchierte Beschreibungen seines Schaffens sind selten. Leider muss man davon ausgehen, dass im Dreißigjährigen Krieg (1618–1648) viele Dokumente und Materialien über sein Leben zerstört worden sind. Möglicherweise ist dies einer der Gründe dafür, dass eine Erforschung seines Werkes nicht mehr möglich war. Besonders die zehn Jahre von 1670 bis 1680 in der insgesamt 47-jährigen Regierungszeit von Kaiser Leopold I. (1658–1705),[1] in denen unsere Kirche verfolgt wurde, und ein ganzes Jahrhundert der Unterdrückung der Evangelischen überhaupt, haben ebenfalls nicht zur Bewahrung von Dokumenten aus der Arbeit von Juraj Tranovský beigetragen. In dieser Zeit wollte man die Würdigung der Verdienste wichtiger Männer der Reformation nicht dulden. Als dann mit der Toleranz die lang erwartete Freiheit der evangelischen Kirche in das Gebiet der heutigen Slowakei kam, blühte der Rationalismus auf, und es gab kein Verständnis für Theologen, die den symbolischen Büchern unserer Kirche und ihrer Glaubenshaltung große Bedeutung beigemessen haben. Bohuslav Tablic erwähnte in seinem im Jahr 1806 in Vacov veröffentlichten Werk „Poezie“ Tranovský nur kurz, bemerkte jedoch, dass „er einer der besten Dichter seines Jahrhunderts war“[2].

Aus heutiger Sicht ist es daher dringend an der Zeit, dass wir an Juraj Tranovský, diese wichtige Gestalt in der Geschichte unserer Kirche, neu erinnern und zu vertieftem Verstehen seiner Dichtungen vordringen. Ganze Generationen von evangelischen Christen hat er maßgeblich beeinflusst. Mein Beitrag will ein Hinweis darauf sein, dass das Gedächtnis an Tranovský nicht völlig unter dem Staub der Jahrhunderte verschwunden ist. Sein Name ist nicht nur in der Slowakei, sondern auch in den umliegenden Ländern, in denen slowakische Christen lebten und aus Tranovskýs „Kancionál“ gesungen und ihren Glauben gestärkt haben, mit hoher Beachtung und Wertschätzung in Erinnerung geblieben. Es wurden mehrere Biographien über Juraj Tranovský geschrieben. Eine davon schrieb Ján Lochmann, der als Pfarrer in Nemecká (heute Partizánska) Ľupča tätig gewesen ist.[3] Hier bekommt man

1 Leopold I., geboren 1640, wurde 1655 König von Ungarn und 1658 König von Böhmen und Kaiser.

2 Bohuslav Tablic, Poezie, Teil I, Vacov 1806, 50.

3 Man findet diese Biographie im Buch „Vale Tranoscianum“, Trenčín 1637, 34–37. [Kurz nach Tranovskýs Tod veröffentlichten seine Freunde zu seinem Gedächtnis das Kurzwerk „Vale Tranoscianum“. Das Buch wurde 1637 in Trenčín von Václav Vokál veröffentlicht, wahrscheinlich auf Kosten von Tranovskýs Schutzpatron Ján Sunegk

klare Information über die prägenden Daten aus seinem Lebenslauf. Dies ist eine zuverlässige Quelle, wenn wir Informationen über sein Leben suchen. Spätere Autoren, die über Tranovskýs Leben geschrieben haben – ich beginne wieder mit Bohuslav Tablic – verwendeten nicht alle diese Daten, die Ján Lochmann festgehalten hatte und die von Viktor Horňanský in Pest veröffentlicht worden waren.[4] Von Bedeutung ist auch die Arbeit „Cithara Sanctorum. Ihre Geschichte, ihr Urheber und ihre Mitarbeiter", die Ludevit Haan 1873 veröffentlicht hat, der als Pfarrer in Békešská Čaba[5] tätig war. Zum Beispiel griff Haan in seinem Lebensbild über Tranovský auf die von Tablic bereitgestellten Daten zurück. Die Tatsache, dass die Geschichte von Tranovskýs „Kancionál" zusammengestellt wurde, ermutigte viele zu weiterer Forschung. So konnten andere wichtige Daten aus dem Leben von Juraj Tranovský gefunden und festgehalten werden. Auf Deutsch gibt es lediglich eine Diplomarbeit, 2009 in Wien eingereicht.[6]

Darüber hinaus liefert uns sein „Kancionál" selbst viele Angaben, aus denen man sein Leben und seine Arbeit besser kennen und verstehen lernen kann. In den Liedern und Gedichten sind autobiographische Informationen enthalten, die aufgedeckt werden müssen. Lochmann und später andere neuere Autoren, die sich mit Tranovskýs Leben und Wirken beschäftigt haben, heben deutlich hervor, wie er selbst Gottes Führung als prägend für sein Leben verstanden hat. Sie heben hervor, dass Tranovský, nachdem er Prediger in Bielsko gewesen war, Lehrer an einer Schule in der Prager Innenstadt in der Nähe der Nikolaikirche wurde; er starb schließlich als Pastor in Liptov-

(vgl.: Ďurovič 1942 [s. u. Anm. 10], 111–114). Es enthält zwei Predigten, die bei Tranovskýs Beerdigung vorgetragen wurden. Ein Schüler von Nemecká (heute Partizánská) Ľupča, nämlich der schon genannte Ján Lochmann, hielt eine Predigt in der Kirche St. Mikuláš in Liptovský Mikuláš. Die sogenannte „Personali", die nach der Predigt mitgeteilt wurde, ist eine kurze Biographie oder der Lebenslauf, wie er bei der Beerdigung verlesen wurde. Das Buch „Vale Tranoscianum" erfasst Tranovskýs Krankheit, Tod und Bestattung genauer. Das einzige bekannte vollständig erhaltene Exemplar befindet sich in der Bibliothek Széchényi in Budapest (Országos Széchényi Könyvtár Budapest, Ungarn – Signatur: RMK II 518).].

4 Viktor Horňanský (Viktor Hornyánsky), Beiträge zur Geschichte evangelischer Gemeinden in Ungarn) Pest 1863 (http://digitalna.kniznica.info).

5 Heute ist das die Stadt Békéscsaba in Ungarn!

6 Susanne Basicova, Juraj Tranovský und sein Kantional Cithara Sanctorum, Diplomarbeit, Wien 2009, unter http://othes.univie.ac.at/7121/1/2009-09-16_8800633.pdf; außerdem auf Tschechisch: Daniel Spratek, Jiří Třanovský – život, dílo a odkaz na rodném Těšínsku, Zborník Oravského múzea, 2011, roč. XXVIII, str. 390–406, 2013 https://www.academia.edu/2632779/Jiří_Třanovský_život_dílo_a_odkaz_na_rodném_Těšínsku.

ský svätý Mikuláš. Wenn die Autoren seinen Lebensweg beschreiben, dann sehen sie es auch als Gottes Führung an, dass er sein reichhaltiges Leben und Wirken dem Dienst in drei Nationalitäten widmen konnte, nämlich Polen, Tschechen und Slowaken, weil er – modern gesagt – als Pfarrer in diesen drei Ländern tätig war. Freilich waren die Grenzen zwischen diesen Ländern im damaligen europäischen Geist nicht unüberwindlich und trennend. Moderne Leserinnen und Leser müssen dazu im Bewusstsein behalten, dass das uns interessierende Gebiet vor allem von den Königreichen Böhmen und Ungarn erfasst wurde. Zu Böhmen, der Wenzelskrone, gehörte damals auch das gesamte Gebiet Schlesiens. Ein Fürstentum in diesem Königreich war das Herzogtum Teschen, in dem die evangelische Konfession frühzeitig geschützt wurde.[7] In seinem Dienst stellte Tranovský sein „Kancionál" als Buch zusammen. Der Begriff „Leškos" = „Gesangbuch" wurde später in Böhmen und Mähren verwendet, ein polnisches Gesangbuch wurde erst 1865 in Schlesien eingeführt, und Tranovskýs „Kancionál" blieb bis ins 20. Jahrhundert hinein in vielen Kirchengemeinden im Gebrauch. Ich erwähne als Beispiel, dass sein „Kancionál" auch in der Gemeinde in Revúca (Rauschenbach – Gemergebiet) verwendet wurde, wo ich aufgewachsen bin. In einem gewissen Sinne könnte ich von mir sagen, dass ich mit dem „Kancionál" aufgewachsen bin. Das „Kancionál" wurde dort bis zur Einführung des neuen slowakischen evangelischen Liederbuchs verwendet.

## Herkunft und Geburtsort von Juraj Tranovský

Der Dichter wurde in Těšín (Teschen, polnisch Cieszyn) geboren, seine Vorfahren stammten aus dem Dorf Třanovice in der Nähe von Těšín, das zum schlesischen Herzogtum gehörte. Heute gehört dieses Gebiet zu Tschechien und kirchlich zur dortigen Schlesischen Evangelischen Kirche A. B. Sein Vorfahr Adam, der um 1520 geboren wurde, war ein weiser und religiöser Mann. Er war Bürgermeister in Třanovice (polnisch Trzanowice). Basierend auf dem, was uns Juraj Tranovský über seinen Vorfahr wissen lässt, müssen wir uns Adam Tranovský als einen Patriarchen vorstellen, der seine Familie gemäß Gottes Geboten führte. Nach diesen Grundsätzen leitete er auch die Gemeinde, deren Bürgermeister er war. Tranovskýs Ahnherr war bereits ein

7 Vgl. auch: https://de.wikipedia.org{wiki{Teschener_Schlesien#Herzogtum_Teschen_unter_den_Piasten (Zugriff am 20. 5. 2021).

Liebhaber von Gesang und Musik. Er sang oft religiöse Lieder zu seinem Harfenspiel. Sein Enkel Juraj Tranovský spricht über den göttlichen Adam Tranovský in dem als Nachwort seiner Gedichtsammlung „Odarum sacrarum“ beigegebenen selbstverfassten Gedicht mit autobiographischem Inhalt, das die lateinische Überschrift „Coronis ad posteritatem“ trägt:

> „Er sang gern religiöse Lieder; ja, er sang in der Stunde des Todes. Dieses liebevolle Singen mit dem Klang von Streichern, das demütig mit seiner Stimme und seinem Herzen gespielt wurde und sang: ‚Jesus, ewiger Gott, alle meine Hoffnungen, wir haben Hoffnung auf dich zu jeder Stunde, Jesus, ewiger Gott!‘“[8]

Der Text dieses Liedes gibt uns tiefe Einblicke von Adam Tranovský und ist umfassend. Er lebte bis 1623 und wurde 103 Jahre alt. „Ein alter Mann im Alter von einhundertdrei Jahren“, in einem guten Alter, bezeugen die Worte von Juraj Tranovský: „Ich möchte nicht, dass mein Alter so lang ist, aber zumindest so liebevoll, nämlich es so sehr zu vervollständigen wie mein Ahnherr.“ In einem anderen Lied schreibt er: „Das Ende ist gut, alles gut“, oder wie Tranovský selbst diesen Vers übersetzt hat: „Alles Gute ist das, was ein gutes Ende hat“[9]. Tranovský war sich als ein an Gott glaubender Mensch bewusst, von wem er den Segen des Lebens erwarten konnte. In dem oben genannten Gedicht schreibt er: „Wer wird solch ein unermessliches Geschenk geben?“ Und er bezeugte, dass der Name Tranovský nach dem Ort Třanovice zuerst von dem genannten Ahnherrn Adam und später von dessen Nachkommen benutzt wurde. Valentin, Jurajs Vater, hatte einen älteren Bruder, der auf dem Hof der Familie blieb, und einen jüngeren Bruder, der nach damaliger Sitte ein Handwerk erlernte. Valentin Tranovský lernte das Kesselbauerhandwerk und ließ sich in der nahe gelegenen Stadt Těšín nieder, wo er auf dem Alten Markt (Stary Targ) lebte. Er zeichnete sich als erfahrener Kesselbauer aus. (Tranovský sagt in „Coronide“, sein Vater sei ein „in aere faber“, ein Metallarbeiter, ein Schmied oder ein Kesselbauer. Die Tatsache, dass er ein Kesselbauer war, wird auch dadurch angezeigt, dass er neben der Brauerei wohnte.) Die Gewährung des Bürgerrechts und die Aufnahme in eine Gilde war für einen Menschen vom Land oder einen Ausländer zu jener Zeit finanziell kostspielig. Dass Valentin Tranovský dies hatte tun können, zeigt den Reichtum der Familie Tranovský. Er hei-

8 Tranovský, „Kancionál“, Nr. 505.

9 Johannis Burii, Micae historiae evangel. in Hungaria, edidit Paulus Lichner, Posonii [= Bratislava] 1864, 218.

ratete Hedviga, geborene Zentkovská aus Smilovice.[10] Sie hatten mehrere Söhne und drei Töchter. Von den Söhnen lebte beim Tod seines Vaters nur noch Juraj und mit ihm seine drei Schwestern, die später, als sie heirateten, wie üblich die Namen ihrer Ehemänner annahmen. Es war am 27. 3. 1592, als dieser edle und gottesfürchtige Ehemann einen Sohn geschenkt bekam, den er bei seiner Taufe Juraj nannte. Leider hielt die Matrikel (das Register) nicht den Namen fest, der für ihn verwendet wurde, nicht seine Eltern, nicht seine Paten und nicht den Pfarrer, der ihn getauft hatte. In den Stürmen des Dreißigjährigen Krieges wurde die Evangelische Kirche dezimiert. In Těšín entfernten die Jesuiten konsequent alles, was der evangelischen Kirche ähnlich schien. Aber Tranovský selbst hat den Tag seiner Geburt in den Worten seines Gedichts, das er „Coronis ad posteritatem" nannte, der Nachwelt hinterlassen. Er erinnerte gern an den Tag seiner Geburt und an den Tag seiner Taufe. Er betrachtete den Tag seiner Geburt als glücklich und den Tag seiner Taufe als noch glücklicher. Das wissen wir aus dem Lied: „Mein Geist verherrlicht", Vers. 13:

> „Glücklich ist der Tag, an dem ich geboren wurde; eine glücklichere Stunde, in der ich wiedergeboren bin, in der mir meine Schuld vergeben wurde."[11]

In diesem Sinne können wir auch froh sein, dass ein Mann geboren wurde, der Generationen Evangelischer, die sich vom Augsburger Bekenntnis her verstehen, geprägt hat. Tranovskýs Vorfahren waren Polen, weil frühere Generationen im polnischen Dorf Trzanowice gelebt hatten. In Těšín wurde häufig Polnisch gesprochen, aber die Unterrichtssprache in der Schule und die liturgische Sprache in der Kirche war die tschechische Sprache. Tranovský beherrschte schon als Kind die tschechische Sprache, die er später benutzte. Nach damaliger Sitte gelehrter Männer verwendete er als Student die latinisierte Form seines Namens: „Tranoscius". Es wurde in die Wittenberger Matrikel bereits mit dem lateinischen Namen „Tranosci" eingetragen.

Um Kinder zur Tugend zu führen, wollte er sich ihnen schon in jungen Jahren zuwenden. Glücklich sind jene Kinder, die eine gute Erziehung in ihrer Familie erhalten. Viele Eltern vergessen diese Verpflichtung und verlassen sich allein auf die Schulen, die die elterliche Erziehung ersetzen sollen. Dies entsprach jedoch nicht der Wirklichkeit; viele Eltern waren deswegen enttäuscht. Die Schüler sollten bereits moralische Grundsätze in die Schulen

10 Ján Ďurovič, Jubileum Juraja Tranovského (Liptovskom Sv. Mikulši, Tranoscius) 1942, 72.

11 Tranovský, „Kancionál", Nr. 862.

mitbringen. Deswegen sollten sie schon im Kindesalter angemessen unterrichtet werden. Das war in erster Linie die Pflicht der Eltern. Wie es schwierig ist, ohne Ruder auf dem Wasser zu segeln, so ist es auch schwierig, ein Leben zu meistern, wenn man nicht in einem guten Elternhaus seine Prägung bekommen hat. Juraj Tranovský war dieser Erfahrungssatz sehr wichtig. Die Erziehungsverantwortung der Eltern wird in seinen Liedern immer wieder zu einem Thema, dem er Aufmerksamkeit schenkt. Tranovský thematisiert dies mit den Worten: „Damit er seine Kinder schon in jungen Jahren zur Tugend führen kann." In seinen Angaben über seinen Lebensweg heißt es: „Er sagt, dass seine Eltern versucht haben, ihren Sohn gut zu erziehen. Zu diesem Zweck ließen sie ihn Literatur und Kunst studieren, damit er im Wissen, in Frömmigkeit und guter Moral gedeihen konnte." Dies ist nicht die übliche Form, der wir in fast jedem Lebenslauf begegnen. Das Leben, sogar Tranovskýs Gaben, zeugen davon, wie er in jungen Jahren mit großer Sorgfalt erzogen wurde. Schon in jungen Jahren sang und betete er gern. Das beweisen „Cithara Sanctorum" und „Phiala odoramentorum", Harfe, Gesänge und Gebete. Sie wurden traditionell in der Familie Tranovský gepflegt. Und als der Großvater schon als Kind unseren schönen Gesang mit dem Klang von Streichern hörte, religiöse Lieder mit Herz und Mund in seiner Sprache sang, hinterließ dies einen bleibenden Eindruck in seinem dafür empfänglichen Herzen. Auch seine Großeltern und Eltern haben Tranovský zur Frömmigkeit erzogen. Diese Prägung begleitete ihn in seiner Jugend. Es ist nicht möglich, das in Schulen zu lernen, was er in der Erziehung im Elternhaus erhalten hatte. Er drückte das in tschechischen religiösen Liedern aus. Er wusste von ihnen, bevor er Těšín verließ und an ausländischen Universitäten studierte, an denen man nichts über diese Arbeit wusste. Tranovský selbst bezeugt dies, wenn er über eine solche Erziehung von Kindern sagt: Alles, was er in seiner Jugend empfangen hat, hat sein Denken und seine Sorge für die Erziehung bestimmt. Die elterliche Erziehung wurde durch die Schulen in Těšín ergänzt.

Man kannte in jener Zeit noch nicht ein Schulsystem, das zum Abitur nach modernem Verständnis geführt hätte. Es gab damals Elementarschulen und natürlich Lateinschulen, die zum Hochschulstudium führten. Nach späteren Gesichtspunkten hätte Těšín, die Hauptstadt des gleichnamigen Herzogtums mit den Herzögen aus dem Hause der Piasten in Oppeln (Opole) auch ein Gymnasium haben können. Zu dieser Zeit hatten fast alle besseren Städte Lateinschulen. Seine Eltern schickten ihn früh in die Schule, aber sie blieben auch selber darauf bedacht, ihm eine gute Erziehung und Bildung zu vermitteln. Bereits 1603, als er zwölf Jahre alt war, wechselte er an das Gymnasium, was damals einer Hochschule gleichkam. Darauf kommen wir noch zu sprechen, denn dazu musste er seine Heimatstadt verlassen. Neben dem Elternhaus und der Schule war die Kirche ein wichtiger Faktor, der die Entwicklung des jungen Tranovský beeinflusste und ihr eine bestimmte Richtung gab, in der er in seinem weiteren Leben geführt wurde. Die Schüler mussten damals wissen, wie sie berichten konnten, was sie in der Predigt im Gottesdienst gehört hatten. So reifte sein Entschluss, dass er Gott in der Kirche dienen wollte, er also ein Studium der Theologie anstrebte. – Zu dieser Zeit war der Pfarrer in Těšín ein Slowake, Timotheus Lovčáni. Wir können also sagen, dass auch dieser gebildete slowakische evangelische Pfarrer die Entwicklung des jungen Tranovský beeinflusst hat.

## Tranovskýs Studienzeit

Tranovský musste an ausländische Schulen weiterziehen. Bereits im Alter von zwölf Jahren beendete er den Unterricht in der Schule von Těšín. Er sollte zum Pfarrer ausgebildet werden. Der begabte und fleißige Schüler war bereits im Alter von zwölf Jahren bereit für höhere Gymnasialklassen. Im Herbst 1603 finden wir ihn am Gymnasium in Guben. Diese Stadt (heute Gubín), heute an der deutsch-polnischen Grenze, war die Hauptstadt der Niederlausitz, ursprünglich slawisch, damals bereits deutsch und gehörte zu dieser Zeit zur tschechischen Krone. Von den damaligen Kommunikations- und Reisemöglichkeiten her gesehen war Guben sehr weit von Těšín entfernt. Auf halbem Weg hätte Breslau gelegen, wo es auch ein Gymnasium gab. Tranovskýs Eltern bevorzugten das weiter entfernte Guben, weil sie für ihren Sohn eine gute Ausbildung gewährleisten wollten. Die Matrikeln des Gymnasiums in Guben aus jener Zeit sind wegen des Dreißigjährigen Krieges nicht erhalten geblieben, sondern beginnen erst mit dem Jahr 1669.[12] Deswegen kennen wir keinen Eintrag darüber, wann er nach Guben kam und wie lange er dort blieb. Aufgrund seiner guten Lateinkenntnisse gehen wir davon aus, dass er sofort aufgenommen wurde. Zu dieser Zeit war der Rektor der Schule Meister Pavel Trescovius. In jenem Zeitraum wurde überall an den Gymnasien – und so auch in Guben – der Schwerpunkt auf die Kenntnis der lateinischen Sprache und der klassischen Bildung gelegt. Um seinen Wunsch zu erfüllen, entschied sich Tranoscius auch für eine noch größere Entfernung

12 Andreas Schmal, Adversaria ad illustrandam historiam evang. Hungaricam pertinencia, Pest 1867, 55.

von seiner Heimat und ging dann an das damals berühmte Lyceum in Kolberg (Pommern), heute Kolobrzeg (Polen), an der Ostsee. Die Hansestadt war durch Handel und Verkehr zu einer reichen Stadt geworden. Von dem Reichtum der dortigen Bürger und den günstigen Studienbedingungen konnten die ausländischen Studenten damals viel profitieren. Viele Schüler interessierten sich für die Oberklassen mit Schwerpunkt auf Lateinunterricht mit dem Studium der Bibel und der symbolischen Bücher der evangelisch-lutherischen Kirche. Die Schüler lasen Ciceros Reden, Briefe, seine Werke etc. Valentin Scherping war der Rektor des Lyceums, an dem Tranoscius bis zum Frühjahr 1607 studierte. Wir haben jedoch keine detaillierten Angaben und belastbare Berichte über seinen Aufenthalt in Kolberg. Tranovský interessierte sich hauptsächlich für Horatius (Horaz). Er kannte Horatius' Oden nicht nur auswendig, sondern rühmte auch die Schönheit ihrer Formen und Gedanken. Er hatte bereits versucht, Horatius' Oden nachzuahmen. Auch diejenigen, die er später komponierte und in seinen Büchern veröffentlichte, zeigen, dass Horatius ein Vorbild für ihn gewesen ist. Tranovský war ein ausgezeichneter Student. Der beste Beweis dafür ist, dass er im Alter von 16 Jahren eine Empfehlung von Professoren erhielt, sein akademisches Studium zu beginnen. Von Kolberg aus gingen die Studenten normalerweise an die Universität Wittenberg. Juraj Tranovský wurde ebenfalls am 13. April 1607 an dieser Universität immatrikuliert, als Wolfgang Franz Rektor war. Er wurde in das Register eingetragen als *Georgius Tranosci, Teschiniensis Silesius*. Obwohl wir keine anderen Aufzeichnungen über Tranovský haben, wissen wir, dass Tranovský erst 16 Jahre alt und einer der jüngsten Studenten war. Leonhard Hutter war zu dieser Zeit Professor an dieser Universität und beeinflusste ihn. Tranovský schrieb das folgende Distichon:

„Omnes Auctoris prima isthaec, praeiit odas: Qua juvenis Christum, saepè colebat oyans". In Übersetzung: „Von diesen ist dies das erste Lied, mit dem er Christus in jungen Jahren verherrlichte."

Dieses Distichon, das er 1635 schrieb, wurde von Tranovský über das Lied: „Jesus der Gnadengeber" geschrieben.[13] Auf dieser Grundlage wissen wir mit Sicherheit, dass Tranovský in seiner Jugend, d. h. während seines Studiums, religiöse Lieder komponierte. Er hat nur diesen einen seiner ersten Versuche bewahrt, aber es reicht uns zu sehen, dass Tranovský sein Talent als junger Mann entwickelt hat. In Vers 3 formuliert er:

13 Tranovský, „Kancionál", Nr. 502.

„Aber in dem Glauben, dass seine Gnade kein Maß hat und dass er selbst für ‚meine' Bosheit ‚genug mit seinem Tod getan hat', bittet er Christus, das stille Lamm, mit seinem Blut ‚meine Sünden' auszulöschen."

Sünden verschiedener Art lauerten überall; Tranovský kämpfte gegen die Versuchung und bat den Herrn, ihm zum Sieg Kraft vom Himmel zu geben. Er gestand: „Oh, ohne deine Hilfe kann die Welt nicht überwunden werden, der Teufel" (Vers 4). Im 5. Vers haben wir einen Spiegel von Tranovskýs jungem Leben, das er führen will „in Reinheit, in Stille, in Mäßigkeit, in Demut, in Liebe, in Eintracht, in Hoffnung und Geduld".

Er befahl sich dem Sohn Gottes und fühlte in Verbindung mit ihm Frieden in seinem Herzen. Auch dieses Lied führt uns in Tranovskýs Denken ein. Bereits zu dieser Zeit dichtete er nicht nur tschechische, sondern auch lateinische Oden. Hier kann die 89. Ode zu seiner Sammlung hinzugefügt werden. So hat er wahrscheinlich fünf Jahre lang mit Freude in Wittenberg studiert – vom 13. April 1607 bis 1611. Nach seinem Abschluss machte er sich auf eine Reise, um Erfahrungen und Kenntnisse über neue Länder zu sammeln.

## Aufenthalt in Prag und Umgebung

Lochmann sagt darüber in den Personali:[14] „Von hier aus [nämlich von Wittenberg aus – Hinweis von M. K.] ging er ohne zu zögern durch alle berühmten tschechischen Länder, bis er in die Hauptstadt Prag kam." Es ist wahrscheinlich, dass er nicht sofort nach Böhmen ging, sondern zuerst in die Lausitz und nach Niederschlesien, wo er viele Freunde und Unterstützer hatte, die er am Rand seines Weges besuchte. Es scheint auch so zu sein, dass seine Frau aus Niederschlesien kam. Dann ging er nach Böhmen, die Evangelischen hatten dort ihre Rechte erlangt, und Schlesien gehörte auch zur Wenzelskrone. In Böhmen wurden zwei Religionen anerkannt, nämlich die römisch-katholische Kirche und die hussitische Glaubensgemeinschaft, in der das Abendmahl mit Brot und Wein empfangen wird, also auch der Kelch den Laien gegeben wird. Man nennt sie deshalb auch „Utraquisten" (von dem Begriff „sub utraque species" – unter den beiden Gestalten von Brot und Wein). Luthers Reformation wirkte sich sehr bald auf das tschechische Land aus und veränderte die kirchlichen Verhältnisse grundlegend. Zum größten Teil übernahmen sie Luthers erneuerte Lehre, aber viele schlossen

14 S. o. Anm. 3 im Buch „Vale Tranoscianum", Trenčín 1637, 34–37.

sich der Unität der Brüder an. So kam es, dass die Lutheraner die Mehrheit im Land bildeten und Positionen im Konsistorium einnahmen. Sie erreichten dies unter Kaiser Maximilian II. im Jahr 1567.[15] Das Augsburger Bekenntnis war bereits im Reich durch den Augsburger Religionsfrieden von 1555 anerkannt. Die Unität der Brüder wollte das Augsburger Bekenntnis nicht als Ausdruck ihres Glaubens annehmen. Sie lehrte in vielen Glaubensartikeln anders als das Augsburger Bekenntnis. Nach langen Verhandlungen einigten sich beide Parteien auf ein tschechisches Bekenntnis, das sich nicht gegen das Augsburger Bekenntnis aussprach, aber die Unterschiede zwischen den Lehren der Unität und der Lutheraner nicht markierte. Der tschechische Glaube war so gestaltet, dass nichts gegen die Lehren beider Parteien verstieß, sondern nur das ausgesprochen war, was alle Parteien vereinbart hatten, so dass beide Parteien sich ihm ohne jede Verlegenheit nähern konnten. Kaiser Maximilian II. hat dies im Jahre 1575 genehmigt, aber da er bald starb, wurde dies in der Praxis nicht angewendet. Die Kirche ist nur durch Glauben mächtig und hat nur eine bestimmte, auf dem Wort Gottes beruhende Vollmacht: „Unser Glaube ist der Sieg, der die Welt überwunden hat“ (1 Joh 5,4). In dieser Zeit unterstützten die böhmischen Könige die römisch-katholische Kirche und insbesondere den Jesuitenorden.[16] 1556 kamen zwölf Jesuiten nach Prag und begannen, die Söhne wohlhabender Familien zu unterrichten, die später in hohe Staatsämter kamen. So wurde 1599 Zdeněk Vojtech Popel aus Lobkovice der höchste Kanzler, 1600 wurde Vilém Slavata aus Chlum, ursprünglich ein tschechischer Bruder, königlicher Marschall und 1603 Jaroslav Borita von Martinice kaiserlicher Berater. Alle Genannten wurden von den Jesuiten erzogen. Unter Kaiser Rudolf II. begann man, die Gegenreformation in Böhmen durchzuführen. 1602 hob Kaiser Rudolf II. ohne Beschluss der Versammlung die unter Maximilian gewährte Religionsfreiheit auf und stellte fest, dass nach wie vor keine andere als die katholische Religionszugehörigkeit erlaubt sei. Von da an hatte die utraquistische Kirche zu leiden. Es gab jedoch starken Widerstand gegen die kaiserliche Regierung: Die tschechischen Stände legten dem Kaiser 15 Artikel zur Religionsfreiheit vor. Rudolf bestätigte sofort einige von ihnen und verschob die anderen auf die nächste Versammlung, die am 28. Januar 1609 einberufen wurde. Am 12. Juli 1609 wurde der Majestätsbrief Rudolfs II., der allen

15 Zur politischen Lage vgl. Franz Machilek, Böhmische Brüder, in: Theologische Realenzyklopädie, Band 7, 1981, 1–8.

16 Vgl. Antonin Rezek, Geschichte der Prostonationsbewegung in Böhmen (Orig. tschechisch: Dějiny prostonárodniho hnutí náboženského v Čechách od vydání tolerančniho patentu až na naše časy), Prag 1887, 13.

Ständen Gewissensfreiheit zugestand,[17] zur Klarheit der Bevölkerung in das Alte Rathaus gebracht. Allerdings – der Kaiser erlaubte zwar die Aussagen des Majestätsbriefs, befahl sie jedoch nicht. Inzwischen starb Kaiser Rudolf, und 1612 bestieg sein kinderloser Bruder Matthias den böhmischen Thron. Auch während seiner Regierungszeit wurde die Religionsfreiheit unterdrückt. Er war auch einer von denen, die viel versprechen und wenig geben. Ein ungünstiger Umstand für evangelische Tschechen bestand darin, dass Matthias nicht in Prag, sondern in Wien war und von dort aus regierte. König Matthias bat die Evangelischen, ihn von religiösen Streitereien zu verschonen. Er interessierte sich für andere Dinge. Bereits 1613 wurde die Erlaubnis zum Druck evangelischer Schriften sehr eingeschränkt. Von römisch-katholischer Seite aus ging man gegen das Augsburger Bekenntnis vor. Dieses Vorgehen empörte die Evangelischen sehr.[18]

Tranovský übernahm die Position des Lehrers am Gymnasium der Kirche St. Nikolaus in der Prager Altstadt. Wir gehen davon aus, dass er seine Tätigkeit hier im Herbst 1612 begann. Für einen jungen Gelehrten war der Aufenthalt in Prag in vielerlei Hinsicht von Vorteil. Es gab Hochschulen und viele Gelehrte; hier war sowohl in der Kirche als auch im politischen Bereich viel zu erleben. Tranovský war ein entscheidender Befürworter des Augsburger Bekenntnisses. Nach seiner Ansicht, die er aufgrund seines stark entwickelten religiösen Wissens entwickelt hatte, war der Zustand der lutherischen Kirche in Böhmen zu dieser Zeit nicht auf dem richtigen Weg, den er hätte bejahen können. Er war ein Mann von ruhiger, effektiver Arbeit, der darauf abzielte, die Kirche zu erziehen und zu stärken. Er mischte sich nicht gern in leidenschaftliche Auseinandersetzungen und Parteikämpfe ein. Als jedoch die Verbreitung des Calvinismus in Böhmen die abweichenden Lehren über die Prädestination, über das Abendmahl und zur Allgegenwart Christi nach calvinistischem Verständnis in den Vordergrund stellte, sprach Tranovský auch in seinen Liedern darüber und war bestrebt, die Reinheit des Augsburger Bekenntnisses zu schützen:

---

17 Vgl. Franz Machilek, Böhmen, in: Die Territorien des Reichs im Zeitalter der Reformation und Konfessionalisierung. Land und Konfession 1500–1650, Bd. 1: Der Südosten, hg. v. Anton Schindling und Walter Ziegler, Münster 1989 (= KLK 49), 135–152, hier 148.

18 Bernhard Czerwenka, Geschichte der Evangelischen Kirche in Böhmen, II. Band, Bielefeld/Leipzig 1869/1870 (Nachdruck 2017/2018), 598 (Text unter: https://www.digitale-sammlungen.de/de/view/bsb10448892?page=5).

In dem Lied „Lass uns die treuen Christen kennenlernen“[19], das die Inschrift trägt: „Vorbestimmung zum ewigen Leben“, lehrt er zu erkennen, was die heiligen Schriften über unsere ewige Seligkeit durch Gnade lehren. Er stützt sich auf ihre Zeugnisse und bietet aus ihnen immer neue Beweise dafür, dass Gott nicht nur niemanden für die ewige Verdammnis prädestiniert hat, sondern dass er nicht einmal den Tod eines Sünders wollte, ja, dass Gott wollte, dass der Sünder sich bekehre und lebe. Und welche Liebe zu einem Mann, der die Wahrheit sucht, sich aber im menschlichen Verstand irrt, kommt zum Ausdruck durch die Darlegung der Gründe aus den heiligen Schriften!

Ebenso war die Gegenwart Christi beim Abendmahl, die durch die Verbreitung des Calvinismus verdrängt wurde, ein tägliches Thema für leidenschaftliche Kontroversen. Die Unität der Brüder formulierte ihre Lehre über das Abendmahlssakrament mit beiden gegenteiligen Ausdrücken, dass die Lutheraner calvinistisch, aber die Calvinisten lutherisch zu sein schienen. Obwohl sie sich beim Abendmahl zur Gegenwart des Leibes und des Blutes Christi bekannten, nannten sie das Altarsakrament heilig, sacramentalis und spirituell. „Substantia corporis“, so heißt es, befinde sich ausschließlich zur Rechten Gottes, und Christus wird vor dem Tag des Gerichts nicht physisch herabsteigen. Im Jahre 1575 schrieben die Brüder von Ivančice an den berühmten Theologen Beza zum Altarsakrament, „dass Christus mit seinem Leib nicht mehr auf Erden sein könne“[20], dass dies das Geständnis sei[21] und die Brüder und Calvinisten auf der einen Seite über das Sitzen des Sohnes Gottes zur rechten Hand Gottes anders lehrten als die Lutheraner auf der anderen. Diese Frage bezieht sich auf die Lehren des Abendmahls. Die Brüder und die Calvinisten verstanden es so, dass die erhabene Menschheit Christi auf den Himmel beschränkt ist und dass Christus erst am Tag des Gerichts im Fleisch herabsteigen wird. Darin standen sie im Gegensatz zum Luthertum.

In diesem Kräftefeld war Tranoscius während seiner Prager Zeit am Werk und setzte sich für die lutherische Lehre ein.

Im 2013 eingerichteten Tranovský-Museum in Třanovice wird das Exlibris von Juraj Tranovský dokumentiert, das eine großartige bildliche Darstellung seiner theologischen Überzeugungen darstellt:

---

19 Tranovský, „Kancionál“, Nr. 478.

20 Gerhard v. Zezschwitz, Brüder, böhmische, in: Realenzyklopädie für protest. Theologie und Kirche, Bd. 2, Leipzig [2]1878, 674.

21 Vgl. Tranovskýs Lied: „Seltsame Weisheit. Güte“, „Kancionál“, Nr. 361.

Im Zentrum steht der wie ein Lebensbaum geschmückte Abendmahlskelch – „Kelch des göttlichen Heils“, gehalten von zwei Engeln. Über ihm sind das Lamm Gottes als Zeichen für Christus, die Taube als Zeichen für den Geist Gottes und das hebräische Wort „Jahwe“ für Gott den Vater dargestellt. Um den Kelch herum ist ein Spruchband mit dem Namen Juraj Tranovskýs drapiert. Die drei Figuren unten zeigen in der Mitte einen Beter vor dem Kreuz Christi (wohl: Tranovský selbst), links Lazarus, dessen Wunden von Hunden geleckt werden und rechts Hiob.[22]

Um die Wende von 1613/14 kam Tranovský nach Holleschau (Holešov, heute Tschechien). Er arbeitete hier ungefähr ein Jahr als Lehrer. Informationen über Tranovský in Holešov finden sich im Buch „Vale Tranoscianum“[23]. 1615 kam Tranovský als Lehrer nach Walachisch Meseritsch (Valašské Meziříčí,

22 Susanna Basicova, a. a. O. (wie Anm. 6), 50–51, bietet zwei Fassungen dieser Zeichnung. Bei der einen wurde an Stelle des Kreuzes Christi ein Phantasiebild von Tranovský eingefügt.
23 Vgl. oben Anm. 3.

heute Tschechien). Er arbeitete hier als Rektor der Schule und wahrscheinlich auch als Kantor.[24] Am 26. Mai 1615 heiratete Tranovský Anna Polany aus Polansdorf. 1616 wurde er in Gießhübel im Adlergebirge (Olešnice, heute Polen) ordiniert. In Walachisch Meseritsch war er als Vikar und Rektor der Schule tätig. Im Oktober wird er Gemeindepfarrer. Im Jahre 1618 wurde die erste Tochter Maria geboren. Neben den Aufgaben des Pfarrers hatte Tranovský 1620 auch das Amt des Sekretärs des Evangelischen Konsistoriums in Olmütz (Olomouc, heute Tschechien) inne. In Olmütz veröffentlichte er 1620 auch eine Übersetzung des Augsburgischen Bekenntnisses unter dem Titel „Konffessý Augsspurská: Wyznánj Wjry Swaté Ewangelistské“. 1621 wurde Valašské Meziříči von der kaiserlichen Armee erobert, und Tranovský und seine Familie flohen nach Těšín. Dort wurde sein Sohn Konstantin geboren.[25] Im Oktober 1621 besuchte er Käsmark (Kežmarok, Slowakei) und das Oravagebiet.[26] Im Jahre 1622 wurde in Meziříčí der Sohn Eliáš geboren. 1624 brach eine Pestepidemie aus, unter deren Opfer auch Tranovskys Kinder Mária und Eliáš sind. Insgesamt drei seiner Kinder sind neben der Kirche in Valašské Meziříčí begraben. Im April wurde sein Sohn Samuel geboren. Tranovský ging Ende des Jahres nach Těšín. Im Frühjahr 1626 war er in Bielsko (heute Polen). Im Jahre 1627 wurde der Sohn Dávid geboren. Im Februar 1629 wurde ein weiterer Sohn, nämlich Timotei, geboren. Die Rekatholisierung vertrieb Tranovský und seinen Landesherrn, Baron Jan Suňog (Senegh), Herrscher der Jasienica und Budatin, und dessen Ehefrau aus Bielsko. Vermutlich 1629 kam er in das Gebiet der heutigen Slowakei, in das Schloss Orava (Oravský hrad), das unter der Leitung von Gašpar Illéšházy stand. Er wird kurzzeitig Schlossprediger. 1630 wurde eine Tochter Zuzana geboren.

## Auf slowakischem Gebiet

1631 wurde Tranovský als Pfarrer in Liptov berufen und am 22. Januar 1632 als Pfarrer in Svätý Mikuláš (heute Liptovský Mikuláš und Okoličné [heute die Stadt Mikuláš]) – wie es in das Seniorenprotokoll eingetragen ist. Er bearbeitete auch ein kleines, dreisprachiges Buch zu Gesprächen für die Jugend

24 Vgl. Ďurovič, a. . O. (wie Anm. 10), 74.

25 Vgl.: Coronis, in: Tranosius, Georgius: Odarum sacrarum Sive Hymnorum, Brieg 1629.

26 Das wird in Tranovskýs Brief an den Superintendenten Peter Zabler erwähnt.

zur Veröffentlichung mit dem Titel „Formula Puerilium Colloquiorum Latina, Bohemica et Germanica lingva" das ebenfalls 1636 in Levoča von der Druckerei von Vavrinc Brewer veröffentlicht wurde. Er wurde 1636 schwer krank und war acht Monate lang bettlägerig. Er starb am 29. Mai 1637 zwischen elf und zwölf Uhr vor dem Mittagessen[27] und wurde von Ján Lochmann, der wie erwähnt Pfarrer von Nemecká (heute Partizánska Ľupča) war, und Melchior Smrtník (Pfarrer aus Bodice) beigesetzt.[28] Tranovskýs Grab, dessen Platz nicht markiert ist, befindet sich in der jetzt römisch-katholischen Kirche des Heiligen Nikolaus in Liptovský Mikuláš.

27 So nach den Angaben in der Begräbnispredigt durch Ján Lochmann (s. o. Anm. 3).

28 Im Jahre 1936 veröffentlichte Ján Čaplovič Tranovskýs Familienunterlagen, die wir heute als Strips Tranosciana kennen (Ján Čaplovič, K životopisu J. Třanovského, in: Jiří Třanovský, Sborník k 300. výročí kancionálu Cithara sanctorum. Bratislava, Učená Společnost Šafaříkova, 1936, 141–152). Dies ist ein lateinischer Text, den Tranovský in seiner Ausgabe des Buches Loci Theologici von Matthias Hafenreffer (1561–1619) aufbewahrte. Das Transkript stammt aus der Arbeit von Michal Institoris (Lycealbibliothek in Bratislava). Der Text enthält Informationen über Tranovskýs Eltern. Tranovský kennzeichnete auch das Geburtsdatum oder Einzelheiten über die Ordination. Ein großer Teil des Textes besteht aus einer Familienchronik, die Geburtsdaten und -orte enthält (oder den Tod von Tranovskýs Kindern, auch die Namen der Paten).

Rainer
Stahl

# Der Poet Martin Luther[1]

## I.

I.1 Zuerst müssen wir uns daran erinnern, dass Martin Luther auch für Musik eine spezielle Ausbildung erhalten hatte – deshalb konnte er ein Instrument spielen, singen und komponieren. In den Schulen in Mansfeld, Magdeburg und Eisenach war es normal, dass die Schulstunden mit dem Singen von Liedern begannen und endeten. Ein wichtiger Schritt war seine Teilnahme in einer Jungengruppe, die in den Straßen Eisenachs gesungen hat, um Geld oder einfach Brot zu erhalten. Im Rahmen der Erinnerung seiner Jugendzeit hatte er sich als „Partekenhengst" bezeichnet. Wie müssen wir dieses Wort verstehen? Es spricht von einem dienenden Pferd, meinte also einen Jungen, der herumzog und um Brot bettelte – indem er zusammen mit Freunden sang.[2] In seiner Eisenacher Zeit war es die Witwe Cotta, die ihn in ihr Haus einlud. Bis heute wird ein Haus am Lutherplatz in der Nähe der Stadtkirche als Haus von Frau Cotta gezeigt, welches heute das „Luther-Haus" in Eisenach ist. Aber während meiner Arbeitszeit in Eisenach von 1992 bis 1998 habe ich gelernt, dass das originale Haus von Frau Cotta möglicherweise an einem anderen Ort in der Stadt war – ein Haus in der Georgenstraße trägt ein Schild, durch das es als das Haus von Frau Cotta gekennzeichnet wird. Diese Varianten würden natürlich vor allem Personen

1 Am Reformationstag 2020 wurden die Abschnitte I und II.2 im Haus von Christine Lieberknecht, früherer Ministerpräsidentin in Thüringen, in Ramsla, Weimarer Land, vorgetragen und diskutiert. Am 11. 1. 2021 wurden die Hauptgedanken dieser Abschnitte bei einer Skype-Konferenz mit der Gemeinde Tscheboksary (an der Wolga) vorgetragen, aber in englischer Sprache und beim Vortrag der russischen Übersetzungen der Lieder.

2 Vgl. Martin Rößler, Liedermacher im Gesangbuch. Liedgeschichte in Lebensbildern, Stuttgart 2001, hier: Martin Luther, 36.

interessieren, die besonders geschichtlich interessiert sind. Für uns ist das Folgende wichtig: Von Anfang an war für Martin Luther die musikalische Ausbildung wichtig, dann auch in der Zeit als Student in Erfurt und vor allem als Mönch dort. Seine Musikalität war wirklich sehr entwickelt!

I.2 Dann war ein Erlebnis entscheidend dafür, dass er ein Poet wurde. Um dieses Erlebnis zu verstehen, ist es notwendig, seine ersten Veröffentlichungen zu nennen. Dabei beziehe ich mich bewusst auch auf eine fünfbändige Ausgabe von Werken Martin Luthers, die in der DDR herausgekommen war und bei der mein systematisch-theologischer Lehrer Prof. Dr. Horst Beintker zwei Bände bearbeitet hatte:[3]

- Erstens: im Oktober/November 1517 seine „95 Thesen zum Ablass“, die bis Ende 1517 mehrmals gedruckt wurden (zum Beispiel in Nürnberg, Leipzig und Basel),
- zweitens: sein „Sermon von Ablass und Gnade“ mit Drucken ab März 1518,
- drittens: im Juni 1520 seinen „Sermon über die Guten Werke“,
- viertens: im August 1520 schon in zwei Auflagen zu jeweils 4000 Exemplaren seine Veröffentlichung über die Reform der Christenheit, gerichtet „An den christlichen Adel deutscher Nation von des christlichen Standes Besserung“,
- fünftens: Anfang Oktober 1520 sein Buch über „De captivitate Babylonica ecclesiae“/„Von der Babylonischen Gefangenschaft der Kirche“[4],
- und sechstens: Anfang November jenes Jahres sein Buch über „Die Freiheit eines Christenmenschen“, die er dann in einer lateinischen Übersetzung an Papst Leo X. gesendet hatte.[5]

Stellen Sie sich vor: Alle diese wirklich neuen Gedanken und Argumentationen hatte Martin Luther in lediglich zweieinhalb Jahren erarbeitet! Und wegen all dieser Gedanken und Veröffentlichungen begann im Juni 1520

3 Vgl. Martin Luther Taschenausgabe, Auswahl in fünf Bänden, hg. v. Horst Beintker, Helmar Junghans und Hubert Kirchner, Berlin 1981–1984.

4 Vgl. Martin Luther, Lateinisch-deutsche Studienausgabe, Bd. 3, hg. v. Günther Wartenberg (†) und Michael Beyer, Leipzig 2009, 173–375.

5 Vgl.: Befreit! Martin Luthers Hauptschriften von 1520, im Auftrag der Kirchenleitung der VELKD hg. v. Heiko Franke und Georg Raatz, Leipzig 2020, Bd. 1: Theologische Einführungen und Themeneinheiten, vor allem 16, 22, Bd. 2: Textauszüge und Anregungen, vor allem 12, 14.

der kirchliche Prozess gegen ihn mit einem Brief des Papstes über seine mögliche Exkommunikation, der Bannandrohungsbulle „Exsurge Domine"/ „Erhebe dich, o Herr". Dieser Prozess endete im Januar 1521 mit dem päpstlichen Schreiben über seine Exkommunikation, der Bannbulle „Decet Romanum Pontificem"/„Es geziemt dem römischen Papst". Im April 1521 hatte Luther seine Überzeugungen vor dem Reichstag in Worms zu verteidigen und war dann am 4. Mai 1521 in die Wartburg bei Eisenach in Sicherheit gebracht worden. Viele hatten seine Veröffentlichungen gelesen. Seine Gedanken waren in einem regelrechten Triumphzug durch ganz Deutschland und durch viele Länder Europas gezogen. Deshalb wurden auch am 1. Juli 1523 zwei Kollegen im Orden der „Augustiner Eremiten", des Ordens, zu dem Martin Luther selbst gehörte, in Brüssel in Belgien zum Tode verurteilt und verbrannt – Heinrich Voss/Heinrich Voes and Johannes van den Esschen/ Johann van Esch.[6]

I.3 Die Information über diesen Mord – ich sage bewusst: „Mord"! – bewirkte bei Martin Luther ein tiefes Trauma: Andere waren bereit, zu leiden oder gar zu sterben – wegen theologischer Erkenntnisse, die er gewonnen hatte![7] Und auf Grund dieses Traumas begann er, bereit zu werden, seine Bewegung der Reformation nach seinem Namen zu benennen – als „Lutherische"! Noch im Jahr 1523 schrieb er ein Lied über diese Zeugen – womit er seinen ersten Hymnus geschaffen hatte![8] Um Ihnen einen Eindruck zu vermitteln, geben ich Ihnen einige Zeilen der Strophen 1, 2 und 12.[9] Außerdem kann ich eine Übersetzung ins Russische dokumentieren, die L. N. Nazarenko in etwas freier Weise verfasst hat:[10]

6 Vgl. Rößler, a. a. O. (wie Anm. 2), 38. Außerdem: Konrad Klek, „Singen und Sagen". Reformatorisches Singen als öffentlicher Protest, in: Peter Bubmann/Konrad Klek (Hg.), Davon ich singen und sagen will. Die Evangelischen und ihre Lieder, Leipzig 2012, 11–26.

7 Vgl. hierzu: Johannes Schilling (Hg.), Martin Luther: Geistliche Lieder, Große Texte der Christenheit 7, Leipzig 2019, 217.

8 Vgl. Rößler, a. a. O. (wie Anm. 2), 38f. Vgl. außerdem: Dick Akerboom, „Ein neues Lied wir heben an", in: Lutherische Kirche in der Welt, Jahrbuch des Martin-Luther-Bundes, Folge 55, 2008, 63–82.

9 Vgl.: Rainer Stahl, Martin Luther für uns heute, Erlangen 2008, 39f. Jetzt habe ich das Deutsch dieses Liedes modernisiert. Für den Text vgl. auch Schilling, a. a. O. (wie Anm. 7), 86–90.

10 Vgl. Генрих Фаусель, Мартин Лютер, Жизнь и дело, Том 2, 1522–1546 (Heinrich Fausel, Martin Luther. Leben und Werk), Charkow 1996, 75–77.

Ein neues Lied wir heben an,
Мы песню новую начнем, –
des walt Gott, unser Herre,
С благословенья Божия.
zu singen, was Gott hat getan
Что совершил Он, воспоем,
zu seinem Lob und Ehre
Дела благие множа.
Zu Brüssel in dem Niederland
В Брюсселе, в Нидерландах, – там
wohl durch zwei junge Knaben
Двух юношей избрал Он,
hat er seine Wundermacht bekannt [...]
[...] явить всем нам
Чудесной власти право [...]

[...] Von dieser Welt geschieden sind,
[...] Они покинули сей мир,
sie haben die Kronen erworben.
Снискав венец терновый.
Recht wie die frommen Gotteskinder
Шли, дети Божии, на смерть –
für sein Wort sind sie gestorben [...].
В огонь – за Его Слово,
Ученики Христовы.

[...] Wir sollen danken Gott darin,
[...] Должны мы Господа хвалить:
sein Wort ist wiederkommen.
Вновь с нами Слово Божье!
Der Sommer ist hart vor der Tür,
Стучится лето в двери к нам,
der Winter ist vergangen;
Утихли рек разливы,
die zarten Blumen gehen hervor.
Нежна цветов голубизна:
Der das hat angefangen,
Кто начал все красиво, –
der wird es wohl vollenden.
Тот завершит на диво!

Von besonderem Interesse ist Vers 12 in der russischen Version: Martin Luther hatte davon gesprochen, dass der Winter zu einem Ende gekommen sei und der Sommer nun nahe bevorstehe. Der Übersetzer ins Russische hat ein anderes Bild gewählt: Nämlich, dass die Überschwemmungen der Flüsse ruhig geworden seien, also der Frühling zu einem Ende gekommen sei, weshalb er das Bild von den blauen Blüten gewählt hatte: „Утихли рек разливы, / Нежна цветов голубизна“.

Hier zeigen Dichtung und Musik ihre Macht – wie Martin Luther es bezweckt hatte. Der Professor für Kirchenmusik in Erlangen, Konrad Klek, hat geschrieben: „*Singen und Sagen* – diese schon geprägte Wendung (‚Spielmannsformel‘) […] ist die Formel für Massenkommunikation in Zeiten ohne Zeitungen, Rundfunk und Internet. Was Sänger auf Straße und Marktplatz vortragen, wird von vielen gehört, nachgesungen und memoriert.“[11] Dieses Lied ging von Mund zu Mund und machte deutlich, wie dieses schreckliche Geschehen mit Hilfe der Musik verarbeitet werden konnte.

In allgemeinerer Weise hatte Konrad Klek unterstrichen: „Mehrfach haben Vertreter der römischen Kirche bezeugt, dass die Lieder zur schärfsten Waffe der Protestanten wurden. Einiges ist aktenkundig. In der Bischofsstadt Hildesheim wurde bereits 1524 und dann wieder 1531 das *Singen und Sagen* auf den Straßen explizit verboten. Die ‚Protestanten‘ zogen mit ihren Liedern dann vor die Stadt. Selbst in privaten Räumen konnte man nicht ungestraft singen. In Braunschweig wurden 1526 Schustergesellen beim Priester angezeigt. Sie hatten bei sich die evangelischen Lieder gesungen.“[12]

In jenen Jahren wurde die Verkündigung der Einsichten in das Evangelium zu einer typischen Macht: Die Menschen wurden zu Botschafterinnen und Botschaftern der neuen Erkenntnisse – indem sie die Lieder sangen, die Martin Luther geschaffen hatte. Das alles zeigt, wie wichtig diese Hymnen gewesen sind.

## II.

Jetzt möchte ich gemeinsam mit Ihnen drei Lieder lesen und singen, von denen Luther die Texte geschrieben und die Melodien komponiert hatte. Weil dieser Vortrag ursprünglich für Gemeinden in Russland geschrieben wurde, habe ich mit dem Gesangbuch der Evangelisch-Lutherischen Kirche Ingriens

11 Klek, a. a. O. (wie Anm. 6), 13.
12 A.a.O., 24.

in Russland[13] verglichen und auch mit dem Gesangbuch der Evangelisch-Lutherischen Kirche in Russland.

II.1

II.1.1 Zuerst ist folgendes Lied wichtig: „Aus tiefer Not schrei ich zu dir“. In unserem deutschen Gesangbuch hat es die Nummer 299,[14] im „Laudamus“, dem Gesangbuch des Lutherischen Weltbundes,[15] die Nummer 98 und im „Lutheran Book of Worship“[16] die Nummer 295: „Out of the depths I cry to you“, im Ingrischen Gesangbuch[17] die Nummer 456: „Из сердца глубины мой глас к Тебе“, und im Gesangbuch der Evangelisch-Lutherischen Kirche Russlands[18] die Nummer 188: „Из сердца глубины мой глас“. Martin Luther hatte dieses Lied nach Psalm 130/Psalm 129 geschrieben: „Aus der Tiefe rufe ich, Herr, zu dir.“ – „Out of the depths I cry to thee, O Lord!“ – „Из глубины взываю к Тебе, Господи“ (Vers 1). Ich zitiere die zweite und die dritte Strophe dieses Liedes:

Bei dir gilt nichts denn Gnad und Gunst,
All things you send are full of grace;
Твоей лишь милостью мы все
die Sünde zu vergeben;
you crown our lives with favor.
Спасенье обретаем,
es ist doch unser Tun umsonst
All our good works are done in vain
И в самом праведном житье
auch in dem besten Leben.
without our Lord and Savior.
Всё тщетно, что свершаем.

13 Vgl. auch: Rainer Stahl, Die Evangelisch-Lutherische Kirche Ingriens auf dem Territorium Russlands, in: Lutherische Kirche in der Welt, Jahrbuch des Martin-Luther-Bundes, Folge 63, 2016, 193–219, besonders 209–214, wo ich die 18 Lieder Martin Luthers dokumentiert hatte, von denen im Gesangbuch der Evangelisch-Lutherischen Kirche Russlands zehn Lieder dokumentiert sind (s. u. Anm. 17).

14 Evangelisches Gesangbuch, Ausgabe für die Evangelisch-Lutherischen Kirchen in Bayern und Thüringen, für Thüringen: Weimar o. J. [1994].

15 Laudamus. Hymnal for the Lutheran World Federation, Budapest [5]1984.

16 Lutheran Book of Worship, Minneapolis/Philadelphia 1978.

17 Сборник Гимнов Евангелическо-лютеранской Церкви Ингрии на территории России, St. Petersburg 2013.

18 Сброник песнопений Евангелическо-лютеранской Церкви, St. Petersburg 2009.

Vor dir sich niemand rühmen kann,
We praise the God who gives us faith
Хвалиться нечем пред Тобой.
[oder: Кому хвалиться пред Тобой?][19]
des muss dich fürchten jedermann
and saves us from the grip of death;
Но Ты прощаешь – лишь одной
[oder: Но Ты простишь, и так одной]
und deiner Gnade leben.
our lives are in his keeping.
Мы милости той чаем.

Darum auf Gott will hoffen ich,
It is in God that we shall hope,
На Бога буду уповать,
auf mein Verdienst nicht bauen;
and not in our own merit.
Не на свои дела я,
auf ihn mein Herz soll lassen sich
We rest our fears in his good Word
Его святую благодать
und seiner Güte trauen,
and trust his Holy Spirit.
Всем сердцем сознавая.
die mir zusagt sein wertes Wort;
His promise keeps us strong and sure;
Мне в Слове благодать сия
das ist mein Trost und treuer Hort,
we trust the holy signature
Обещана, и верю я:
des will ich allzeit harren.
inscribed upon our temples.
Она моя отрада.

19 Die beiden Varianten im russischen Gesangbuch (a. a. O.) sind hier in Klammern gegeben.

II.1.2 Dieses frühe Lied – wohl vom Ende des Jahres 1523[20] – bringt eine entscheidende Einsicht Luthers zum Ausdruck: Wir können unsere Situation vor Gott und unser Verhältnis zu Gott in zwei Weisen verstehen:

- Wir sind Personen mit fundamentalen Mängeln in Beziehung zu Gott – die traditionelle Theologie spricht von „*Sünde*"!
- Zusätzlich sind wir Personen, die die bestmögliche Qualifikation haben – weil Gott uns zu *gerechtfertigten Personen* erklärt hat!

Luther hat in diesem Lied gesagt: Was wir direkt auf Gott hin tun, ist selbst in einem besten Leben ohne Bedeutung: „[…] es ist doch unser Tun umsonst / auch in dem besten Leben". In der Übersetzung ins Englische wird schon der Ausweg aus dieser Sackgasse benannt: „All our good works are done in vain / without our Lord and Savior." Ebenso erkennt die russische Übersetzung unsere Schwäche an, die für ein gerechtes Leben überwunden werden muss: „И в самом праведном житье / Всё тщетно, что свершаем". Was wir aber direkt auf unseren Nachbar hin tun und tun sollten, bringt uns zur notwendigen Verantwortlichkeit auch in Richtung auf Gott hin. Auf solchem Weg verwirklichen wir unser Vertrauen auf Gottes Gnade und Unterstützung. Diese neue Einsicht macht mich zu einem wirklichen Christen, zu einem Lutheraner – macht mich zu einer wirklichen Christin, zu einer Lutheranerin.

Diese grundlegende Spannung unserer Existenz – dass wir vor Gott gar nichts Eigenes vorzubringen haben, aber mit Blick auf unsere Nebenmenschen uns als Dienende zu erweisen haben – ist in der Zeit der Jahre 2020 und 2021 besonders herausfordernd geworden: nämlich durch unsere Existenz unter der Wirklichkeit der Corona-Pandemie. Schon früh wurde ich von mehreren Seiten auf Luthers Schrift „Ob man vor dem Sterben fliehen möge" aus dem Jahr 1526 hingewiesen. In ihr geht er auf die Herausforderungen durch Pestepidemien ein und bietet noch heute manche Hilfe für die Orientierung unter ähnlichen Bedingungen. Dankbar bin ich, dass Johannes Schilling vor kurzem in der Zeitschrift der Luther-Gesellschaft noch einmal ausführlich auf die Dimensionen dieses Textes eingegangen war und sie unter das Motto „Gott in allem vertrauen und dem Nächsten dienen" gestellt hatte.[21]

20 Vgl.: Schilling, a. a. O. (wie Anm. 7), 196. Und für den Text dort 71f.

21 Johannes Schilling, Gott in allem vertrauen und dem Nächsten dienen. Martin Luthers Ermutigung zu humanem Verhalten als Christen in Zeiten der Pandemie, in: Luther 91, Heft 3, 2020, 128–141.

II.1.3 Nur kurz will ich auf die Melodie schauen. Zuerst muss ich zugeben, dass ich nicht viel von Musik und Melodien verstehe. Ich kann Lieder nur singen, wenn ich einmal die Melodien gelernt hatte. Aber die Technik kann ich nicht erklären. Deshalb kann ich Sie nur informieren, dass Luther eine Melodie komponiert hatte, die tiefe Empfindungen zum Ausdruck bringt. In unserem deutschen Gesangbuch haben wir zwei Melodien – die erste von Martin Luther aus dem Jahr 1524, die zweite von Wolfgang Dachstein, auch aus dem Jahr 1524. Aber Sie in Russland haben eine andere Melodie, die auch als die von Martin Luther aus dem Jahr 1524 bezeichnet ist. Ich kann Sie nur einladen, dieses Lied nach Ihrer Melodie zu singen!

Was ist wichtig, und was habe ich wirklich verstanden? Die Worte und die Melodie verkündigen dieselbe Botschaft: Die beiden Verse, die wir gehört und gesungen haben, zeigen uns, dass es „nur Gnad und Gunst" Gottes sind, die uns neues Leben eröffnen,[22] / dass uns wirklich nur „full of grace" hilft, wirklich „Твоей лишь милостью мы все / Спасенье обретаем".

Ich möchte das von einem etwas moderneren Gesichtspunkt aus erläutern: Der britische Philosoph Bertrand Russell, der von 1872 bis 1970 lebte, hielt am 6. Mai 1927 in London den Vortrag „Why I Am Not a Christian" („Warum ich kein Christ bin"). In seinem Vortrag führte er aus: „We want to stand upon our own feet and look fair and square at the world – its good facts, its bad facts, its beauties, and its ugliness; see the world as it is and not be afraid of it. Conquer the world by intelligence […]." („Wir wollen auf unseren eigenen Füßen stehen und auf die Welt offen und ehrlich schauen – auf ihre guten Tatsachen, auf ihre schlechten Tatsachen, auf ihre Schönheiten und auf ihre Hässlichkeit ohne ängstlich zu sein. Erobern Sie die Welt durch Ihre Intelligenz […].")[23] Ich habe den Eindruck, dass sehr viele Menschen genauso denken. Sie würden sagen: „Wenn ich erfolgreich bin, dann sollte ich dafür Anerkennung und sogar Geld erhalten." Sie nehmen ihr Leben in die eigenen Hände und vergessen darüber, an Gott zu denken. Luther hätte geantwortet, und Christen unserer Zeit würden vielleicht antworten: „Dies alles sind wichtige Erfolge in unserem irdischen Leben. Aber selbst in diesem Rahmen können wir nicht alles ohne Hilfe leisten – nicht ohne Hilfe anderer Personen, nicht ohne Hilfe anderer Organisationen, nicht ohne Unterstützung des Staates, letztlich nicht ohne Gott. Und mit Blick auf unsere ‚ewige' Situation sind wir doch vollständig von Gott abhängig, von seiner Gnade, von

22 Klek, a. a. O. (wie Anm. 6), 19.
23 Vgl. https://de.wikipedia.org/wiki/Warum_ich_kein_Christ_bin; https://users.drew.edu/…/whynot.html (letzter Zugriff: 28. Februar 2020; Übersetzung RS).

seiner Liebe! Da würden wir in eine Verantwortlichkeit kommen, die wir nie auf uns nehmen könnten. Da brauchen wir einfach die Hilfe Gottes."

Darüber hinaus darf ich eine kleine Geschichte aus meinem Leben erzählen, in der ich den Eindruck gehabt hatte, dass mir Gott ganz geheimnisvoll geholfen hat: Vor vielen Jahren, in der damals normalen Situation der Deutschen Demokratischen Republik – im Jahr 1976 –, erhielt ich sogar als Einzelperson, als Unverheirateter, eine einfache Wohnung in Jena. Im April 1976 konnte ich einziehen. Zu Ende August jenes Jahres erhielt ich eine Postkarte von der Polizei. Mir wurde für Montag, den 6. September 1976, ein Termin vorgeschrieben. Ich war sehr unsicher und besorgt: Was will die Polizei von mir? Wer wird mich im Amt der Polizei treffen? Könnte es möglich sein, dass sogar eine Person der „Staatssicherheit" mit mir sprechen wird? Am Sonntag, dem 5. September, wurde das folgende Bibelwort als Wort der Woche gelesen: „Das geknickte Rohr wird er nicht zerbrechen und den glimmenden Docht wird er nicht auslöschen" (Jes 42,3). Ich sehe mich noch heute in der Bankreihe in der Kirche sitzen und dieses Bibelwort hören. Es war für mich so etwas wie eine Offenbarung. Also ging ich mit diesem Bibelwort im Gedächtnis am nächsten Tag, an jenem Montag, zur Polizei. Und ein Polizist fragte mich ganz schnell, ob meine Adresse korrekt sei. Nichts anderes geschah. Nach wenigen Minuten war ich wieder auf der Straße. Keine „Staatssicherheit"! Wie war ich glücklich, dass Gottes Gnade für mich gearbeitet hatte!

II.2

II.2.1 Jetzt möchte ich auf die „Marseiller Hymne der Reformation" eingehen, wie der berühmte deutsche und jüdische Schriftsteller Heinrich Heine das Lied „Ein feste Burg ist unser Gott" genannt hatte,[24] oder auf die „Marseillaise der Bauernkriege", wie Friedrich Engels es genannt hatte.[25] In unserem deutschen Gesangbuch hat es die Nummer 362, im „Laudamus" die Nummer 92b und im „Lutheran Book of Worship" die Nummern 228 and 229: „A mighty fortress is our God"[26], im Ingrischen Gesangbuch die

24 Vgl. Michael Fischer, „Ein feste Burg ist unser Gott". Ein Lied im Wandel der Zeiten, in: Bubmann/Klek (Hg.), a. a. O. (wie Anm. 6), 27–43, hier: 40.

25 Ich verweise auf die kurze Skizze von Maren Hellwig: „Ein feste Burg ist unser Gott", in: Glaube und Heimat 44, 1. November 2020, 8.

26 Zwischen beiden Texten im „Lutheran Book of Worship" gibt es einige kleine Unterschiede, die aber für meine Interpretation nicht entscheidend sind (vgl. unten die Diskussion zu V. 1 b). Eine dieser Textfassungen ist identisch mit derjenigen in „Laudamus". Außerdem sind dadurch zwei Melodien belegt.

Nummer 222: „Господь нам крепость и оплот“, übersetzt von A. Grischin und A. Prilutzkij. Diese Version dieses wichtigen Liedes finden wir auch im Gesangbuch der Evangelisch-Lutherischen Kirche Russlands, unter der Nummer 217. Zusätzlich aber gibt es dort eine andere Übersetzung, diejenige von Anton Tichomirow: „Град крепкий – Бог наш, и оплот“ (216).[27] Jetzt aber hören wir auf die erste und zweite Strophe der Übersetzung von Grischin und Prilutzkij:

Ein feste Burg ist unser Gott
A mighty fortress is our God,
Господь нам крепость и оплот,
ein gute Wehr und Waffen.
a sword and shield victorious;
Он щит и меч надежный,
Er hilft uns frei aus aller Not,
He breaks the cruel oppressor's rod
И нас спасает от невзгод
die uns jetzt hat betroffen.
and wins salvation glorious.
В сей день и час тревожный.
Der alt böse Feind mit Ernst er's jetzt meint;
The old satanic foe has sworn to work us woe!
Враг древний зло таит,
себя высоко мнит;
groß Macht und viel List sein grausam Rüstung ist,
With craft and dreadful might he arms himself to fight.
Своим лукавством он
Как в латы облечен,
auf Erd ist nicht seinsgleichen.
On earth he has no equal.
Царит он над землею.

27 Im Gesangbuch der Evangelisch-Lutherischen Kirche in Russland (a. a. O., wie Anm. 18) wird dieses Lied in verschiedenen Sprachen geboten. Die dort abgedruckte englische Übersetzung ist etwas von derjenigen verschieden, die im Gesangbuch des LWB vom Jahr 1984 steht, und auch von denjenigen im „Lutheran Book of Worship“.

Mit unsrer Macht ist nichts getan,
No strength of ours can match his might!
Сражаться с войском темных сил
wir sind gar bald verloren;
We would be lost, rejected.
Никто из нас не может.
es streit' für uns der rechte Mann,
But now a champion comes to fight,
Но в битву ради нас вступил
den Gott hat selbst erkoren.
whom God himself elected.
Святой избранник Божий.
Fragst du, wer der ist?
You ask who this may be?
Кто есть воитель тот?
Er heißt Jesus Christ,
The Lord of hosts is he!
Иисус Христос, Господь,
der Herr Zebaoth,
Christ Jesus, mighty Lord,
Он Бог наш Саваоф,
und ist kein andrer Gott,
God's only Son adored.
И нет других богов.
das Feld muss er behalten.
He holds the field victorious.
Он нас ведет к победе.

II.2.2 Als erstes müssen wir verstehen, dass Martin Luther um die Wende der Jahre 1527 und 1528[28] ein Lied geschrieben hatte, das unseren Glauben auf der Basis von Psalm 46/Psalm 45 zum Ausdruck bringt: „Gott ist unsre Zuversicht und Stärke"/„God is our refuge and strength"/„Бог нам прибежище и сила" (Vers 1 bzw. 2). Am wichtigsten war es für Martin Luther, dass dieser Psalm das Vertrauen auf Gott zum Ausdruck bringt und damit den Beginn unseres Gefühls der Dankbarkeit. Zusätzlich hat er diesen Psalm als einen Text über den Messias gelesen und damit als einen Text über Jesus

28 Vgl. Schilling, a. a. O. (wie Anm. 7), 184. Für den Text vgl. dort 64f.

Christus verstanden.[29] Ursprünglich hatte er dieses Lied für die Fastenzeit geschrieben. Er wollte eine Haltung des Ernstes stärken und zusätzlich einen ernsthaften Lebensweg bewirken.[30] Als Ergebnis neuerer Entwicklungen wurde unser Lied aber zu einem Text und Hymnus des Triumphs und besonders für Deutschland zu einem Hymnus nationalen Erfolgs.[31]

Was die Melodie von „Ein feste Burg ist unser Gott" anbelangt, ist zuerst zu betonen, dass sie das Vertrauen und die Dankbarkeit betont, dass sie eine selbstkritische Reflektion unterstreicht. Dieser ursprünglichen Absicht will ich folgen. Interessant ist, dass Martin Luther die Melodie nicht allein entworfen hatte, sondern seinen Mitstreiter für den Bereich der Kirchenmusik, den Kantor Johann Walter, um Rat gefragt und um Mitarbeit gebeten hatte. Ohne genau sagen zu können, welche Einzelheiten der Melodie auf wen zurückgehen, müssen wir Luther und Walter gemeinsam als Schöpfer der Melodie anerkennen.[32]

II.2.3 Zuerst darf ich an meinen Vater erinnern: Er hat die etwas unklare Aussage „Der alt böse Feind mit Ernst er's jetzt meint" gern auf den Papst bezogen: Da habe Luther verhüllt vom obersten Repräsentanten der römischen Kirche gesprochen. Ich habe das nie so recht glauben wollen. Die russische Fassung legt jetzt offen, um wen es geht: „Враг древний зло таит" – wörtlich: „Der alte, böse Feind ist heimlich böse (auf uns)". Und bei „враг" steht in meinem kleinen, alten Langenscheidts Taschenwörterbuch aus dem Jahr 1929 wirklich auch „Teufel". Den hatte Luther nämlich hier gemeint! Und diese Erkenntnis bestätigen auch die Fassungen in der englischen Übersetzung: „The old satanic foe has sworn to work us woe!" und: „The old evil foe, sworn to work us woe!"

II.2.4 Sodann will ich besonders über die zweite Strophe nachdenken. Dafür folge ich der russischen Übersetzung, die wir gehört haben, weil diese Übersetzung dem deutschen Original sehr nahe ist. Martin Luther hatte von Jesus Christus in zweidimensionaler Weise gesprochen:

---

29 Vgl. Fischer, a. a. O. (wie Anm. 24), 29.

30 Vgl. a. a. O., 30.

31 Vgl. a. a. O., 31–34. Vgl. hierzu auch: Schilling, a. a. O. (wie Anm. 7): Dieses Lied war ein „seit dem 19. Jahrhundert als protestantisches Kampflied gebrauchtes und für propagandistische Zwecke vielfach in Anspruch genommenes" (184).

32 Vgl. Hellwig, a. a. O. (wie Anm. 25), dort mit dem Untertitel: „Komponierte Martin Luther oder Johann Walter die Melodie?"

Bei der ersten Weise des Verstehens ist Jesus Christus der angemessene Mensch, den Gott erwählt hat: „es streit' für uns der rechte Mann, / den Gott hat selbst erkoren" – „But now a champion comes to fight, / whom God himself elected" – „Но в битву ради нас вступил / Святой избранник Божий". Anton Tichomirow hatte hier übersetzt: „Но Божий Праведник один / За нас в борьбу вступает".

Mit Hilfe der zweiten Weise des Verstehens wird erkannt, dass Jesus Christus Gott selbst ist. Luther hatte hier ein typisch hebräisches Wort verwendet: יהוה צבאות („Jahwe Zeba'oth): „der Herr Zebaoth [der Herr der Heerscharen]" – „The Lord of hosts is he! / Christ Jesus, mighty Lord" – „Иисус Христос, Господь, / Он Бог наш Саваоф". Anton Tichomirow: „Иисус Христос, Господь, / Бог сил, Бог Саваоф".

Diese beiden Aussagen stellen eine eindeutige Erklärung für die gesamte Christenheit, für alle Kirchen, auch für die Russische Orthodoxe Kirche dar:

- Jesus Christus war wirklich Mensch, eine menschliche Person, die zu einer bestimmten Zeit lebte – von 6 oder 5 v. Chr. bis 30 n. Chr. –, in einer erforschbaren Gesellschaft: in derjenigen der jüdischen Gesellschaft innerhalb des Römischen Weltreiches, weshalb wir deren Einzelheiten erforschen können, als würde es um einen frühen Vorgänger von uns selbst gehen.[33] Hier geht es also um eine Wahrheit, die wir eigentlich nicht zu glauben brauchen, sondern die wir erkennen können, ja: die wir zu erkennen haben!
- Und Jesus Christus ist wirklich der einzige Gott. Wenn wir diese Wahrheit glauben – jetzt muss ich „glauben" sagen! –, dann erst werden wir zu Christinnen und Christen. Denn sie sind es, die zutiefst glauben, dass Jesus Christus die einzige Erfahrbarkeit Gottes darstellt, die uns möglich ist. Deshalb auch muss ich hier in die Gegenwart umsteigen, denn über Gott können wir nicht ausschließlich in der Vergangenheit reden. Als Gott ist er zu allen Zeiten das wahre Gegenüber zu allen Situationen unserer Welt.

Zu beiden Dimensionen wiederhole ich die entscheidenden Sätze Martin Luthers:

33 Vgl. hierzu z. B.: Shimon Gibson, Die sieben letzten Tage Jesu. Die archäologischen Tatsachen, München 2010.

[…] es streit’ für uns der rechte Mann,
[…] But now a champion comes to fight,
[…] Но в битву ради нас вступил
den Gott hat selbst erkoren. […]
whom God himself elected. […]
Святой избранник Божий […]
Er heißt Jesus Christ,
The Lord of hosts is he!
Иисус Христос, Господь,
der Herr Zebaoth,
Christ Jesus, mighty Lord,
Он Бог наш Саваоф,
und ist kein andrer Gott […].
God’s only Son adored. […]
И нет других богов.

II.2.5 Aber einen Satz haben die Übersetzer ein klein wenig geändert: Luther hatte die zweite Strophe mit dem Vertrauen darauf beendet, dass Christus gewinnen wird: „Das Feld muss er behalten“, oder wie im Englischen übersetzt wurde: „He holds the field victorious.“ In diesem Sinn hatte Anton Tichomirow übersetzt: „За Ним победа будет!“ = „Ihm wird der Sieg werden!“. Es wird aber nicht klar gesagt, was dieser Sieg für uns bedeuten wird. Die Übersetzer Grischin und Prilutzkij sind genau in diese Frage eingestiegen: Was meint der Sieg Christi für uns? Sie haben gesagt, dass Christus, dass Gott uns diesen Sieg anbieten wird: „Он нас ведет к победе“ = „Er leitet uns zum Sieg“. Ich denke, dass dies ein wunderbarer Trost inmitten unseres täglichen Kampfes ist!

II.2.6 Nun muss ich zugeben, dass für mich die Abfolge der Strophen 3 und 4 für lange Zeit problematisch gewesen ist. Was hatte Martin Luther geschrieben?

[…] Der Fürst dieser Welt,
[…] Let this world's tyrant rage;[34]
[…] Князь мира же сего[35]
wie sau'r er sich stellt,
in battle we'll engage!
Не сможет ничего
tut er uns doch nicht;
His might is doomed to fail;
Соделать нам в урон,
das macht, er ist gericht':
God's judgement must prevail!
И суд над ним свершен –
ein Wörtlein kann ihn fällen.
One little word subdues him.
[oder: One little word can fell him.]
Повержен был он Словом.
[oder: Он проклят Божьим Словом!]

Das Wort sie sollen lassen stahn
God's Word forever shall abide,
И неизменен в Слове Бог –
[oder: Господь воздаст нам во сто крат]
und kein'n Dank dazu haben;
no thanks to foes, who fear it;
[oder: Nor any thanks have for it.]
Оно пребудет с нами,
[oder: За все потери наши]
er ist bei uns wohl auf dem Plan
for God himself fights by our side
[oder: He's by our side upon the plain]
Исполнено святых даров,
[oder: Пусть смерть и горе сеет враг]

34 Die Varianten dieser Strophen in englischer Sprache werden nach der englischen Fassung im Gesangbuch der Evangelisch-Lutherischen Kirche in Russland, a. a. O. (wie Anm. 18), wiedergegeben.

35 Die Varianten dieser Strophen in der russischen Sprache sind nach der Übersetzung von Anton Tichomirow, a. a. O., wiedergegeben.

mit seinem Geist und Gaben. […].
with weapons of the Spirit. […].
[oder: With his good gifts and Spirit.]
На поле нашей брани. […]
[oder: Средь нас – он уж не страшен.]

Was stellt das „Wörtlein“ dar, das „little word“, das „Словом“? Die Übersetzung mit „Божьим Словом“, die Anton Tichomirow vorgenommen hatte, würde diese Frage ja gar nicht aufkommen lassen: „Gottes Wort“! Und in welcher Beziehung stehen „das Wort“, „God's Word“, „Слово Бог“ und dieses „Wörtlein“, dieses „little word“, dieses „Словом“? In verschiedenen Gesprächen und Diskussionen habe ich gelernt:

Das „Wörtlein“ (Strophe 3) mag zum Beispiel das Wort „Amen“/„Аминь“ sein. Ein kleines Wort, mit dessen Hilfe wir unser Vertrauen auf Gott zum Ausdruck bringen – gegen alle Mächte auf unserer Erde, die unser Vertrauen haben wollen: „Nein, wir vertrauen auf Gott – nicht auf irdische Mächte!“ Oder wir verstehen dieses „Wörtlein“ als Hinweis auf das „Ja“ Gottes zu uns, das ich einmal in einer Predigt zu 2. Korinther 1,18–22 verkündigt habe: „Diesen Satz darf ich erst einmal kulturell verfremden, indem ich das griechische Wort für ‚Ja‘ sage – ναι – und es ausspreche und mit der Gestik verbinde, die für die Griechen typisch ist: *nää* [mit dem Schütteln des Kopfes]. ‚In Christus ist nur *nää* geworden!‘ […] Das nehmt Ihr nun mit bis zum Weihnachtsfest am kommenden Sonntag: Das Weihnachtsfest sagt zu uns nichts anderes als das *nää* Gottes zu uns, als das ‚Ja‘ Gottes zu uns!“[36]

Und der Inhalt des Begriffes „das Wort“ (Strophe 4), oder wie es in der englischen Übersetzung genannt wird: „God's Word“, oder wie in der russischen Übersetzung: „Слово Бог“, eröffnet eine besondere Beziehung: Luthers Satz bezieht sich nicht auf „Dank“ – „und kein' Dank dazu haben“ –, sondern auf die Sache „Idee“, auf „Gedanke“, nicht auf „Благодарность“, sondern auf „Мысль“, auf „Идея“! Luther hatte den Begriff „Gedanke“ zu „Dank“ gekürzt und gesagt: Wir sollten keine Ideen oder Gedanken zum Wort Gottes hinzufügen, sondern es akzeptieren![37] Die Übersetzungen ins Englische und

36 Rainer Stahl, Predigten für die Diaspora. Durch das Kirchenjahr zu Gast in Gemeinden von Minderheitskirchen, Saarbrücken 2014, 23–29 – Predigt zu 2. Kor 1,18–22: „4. Advent – Gottes ‚Ja‘“, gehalten am 18. 12. 2011 in Möhrendorf bei Erlangen. Das Zitat steht dort auf S. 26.

37 Beispielhaft nenne ich den Hinweis durch Pfarrer Christoph Reinhold Morath nach dem Gottesdienst am 25. 10. 2020 hier in Erlangen. Anton Tichomirow hatte in einer E-Mail vom 5. 11. 2020 mir gegenüber hierzu die Unklarheit unterstrichen und ge-

ins Russische geben Luthers Original nicht direkt wieder, sondern sie haben eigene Bilder produziert – natürlich in Beziehung zu Luthers Original. Nur einen Hinweis will ich geben: In den englischen Übersetzungen wird zum Anfang von Strophe 4 doch der Begriff „Dank“ eingesetzt! Ich dokumentiere jetzt diesen Beginn von Vers 4 der jeweiligen englischen oder russischen Übersetzungsfassungen in eigener Übersetzung ins Deutsche:

| [aus dem Englischen:] | [aus dem Russischen:] |
|---|---|
| Gottes Wort soll für uns immer bleiben, | Und Gott ist in seinem Wort unwandelbar – |
| kein Dank den Gegnern, die es fürchten; | bleibt es [das Wort] bei uns, |
| weil Gott selbst an unserer Seite kämpft | voll mit heiligen Gaben, |
| mit Waffen des Geistes […].[38] | auf unserem Schlachtfeld […].[39] |
| | |
| Das Wort werden sie bewahrt sein lassen | Der Herr wird uns hundertfach geben |
| Nicht aber jedweden Dank dafür haben; | für alles, was wir verloren haben. |
| Er ist an unserer Seite auf dem Feld | Mögen Tod und Unglück gesät sein vom Teufel |
| Mit seinen guten Gaben und dem Geist […].[40] | inmitten von uns – er ist schon kein Schrecken mehr […].[41] |

meint, dass es darum gehe, „dass ‚sie‘ keinen Gewinn bekommen“, vgl. den Beginn von Strophe 4. Grundsätzlich hebe ich an dieser Stelle meinen besonderen Dank für die Hilfe von Anton Tichomirow beim Verstehen der verschiedenen russischen Varianten hervor (vgl. seine E-Mail vom 4. 2. 2021).

38 Die englische Fassung im „Laudamus“, a. a. O. (wie Anm. 15).

39 Die Übersetzung von A. Grischin und A. Priluzkij (a. a. O., wie Anm. 17); die Übersetzung ins Deutsche habe ich mit Unterstützung von Anton Tichomirow erstellt.

40 Die englische Fassung im Gesangbuch der Evangelisch-Lutherischen Kirche in Russland, a. a. O. (wie Anm. 18).

41 Die Übersetzung von Anton Tichomirow (a. a. O., wie Anm. 18), wobei das Verstehen in deutscher Sprache mit ihm beraten wurde.

Genau das, was Martin Luther mit „und kein' Dank dazu haben" gemeint hatte, hat im Jahr 1566 eben jener erste Kantor der lutherischen Reformation, Johann Walter, in der ersten Strophe seines Liedes „Allein auf Gottes Wort", deutsches Gesangbuch Nr. 195, unvergleichlich ausgesprochen:

> Auch menschlich Weisheit will ich nicht
> dem göttlich Wort vergleichen,
> was Gottes Wort klar spricht und richt',
> dem soll doch alles weichen.[42]

II.2.7 Im Rahmen des Vortrags am 31. Oktober 2020 hatte Pfarrer i. R. Martin Lieberknecht darauf hingewiesen, dass sein Vater gern die Genauigkeit der Dichtung Luthers an zwei Beispielen demonstrierte: In Vers 3 hatte Martin Luther die Gewissheit unserer menschlichen Standhaftigkeit gegen den Bösen, gegen das Böse, mit dem Verb „sollen" ausgedrückt: „es soll uns doch gelingen". Und in Vers 4 hatte er abschließend die Gewissheit unserer Glaubenshoffnung so formuliert: „das Reich muss uns doch bleiben". Beide Aussagen zielen in sachbezogener Differenziertheit darauf, dass uns das Heil *geschenkt* werde: Wo unsere Leistung angesprochen wird, sagte Luther „sollen" – das Gelingen liegt also nicht ausschließlich in unseren Händen. Wo eine Leistung angesprochen wird, zu der wir gar nichts tun können, sagte Luther „muss" – trotz aller unserer Irrwege bleibt uns die Hoffnung auf das Reich Gottes erhalten. Interessant ist, wie die Übersetzer diese kurzen Aussagen wiedergegeben haben:

Das deutschsprachige Original:
Strophe 3: „[…] es *soll* uns doch gelingen".
Strophe 4: „[…] das Reich *muss* uns doch bleiben".

Die Übersetzung im „Laudamus":
Vers 3: „[…] they cannot overpow'r us" = „nicht können".
Vers 4: „The Kingdom's ours forever!" = „Das Reich ist […]".

42 Allerdings muss ich hier anmerken: „Das Evangelische Gesangbuch enthält wenigstens einen knappen Ausschnitt" dieses Liedes (vgl. Rößler, a. a. O. [wie Anm. 2], 111). Auf S. 112 dort sind vier Strophen abgedruckt, von denen die erste den angedeuteten Gedanken so zum Ausdruck bringt: „O Gott, lass mich kein falsche Lehr / von deiner Wahrheit trennen, / hilf mir um deines Namens Ehr / die Wahrheit zu bekennen".

Der englischsprachige Text im Russischen Gesangbuch:
Vers 3: „They shall not overpower us“ = „sollen“.
Vers 4: „[…] the Kingdom ours remaineth“ – Eine einfache Seinsaussage.

Die Übersetzung von Anton Tichomirow:
Vers 3: „За прочною стеною“ = „hinter einer festen Mauer“.
Vers 4: „Своё дарует царство!“ = „Er wird sein Reich geben!“

Die Übersetzung von Grischin und Priluzkij:
Vers 3: „Господь нас не оставит“ = „Der Herr wird uns nicht verlassen“.
Vers 4: „Наследники мы Царства“ = „Erben des Reiches sind wir“.

Ich halte es für sehr interessant, einmal ausschnittsweise den aktiven Umgang mit diesem bewegenden und wirkmächtigen Text Martin Luthers nachvollziehen zu können. Daran zeigt sich doch seine Lebendigkeit – die Lebendigkeit dieses Textes!

II.2.8 Damals, am 31. Oktober 2020, wurde auch ein anderer Zusammenhang benannt: Die heutzutage berechtigterweise umstrittene Aussage in V. 4 („Nehmen sie den Leib, / Gut, Ehr, Kind und Weib“), dass nämlich die Frau und Mutter erst als letzte Person genannt wird, sei ein Zitat aus der Bannbulle „Decet Romanum Pontificem“ vom 3. Januar 1521. Martin Luther habe in seinem Lied wörtlich ausgesprochen, was die Gegenseite ihm angedroht hatte.

Eine Suche im Internet führt zu einer Kurzbeschreibung der Bannbulle mit einem Faksimile der Einleitung des Vatikanischen Geheimarchivs[43] und dann zum Text der Bulle in englischer Übersetzung bei „Papal Encyclicals online“, der Seite eines katholischen Laien.[44] Damit liegt also doch die bestmögliche Dokumentation vor – wenn auch nicht in lateinischer oder in deutscher Sprache. Folgende Dimensionen seien aufgegriffen:

- Nach einem Vorwort wird nach Abschnitt I angemerkt, dass der Papst die frühere Bulle – „Exsurge Domine“ – wiederholt habe.

43 https://web.archive.org/web/20060925221133/http://asv.vatican.va/de/doc/1521.htm (Zugriff 9. 3.2021).

44 Vgl.: https://www.papalencyclicals.net/leo10/l10decet.htm (Zugriff 7. 2. 2021). Zur Bannandrohungsbulle vom 15. 6. 1520 verweise ich auf: Die Reformation in Dokumenten, Weimar 1967, 20–23 und 85–87.

- Teil II endet mit einem interessanten Schriftbeleg: Titus 3,10–11:
„10Einen häretischen Menschen
weise ab, wenn er einmal und noch einmal ermahnt ist,
11und wisse, dass ein solcher ganz verkehrt ist und sündigt
und sich selbst damit das Urteil spricht."
- Zu Beginn von Teil III taucht eine hochinteressante Feststellung zu Martin Luther auf: „Our purpose is that such men should rightfully be ranked with Martin and other accursed heretics and excommunicates, and […] they shall likewise share his punishments and his name, by bearing with them everywhere the title ‚Lutheran' […]" („Unsere Absicht besteht darin, dass solche Männer berechtigterweise gleich Martin und anderer verfluchter Häretiker und Exkommunizierter eingeschätzt werden und […] gleich ihm die Strafen und seinen Namen teilen und überall den Titel ‚Lutheraner' führen […]").[45] Könnte es sein, dass die dort abwertend gemeinte Bezeichnung „Lutheraner" bei Martin Luther dazu geführt hatte, anfänglich diese Bezeichnung seiner Bewegung abzulehnen, die er dann ab etwa zwei Jahre später unter dem Trauma der Verbrennung seiner Ordensbrüder zu akzeptieren begann (s. o. I.3)?
- Im selben Abschnitt wurde dann ausgeführt: „On all these we decree the sentence of excommunication, of anathema, of our perpetual condemnation and interdict; of privation of dignities, honours and property on them and their descendants […], of the confiscation of their goods […]." („Über all diese verfügen wir das Urteil der Exkommunikation, des Anathemas, unserer andauernden Verdammung und des Interdikts; der Beraubung der Würden, der Ehren und des Eigentums von ihnen und ihren Nachkommen […], des Einzugs ihres Eigentums […].")

  In gleicher Intention endet Teil IV: „We prescribe and enjoin that the men in question are everywhere to be denounced publicly as excommunicated, accursed, condemned, interdicted, deprived of possessions and incapable of owning them." („Wir verordnen und schärfen ein, dass die in Frage stehenden Männer überall öffentlich als exkommuniziert, angeklagt, verurteilt, dem Interdikt unterworfen, beraubt von Eigentum und für unfähig, es zu besitzen, angezeigt werden.")

Wenn sich also in dieser Bannbulle die Begriffsfolge in der 4. Strophe von Luthers Lied „Ein feste Burg ist unser Gott" nicht findet, so ist doch die Sache dort belegt. Und insofern kann man m. E. sagen, dass diese Aussage

45 Diese Übersetzung und alle folgenden zu dieser Bulle sind von mir.

über „den Leib, / Gut, Ehr, Kind und Weib“ eine Reaktion auf die Bannbulle darstellt. Wie waren die modernen Übersetzer mit dieser Aussage verfahren? In den englischen Übersetzungen unseres Liedes wird diese Anspielung aufgegriffen: „Were they to take our house, / goods, honor, child or spouse“ („Laudamus“); „And take they our life, / Goods, fame, child and wife“ (Zitat des englischen Textes im Russischen Gesangbuch). Die russischen Übersetzungen sind freier und vermeiden die Probleme, die wir heute empfinden: „От века нас избрав / И к святости призвав“ (Tichomirow; „Von Ewigkeit her [hat er] uns erwählt / und zur Heiligkeit berufen“); „Пускай разрушит враг / Наш кров и наш очаг“ (Grischin/Priluzkij; „[Auch wenn] der Feind zerstört / unser Dach und unseren Herd“).

II.2.9 Diesen Teil meines Vortrags möchte ich mit einer Beobachtung abschließen, die wir in Ungarn machen können: Der alltägliche Gruß für „Guten Tag“ lautet: „Jó napot kivánok“. Aber bewusste Christen grüßen einander mit einem typischen Satz entsprechend der Konfession, zu der sie gehören. Am 18. Juni 2011 konnte ich den Martin-Luther-Bund in Győr, früher: Raab, vertreten, als Bischof János Ittzés seinen Dienst als Bischof beendete. Zum Abschluss des Gottesdienstes habe ich ein Grußwort gegeben. Dazu hatte ich mich auf diese verschiedenen Möglichkeiten der Grüße entsprechend konfessioneller Traditionen vorbereitet. Ich begann mit dem Gruß unserer römisch-katholischen Freunde, weil ein römisch-katholischer Bischof anwesend war: „Discértessék a Jézus Krisztus!“ („Gelobt sei Jesus Christus“). Der reformierte Bischof, der direkt vor mir in der ersten Reihe saß, schaute etwas befremdet. Aber alle anderen antworteten: „Mindörökké, Ámen!“ („In Ewigkeit, Amen!“). Dann grüßte ich auch nach der reformierten Weise: „Áldás Békesség!“ („Segen und Frieden!“). Wiederum blickte der reformierte Bischof auf – nun aber glücklich. Die Gemeinde antwortete. Zum Abschluss grüßte ich in unserer lutherischen Weise: „Erős vár a mi Istenünk!“ („Ein feste Burg ist unser Gott“). Im Jahr 2001 hatte ich die Ehre gehabt, diesen Gruß am Ende eines Gottesdienstes in Rumänien zusammen mit Bischof Árpád Mózes in der Gemeinde Hălmeag (Halmágy/Halmagen) zu lernen. In Siebenbürgen, dem nördlichen Teil Rumäniens, hat fast jeder Ort drei Bezeichnungen – in Rumänisch, in Ungarisch und in Deutsch. An der Tür der Kirche, als wir uns verabschiedeten, sagte mir jedes Gemeindeglied – vielleicht 100 Personen! –: „Erős vár a mi Istenünk!“, und ich antwortete mit denselben Worten. Seitdem kann ich diesen wichtigen ungarischen Gruß – ist das nicht eine wunderbare Tradition?!

II.3

II.3.1 Jetzt gehen wir in das Jahr 1542, fünf Jahre vor dem Tod Martin Luthers. Die politische Situation in Europa ist wieder gefährlich. Die Nachricht geht um, dass die Türken erneut in der Mitte Europas einen Krieg gegen die Habsburger vorbereiten. Der König von Frankreich und sogar der Papst erwägen, ein Bündnis mit den Türken gegen das Heilige Römische Reich, also auch gegen Deutschland, einzugehen. Stellen Sie sich diese Möglichkeit vor![46] In dieser Situation hatte Martin Luther das Lied geschrieben, das im deutschen Gesangbuch die Nummer 193, in „Laudamus" die Nummer 89, im „Lutheran Book of Worship" die Nummer 230, und im Ingrischen Gesangbuch die Nummer 281 hat. Zusätzlich weise ich darauf hin, dass im Gesangbuch der Evangelisch-Lutherischen Kirche Russlands unter Nummer 236 derselbe Text enthalten ist wie im Ingrischen Gesangbuch.

In allen drei Varianten wird aber die originale Fassung der ersten Strophe nicht dokumentiert. Das liegt daran, wie dieses Lied ursprünglich begann:

Erhalt uns, Herr, bei deinem Wort
Lord, keep us steadfast in your Word;
und steur des Papstes und Türken Mord.[47]
and steer the papal and Turkish murder.[48]

Und ich versuche, diese Aussage in russischer Sprache zu geben:

Сохрани нас, Господи, в Слове Твоём.
И останови убийства, творимые папой и турками.[49]

Hier hatte Martin Luther die Muslime und die römischen Katholiken in einem Atemzug erwähnt. Heute können wir einer solchen Formulierung nicht mehr folgen. Wir haben auf unsere türkischen und muslimischen Nachbarn und auf unsere christlichen Schwestern und Brüder in der Römisch-Katholischen Kirche in einer Haltung von Dialog und Zusammenarbeit zu schauen.

---

46 Hierzu verweise ich auch auf: Schillling, a. a. O. (wie Anm. 7), 200. Er benennt den damaligen Papst ausdrücklich: Papst Paul III. (1534–1549).

47 Vgl. wiederum Rößler, a. a. O. (vgl. Anm. 2), 73, und besonders: Schilling, a. a. O. (wie Anm. 7), 74. Weil Johannes Schilling die Geistlichen Lieder Luthers nach dem Babstschen Gesangbuch von 1545 dokumentiert, belegt er natürlich nur diese originale Fassung.

48 Diese Übersetzung ins Englische ist von mir.

49 Diese Übersetzung konnte ich mit Hilfe von Anton Tichomirow verwirklichen (vgl. seine E-Mail vom 27. 7. 2020).

Ich bin wirklich sehr dankbar, dass wir an dieser Stelle jenes Liedes jetzt eine allgemeinere Formulierung nutzen. Was aber weiterhin nötig ist, ist die Bereitschaft, uns mit unserer christlichen Überzeugung zu identifizieren, selber so viel wie möglich über sie zu wissen und sie in ein offenes und tolerantes Gespräch mit anderen einzubringen.

Allerdings muss ich diesen Gedankengang ergänzen, ja: ein Stück weit korrigieren: Meinte Luther mit der Erwähnung des Papstes wirklich die römischen Katholiken? Denn in Strophe 2 seines trinitarisch aufgebauten Liedes – Strophe 1 spricht Gott an, Strophe 2 Christus, Strophe 3 den Heiligen Geist – bittet er Christus:

[…] beschirm dein arme Christenheit,
[…] defend your holy Church, that we
daß sie dich lob in Ewigkeit.[50]
may sing your praise triumphantly.[51]

| | | |
|---|---|---|
| […] И верующих всех храни, | = | Behüte alle Gläubigen, |
| Да воспоют Тебя они.[52] | | damit sie dich preisen können. |

Martin Luther hatte also die gesamte, ökumenische Christenheit im Blick: Mit ihr „ist keineswegs nur die evangelische Partei gemeint, sondern vielmehr die ganze Christenheit auf Erden […], und zwar gegen die in Strophe 1 benannten Feinde."[53] Ich finde, dass diese Wahrheit in der Sprachlösung des „Russischen lutherischen Gesangbuches" von 1915, die das Ingrische Gesangbuch aufbewahrt hat, besonders wirkungsvoll zur Sprache gebracht wird. Für Martin Luther aber war der Papst überhaupt kein Repräsentant dieser Christenheit, sondern er war Repräsentant der antichristlichen Macht. Dem aber können wir heute nicht mehr folgen. Insofern ist es noch einmal besser, dass diese konkreten Gegenspieler in der modernen Fassung des Liedes nicht mehr benannt werden!

Was wohl Martin Luther sagen würde, wenn er wüsste, dass am 31. Oktober 2016 zum Auftakt des Gedenkjahres zum 500. Erinnern an die Veröffentlichung seiner „95 Thesen" ein Festgottesdienst in Lund gefeiert wurde, zu dem Papst Franziskus als oberster Repräsentant unserer römisch-katholi-

50 So in unserem deutschen Gesangbuch Nr. 193, a. a. O. (wie Anm. 14).
51 So identisch im „Laudamus", Nr. 89, a. a. O. (wie Anm. 15) und im „Lutheran Book of Worship", Nr. 230, a. a. O. (wie Anm. 16).
52 So das Ingrische Gesangbuch, Nr. 281, a. a. O. (vgl. Anm. 17).
53 Schilling, a. a. O. (wie Anm. 7), 202.

schen Schwesterkirche anwesend war und mitgefeiert hatte? Jener ökumenische Gottesdienst zum Gemeinsamen katholisch-lutherischen Reformationsgedenken im Dom von Lund brachte zum Beispiel Papst Franziskus, Kurt Kardinal Koch, Präsident des Päpstlichen Rates zur Förderung der Einheit der Christen, Bischof Munib Younan, Präsident des Lutherischen Weltbundes, Martin Junge, Generalsekretär des LWB, und Erzbischöfin Antje Jackelén, Uppsala, zusammen. Die Evangelisch-Lutherische Kirche Ingriens wurde damals vom Propst der Propstei Ural, Konstantin Subbotin, vertreten. In diesem Gottesdienst hob Kardinal Koch hervor: „Katholiken und Lutheraner umarmen einander als Schwestern und Brüder im Herrn. Gemeinsam jubeln sie über die christlichen Gaben, die sie beide empfangen und auf unterschiedliche Weise durch die Erneuerung und Impulse der Reformation wiederentdeckt haben.“[54] Angesichts dieser Wirklichkeit können wir – Gott sei Dank! – die originale Fassung der 1. Strophe endgültig zu den Akten legen!

II.3.2 Nun endlich der Blick auf die heute übliche erste Strophe unseres Liedes:

Erhalt uns, Herr, bei deinem Wort
Lord, keep us steadfast in your Word;
Даруй нам Слова благодать;
und steure deiner Feinde Mord,
curb those who by deceit or sword
срази Ты, Отче, вражью рать,
die Jesus Christus, deinen Sohn,
would wrest the kingdom from your Son
когда она дерзнет на власть
wollen stürzen von deinem Thron.
and bring to nought all he has done.
престола Твоего напасть.

In diesen kurzen Zeilen lehrt uns Martin Luther, dass das Wort Gottes die wichtigste Gabe der Reformation ist. Er war überzeugt, dass dieses Wort immer aktiv ist und Ergebnisse bewirkt. Selbst – stellen Sie sich das vor! – in politisch gefährlichen Situationen wie jener, über die Luther gerade nach-

54 Vgl. die LWB-Informationen: https://de.lutheranworld.org/de/content/neu-entdecken-wer-wir-christus-sind und: https://de.lutheranworld.org/de/content/gottes-gabe-der-einheit (jeweils Zugriff 1. 11. 2016). Und vgl. Benjamin Lassiwe, Gemeinsam auf dem Weg, Glaube und Heimat 45, 6. November 2016, 12.

dachte. In jener politisch hochgefährlichen Zeit hatte er mit diesem Lied gehofft, dass alle, die es singen, Zuflucht vor Angst und Unsicherheit finden werden. Und er erwog – wie ich im Aufsatz von Martin Rößler gelesen hatte –, dass Schüler, Jugendliche dieses Lied singen und so Mut gewinnen mögen![55] Dazu passt hervorragend, dass die russische Tradition in Strophe 1 ein ganz klein wenig anders beginnt:

Schenke uns die Gnade des Wortes = Даруй нам Слова благодать.

II.3.3 Abschließend unterstreiche ich eine Einzelheit im deutschen Original, über die die russische Fassung im Lutherischen Liederbuch aus dem Jahr 1915 freier spricht:

[…] die Jesus Christus, *deinen* Sohn,
[…] who wrest the kingdom from *your* Son
wollen stürzen von *deinem* Thron.
and bring to nought all he has done.

Entscheidend ist: „*dein* Sohn" und „stürzen von *deinem* Thron". Die englische Übersetzung ist hier sehr frei und sagt, dass die Gegner Christi alle Werke Christi in ein Nichts verwandeln wollen. Auch die russische Übersetzung geht hier eigene Wege:

| | | |
|---|---|---|
| […] когда она дерзнет на власть | = | […] falls sie [die feindlichen Heere] sich zu erkühnen wagen, |
| престола *Твоего* напасть. | | die Macht deines Thrones anzugreifen. |

Es wird also „*dein* Thron"/„престола *Твоего*" gesagt, vorher aber nicht ganz eindeutig Christus als Sohn des Vaters, als „*dein* Sohn", angesprochen! Mittelbar wird aber die wesentliche Wahrheit ausgesprochen: Der Herr, an den wir glauben, existiert auf dem Thron Gottes, ist unser Gott, wird uns in unserem Leben in einer guten und wundervollen Weise führen. Bitte erlauben Sie mir, Sie zu solch einem Glauben einzuladen, zu solch einem Vertrauen, zu solch einer tiefen Überzeugung!

55 Vgl. Rößler, a. a. O. (wie Anm. 2), 73.

## III.

III.1 Zu den Liedern Martin Luthers, die in die russische Sprache übersetzt und im Gesangbuch der Ingrischen Kirche veröffentlicht worden sind, gehört auch ein ganz wichtiges Lied: „Wir glauben all an einen Gott", welches im deutschen Gesangbuch die Nummer 183 und im Ingrischen Gesangbuch die Nummer 452 hat: „Мы в Бога веруем Отца". Im Gesangbuch der Evangelisch-Lutherischen Kirche Russlands und auch im „Laudamus" finden wir dieses Lied nicht, dagegen aber unter Nummer 374 im „Lutheran Book of Worship": „We all believe in one true God". Martin Luther veröffentlichte dieses Lied im Jahr 1524. Es stellt faktisch eine eigene Nachdichtung unserer Glaubensbekenntnisse dar – nämlich des Apostolischen und des Nizäno-Konstantinopolitanischen Glaubensbekenntnisses –,[56] Deshalb hatte Luther seine Überzeugungen schon hier – „schon" verglichen mit seinem Lied „Erhalt uns, Herr, bei deinem Wort" von 1542 – in drei Strophen zum Ausdruck gebracht. Eine Melodie für dieses Lied hatte er aber nicht komponiert. Deshalb auch sind zwei verschiedene Melodien dokumentiert – im deutschen Gesangbuch eine vom 15. Jahrhundert und aus Wittenberg 1524, im ingrischen Gesangbuch eine aus dem 14. Jahrhundert. Wir betrachten zuerst die erste Strophe:

Wir glauben all an einen Gott,
We all believe in one true God,
Мы в Бога веруем Отца
Schöpfer Himmels und der Erden,
Who created earth and heaven,
Пусть Его святится имя!
der sich zum Vater geben hat,
The Father, who to us in love
Он истинный, великий Бог,
dass wir seine Kinder werden. […]
Has the right of children given. […]
нас назвал детьми Своими […].

Wir erkennen, dass die englische Übersetzung sehr nahe am deutschen Original ist und darauf hinweist, dass sich die Menschheit als Kinder Gottes verstehen kann. Dann unterstreiche ich, dass die zweite Zeile in der russi-

56 Ich verweise auf Schilling, a. a. O. (wie Anm. 7), 160.

schen Übersetzung eigenständig formuliert ist: Luther hatte über Gott, den Schöpfer von Himmel und Erde, gesprochen. Die ingrische Übersetzung aus dem Jahr 2007 hebt jetzt in dieser Zeile die Bedeutung des heiligen Namens Gottes hervor und zitiert praktisch die erste Bitte des Vaterunsers:

Geheiligt werde dein Name!
Hallowed be thy name!
Да святится имя Твоё!

Ich verstehe diese Strophe folgendermaßen: Wenn wir über Gott sprechen, sind wir nicht an „wissenschaftlich neutralen Erklärungen" interessiert – wenn ich so sagen darf –, sondern wir sind an unserer Beziehung zu Gott interessiert. An Gott zu glauben, Gott zu glauben, hat das Ziel, uns selbst zu verstehen, uns selbst ausgehend von unserer Beziehung zu Gott zu verstehen, wodurch wir innere Sicherheit und Vertrauen gewinnen. Damit positioniere ich mich in gewisser Weise in der aktuellen Theologie nach ihrer sogenannten „anthropologischen Wende": Unsere theologische Gottesfrage wird sich also immer auch auf dem Feld der Anthropologie bewegen, und unsere Anthropologie muss, will sie wirklich aussagekräftig sein, einen theologischen Kern haben![57] Da wird uns bewusst: Der Wortlaut Luthers in dieser Liedstrophe kann doch nur auf Grund dieser engen Bezogenheit von Aussagen über Gott und über Menschen recht erfasst werden! – Gott „hat sich zum Vater gegeben, dass wir seine Kinder werden"! Und wenn wir uns als „Kinder Gottes" wahrnehmen wollen, dann müssen wir uns selbst ernsthaft ins Auge fassen, also uns als Menschen vor Gott denken!

## III.2 Strophe 2:

Wir glauben auch an Jesus Christ,
We all believe in Jesus Christ,
Во Иисуса веруем Христа.
seinen Sohn und unsern Herren,
His own Son, our Lord, possessing
Божий Сын Единородный

57 Vgl. hierzu: Markus Knapp, Öffentliche Vernunft – religiöse Vernunft, in: Knut Wenzel/Thomas M. Schmidt (Hg.): Moderne Religion? Theologische und religionsphilosophische Reaktionen auf Jürgen Habermas, Freiburg 2009, 203–224, bes. 216.

der ewig bei dem Vater ist,
An equal Godhead, throne, and might,
за грех наш жертвою предстал,
gleicher Gott von Macht und Ehren […].
Source of ev'ry grace and blessing […].
от греха нам дал свободу. […]

Die englische Fassung ist dem deutschen Original sehr nahe, aber sie lenkt die Aufmerksamkeit auf das, was wir von Gott empfangen: „grace and blessing" – „Gnade und Segen" – „милость и благословение". In der russischen Übersetzung ist ein Aspekt sehr interessant: Martin Luther hatte Formulierungen zum göttlichen Wesen Jesu Christi gewählt: Er ist zusammen mit dem göttlichen Vater ewig; er ist Gott bezüglich Macht und Ehre gleich. Die russische Übersetzung aber hatte von den Folgen für uns gesprochen: Dass Christus gegen unsere Sünde aktiv war, dass er uns Freiheit von der Sünde geschenkt hatte! Das heißt: Christus befreit uns von unserer Haltung, die uns dazu bringt, Gott zu vergessen! Ich denke: Wer in der Lage ist, das zu sagen und zu singen, diejenige und derjenige zeigt mit neuen Worten, dass Jesus Christus wirklich gleich Gott ist!

III.3 Strophe 3:

Wir glauben an den Heilgen Geist,
We all confess the Holy Ghost
И во Святого Духа веруем:
Gott mit Vater und dem Sohne,
Who, in highest heaven dwelling
нас хранит от искушений
der aller Schwachen Tröster heißt
With God the Father and the Son,
и нам среди земных сует
und mit Gaben zieret schöne […].
Comforts us beyond all telling […].
Он дарует утешенье. […]

Mit Blick auf die Übersetzung ins Englische will ich eine Aussage unterstreichen: Wir glauben nicht den Heiligen Geist, sondern wir bekennen ihn! Und alle drei Fassungen – in Deutsch, in Englisch und in Russisch – wenden sich den Folgen für uns, die Christinnen und Christen, zu: Sein Geist bewahrt uns in Gefahren und Leid. Und zum Abschluss wird wieder der Geist als Helfer beschrieben, dass wir die Rettung unseres einmaligen Glaubens gewinnen. In genau dieser Weise hatte Martin Luther über die Bedeutung des Heiligen Geistes reflektiert: Dass er – darf ich auch „sie“ sagen? – wirklich Gott ist zusammen mit dem Vater und dem Sohn, dass er – dass „sie“ – uns stärkt!

III.4 Nun erkennen wir, dass das eigentliche Ziel dieses Liedes darin besteht, Worte für den typisch christlichen Glauben an den Dreieinen Gott zu finden. Viele Menschen außerhalb der Christenheit verstehen das nicht: „Was ist das – der Dreieinige, der Dreieine Gott?“ Sie denken, dass wir Christen an drei Götter glauben würden. Das ist aber nicht richtig. Wir glauben wirklich den einen und einzigen Gott. Und wir sind überzeugt, dass dieser eine und einzige Gott in drei Personen, auf dem Wege von drei Möglichkeiten handelt, um ihn auf diesen Wegen zu erfahren – wenn ich diesen sehr menschlichen Begriff verwenden darf: ihn zu erfahren. Diese drei Möglichkeiten, ihn zu erfahren, diese drei Personen, sind die folgenden:

Die erste ist der Geist, die zweite der Vater und die dritte der Sohn. Es sei mir erlaubt, diese Theologie des Geheimnisses in einer solchen neuen Abfolge zu entfalten. Wenn ich das in Kurzform zu erklären versuche, möchte ich einen Kollegen, Pfarrer Sebastian Führer in Leipzig, zitieren, der zum 6. März des Jahres 2020 eine Meditation zu Römer 6,12–18 geschrieben hatte, beginnend mit V. 18: „Denn indem ihr nun frei geworden seid von der Sünde, seid ihr Knechte geworden der Gerechtigkeit“. In seiner Meditation hatte er drei kurze Sätze formuliert, die für uns auf diesem schwierigen Feld hilfreich sein mögen:[58]

*Der Geist* konfrontiert uns mit der Wahrheit durch Einsichten, durch das, was wir in der Bibel lesen, durch theologische Lehren, durch Gedichte – gerade auch durch Lieder –, durch Kunst wie Gemälde … Sebastian Führer hatte geschrieben: „Mit dem Heiligen Geist verbunden zu bleiben, heißt, mich von ihm leiten zu lassen.“

*Der Vater* versichert uns, dass wir geschaffen sind, dass jede und jeder von uns eine eigene Bedeutung hat – dass Gott mich gewollt hat! Lukas, der die Apostelgeschichte geschrieben hatte, hat eine interessante Feststellung des Apostels Paulus in Athen überliefert: „Dass sie Gott suchen sollen […] und fürwahr, er ist nicht ferne von einem jeden von uns. Denn in ihm leben, we-

58 Meditation für den 6. März 2020, in: Feste-Burg-Kalender für das Jahr 2020, hg. v. Wolfgang Schmidt.

ben und sind wir […]“ (Apg 17,27–28). Zu diesem Thema hatte Sebastian Führer ausgeführt: „An Jahwe, an Gott gebunden zu bleiben, heißt, seine Gebote zu erfüllen.“ Das ist richtig, zusätzliche Bedeutung bekommt es aber für uns, wenn wir uns ganz entscheidend von Gott her verstehen: Ohne ihn würde es keinen einzigen Tag meines Lebens geben!

*Der Sohn* eröffnet uns eine doppelseitige Beziehung zu Gott. Das ist eindeutig durch Martin Luther innerhalb der Strophe zu Jesus von Nazareth, zu Jesus Christus, zu dem Sohn ausgedrückt: Zuerst haben wir gehört, dass er zusammen mit dem göttlichen Vater ewig ist, der gleiche Gott von Macht und Herrlichkeit. Und jetzt unterstreicht Martin Luther in seiner zweiten Strophe einen Sachverhalt, den ich nun hervorheben darf:

> […] von Maria, der Jungfrauen,
> […] Born of Mary, virgin mother,
> […] Был рожден Марией Девой,
> ist ein wahrer Mensch geboren
> By the power of the Spirit,
> Духа силою Святого.
> durch den Heiligen Geist im Glauben […].
> Word made flesh, our elder brother […].
> Человеком стал Он, как и мы,
> дал нам радость жизни новой […].

Diese beiden wichtigen Dimensionen von Jesus von Nazareth, von Jesus Christus, sollten wir immer beachten: Er war wirklich ein Mensch. Hierzu wird der wunderhafte Aspekt seiner menschlichen Geburt unterstrichen. Und er war und ist bis in Ewigkeit wirklich Gott. Diese zweite Dimension können wir auf alle Fälle nicht logisch ausführen. Aber, um eine Christin oder ein Christ zu werden und zu bleiben, haben wir diese beiden Dimensionen zusammenzuhalten! Über diesen „Sohn“ hatte Sebastian Führer geschrieben: „An Jesus gebunden zu bleiben, heißt, ihn zurückzulieben.“ Was kann es Tieferes geben als eine Beziehung der Liebe? Wir sind schon geliebt. Diese Beziehung der Liebe beantworten wir mit unserer Liebe!

Herzlichen Dank! – Many thanks! – Большое спасибо!

Gerhard
Müller

# „Was ist der Mensch?“

Irene Dingel zum 65. und
Ulrich Köpf zum 80. Geburtstag

Diese Frage kann sehr unterschiedlich beantwortet werden: Der Mensch gehört zur Gruppe der Säugetiere; er benötigt zum Laufen nur zwei Beine; dafür ist er aber nicht so schnell wie Raubkatzen oder Pferde. Seine Sinne sind normal entwickelt; dafür sind sie aber nicht so spezialisiert wie zum Beispiel bei Hunden, die viel besser riechen können und so weiter und so fort. Aber wissen wir dadurch wirklich, was wir sind? Eigentlich wissen wir selbst am besten, was wir sind. Welche Vorzüge wir haben und welche Nachteile. Wir erfreuen uns zum Beispiel eines guten Gedächtnisses; oder wir vermögen lange Strecken munter zurückzulegen. Aber auch das sind nur Details, die uns nicht wirklich weiterbringen.

Bibelleser wissen, dass die Frage nach dem Menschen in Psalm 8 gestellt wird. Dort wird nicht überlegt „Wie ist der Mensch?“ Dazu wäre ja auch viel zu sagen. Vielmehr wird nach dem Wesen des Menschen gefragt. Geantwortet wird nicht mit einer Definition, sondern mit einer Beziehungsaussage: „Was ist der Mensch, dass du seiner gedenkst, und des Menschen Kind, dass du dich seiner annimmst?“ Wir sind also Wesen, die in und von einer Beziehung leben. Von einer Beziehung, die nicht wir hergestellt haben, sondern Gott. Gott nimmt sich unser aller an. Dieser Gott lebt nicht von dem Opferrauch, den Menschen ihm darbringen. Vielmehr leben wir, weil er uns seinen Atem eingehaucht und sich unser angenommen hat. Der Betende fährt fort: „Du hast ihn wenig niedriger gemacht als Gott, mit Ehre und Herrlichkeit hast du ihn gekrönt.“ (V. 5f) Da stock’ ich schon, möchte ich mit Goethe sagen. Stimmt das denn? Sind wir wirklich nur „wenig niedriger“ als Gott? Tragen wir tatsächlich unsichtbare Kronen? Ist der Betende hier zum Dichter geworden, dessen Herz so voll ist, dass ihm der „Mund überläuft“? Blicken wir in die christliche Tradition, ob sie uns weiterhilft.

## Das biblische Menschenbild

Im 1. Kapitel der Bibel wird von der Erschaffung der Erde berichtet. Nach und nach entwickelt sie sich. Zuletzt wird der Mensch gebildet: „Gott schuf den Menschen zu seinem Bilde … und schuf sie als Mann und Frau“ (V. 27). Das übrige Geschaffene wird ihnen anvertraut. „Und Gott sah an alles, was er gemacht hatte, und siehe, es war sehr gut.“ (V. 31) Aber dabei bleibt es nicht. Die Menschen wollen noch klüger und noch weiser werden, als sie es ohnehin schon sind. Aber dies durch die Übertretung des von Gott Gebotenen: „Gott … sprach: Du darfst essen von allen Bäumen im Garten, aber von dem Baum der Erkenntnis des Guten und Bösen sollst du nicht essen; denn an dem Tage, da du von ihm isst, musst du des Todes sterben.“ (1. Mose 2,16f)

Wir sind also eigentlich zeitlich unbegrenzt geschaffen. Nur wenn wir Gottes Gebot übertreten, werden wir sterblich. Dieses Gebot bezieht sich auf den „Baum der Erkenntnis des Guten und Bösen“. Wir Menschen sind neugierig. Wir wollen wissen, erkennen, So kommt es dann, wie es kommen muss. Mythisch gesprochen: Es gibt zahllose Bäume. Sie interessieren uns alle. Aber am meisten beschäftigen wir uns mit dem, was uns nichts angeht. Kennt Gott uns, die er geschaffen hat, so schlecht, dass er nicht wüsste, was wir nun tun werden? Natürlich weiß er das. Er wäre nicht Gott, der diesen Namen verdient, wenn er nicht genau vorhersieht, dass wir genau von dem Verbotenen essen. Aber er hat uns auf die Probe gestellt. Er hat uns Freiheit gegeben, auf ihn zu hören, und auch Freiheit, uns seinem Wort zu widersetzen. Der Sündenfall, wie wir das nennen, wird prompt durchgeführt. Weil der Ungehorsam gegenüber Gott klug macht, übertreten wir sein Gebot.[1] Die Folgen sind erschreckend: Unsere Unschuld haben wir verloren; wir erkennen uns als nackt, flechten Feigenblätter und machen uns Schurze.[2] Aber nicht nur das. Vielmehr verstecken wir uns vor Gott. Wie dumm wir doch sind und wie töricht. Unser Vertrauen zu ihm haben wir verloren. Angst ist an dessen Stelle getreten.

Jedoch bleibt es nicht dabei. Gott straft. Die Frau wird nur unter Schmerzen Kinder gebären, und der Mann wird im „Schweiße“ seines Angesichts sein „Brot essen“. Beide werden zu „Staub“ werden. Nichts wird mehr an sie erinnern. Sie haben nicht nur ihre paradiesische Vergangenheit verloren, sondern auch ihre Zukunft. Nur die Gegenwart bleibt ihnen. Sie wird

---

1 Die Heilige Schrift umschreibt das mit den schönen Worten: Die Menschen sahen, „dass von dem Baum gut zu essen wäre und dass er eine Lust für die Augen wäre und verlockend, weil er klug machte“ (1. Mose 3,6).

2 Vgl. 1. Mose 3,7.

von Schmerz, Mühe und Trübsal gekennzeichnet sein.[3] Wie viel Weisheit steckt in dieser alten Erzählung. Sie zeichnet unsere eigenen mühevollen Erfahrungen vor unsere Augen. Sie erhebt nicht den Anspruch, dadurch unser ganzes Dasein zu schildern, aber doch trifft sie ins Schwarze. Alles in allem gibt es viel „verlorene Liebesmüh“, wie der Volksmund weiß. Wir müssen viel erleben, was wir nie hatten erfahren und erleiden wollen. Welcher Nachdenkliche hat sich noch nicht die Frage gestellt, ob sich das alles wirklich lohnt?

Ein düsteres Menschenbild wird hier gezeichnet. Wir stemmen uns dagegen. Wir wollen uns einen Namen machen – doch wie wenigen Menschen gelingt das. Die große Mehrheit versinkt „im Staub“. Aber gerade diese wehren sich gegen ihre Namenlosigkeit. Wir wollen und sollen uns verwirklichen. Was dabei zum Vorschein kommt, wäre in vielen Fällen besser unverwirklicht geblieben. Denn vielleicht stimmt ja das Bibelwort, „dass der Menschen Bosheit groß war auf Erden und alles Dichten und Trachten ihres Herzens nur böse war immerdar“[4]. Aber wir wollen doch leben und müssen uns durchsetzen gegen andere, die unseren Lebensraum zu stark einschränken oder ihn sogar bestreiten. Selbsterhaltung muss erlaubt sein! Gewiss. Dadurch entstehen Lebenswege, die höchst unterschiedlich sind. Aber glänzende Höhen sind selten. Der Alltag vieler ist grau.

Bisher haben wir auf das Alte Testament gehört. Das Neue setzt andere Akzente. Es fordert Änderung des Bisherigen, des Gewohnten. Es setzt auf Neues. Auf Umkehr. Auch „Buße“ genannt. Das Neue Testament stellt das Bisherige in Gegensatz zu dem Neuen, das entsteht, das neu geschaffen wird: „Ist jemand in Christus, so ist er eine neue Kreatur; das Alte ist vergangen. Neues ist geworden.“[5] Ein steiler Satz. Und ein schwieriger dazu. Denn was heißt: „in Christus sein“? Diese Aussage kommt bei dem Apostel Paulus häufig vor. Er legt Wert auf sie. Es wurde deswegen von der „Mystik des Apostels Paulus“ gesprochen. Aber damit ersetzt ja eine Aussage nur eine andere. Was meint der Denker inhaltlich?

Wir verstehen, dass jemand „mit“ einem anderen Menschen sein kann; er kann auch „bei“ ihm sein. Aber „in“ ihm? Jesus ist nach der Lehre dieses Apostels von Gott und das heißt „vom Himmel“ gekommen. „Er erniedrigte sich selbst und war gehorsam bis zum Tode, ja zum Tode am Kreuz.“ Jesus war „in göttlicher Gestalt“, er war Gott. Dennoch wurde er „den Menschen

3 Vgl. 1. Mose 3,16–19.
4 1. Mose 6,5.
5 2 Kor 5,17.

gleich und der Erscheinung nach als Mensch erkannt." Er ging den ihm vom Vater, von Gott, auferlegten Weg. „Darum hat ihn auch Gott erhöht und hat ihm den Namen gegeben, der über alle Namen ist." Jesus wird nun „Herr" genannt. Diese Bezeichnung war in der neutestamentlichen Zeit dem Kaiser in Rom vorbehalten als „Herr aller Herren". Dieser Titel wird hier überboten: Jesus ist Herr, vor dem „sich beugen sollen aller derer Knie, die im Himmel und auf Erden und unter der Erden sind"[6].

Es handelt sich hier um ein Geschehen, das Bedeutung für das Weltall hat. Kein geschaffenes Wesen wird sich weigern können, sich Christus Jesus unterzuordnen. Er ist wahrer Gott und wahrer Mensch. Beides zugleich, in einer Person. Nur deswegen können wir „in ihm sein": Die Glaubenden werden von ihm aufgenommen. Er vereinigt sich mit ihnen. Eine zweite Schöpfung hat sich vollzogen: Wir sind neu geworden. Anders als früher. Ganz anders sogar. Liebe ist an die Stelle von Hass getreten. Zuneigung statt Neid. Hilfe statt Abwehr. Das ist alles andere als leicht und schon gar nicht selbstverständlich. Die Schriften des Neuen Testaments sind voll von Mahnungen an uns, dass wir verinnerlichen und veräußerlichen, dass wir eine „neue Kreatur" sind.

War die erste Schöpfung unvollkommen? Ja, sagt das Neue Testament. „Gott war in Christus und versöhnte die Welt mit ihm selber und rechnete ihnen ihre Sünde nicht zu."[7] Eine neue Zeit hat hier begonnen. Auch die Aufklärer hielten unsere Welt nicht für die beste aller denkbaren Welten. Deswegen bemühten sie sich, unsere Welt mit Hilfe ihrer Vernunft zu verbessern. Aber ist unsere Erde während der letzten Jahrhunderte nicht viel mehr ausgebeutet worden als früher? Unsere Vernunft hat leider längst nicht immer zum Besseren beigetragen, sondern problematischer Fortschritt führt uns vor Augen, dass wir die Welt zu unserem ökonomischen Nutzen ausgenutzt haben und ausnutzen. Wir fragen uns, warum wir das mit unserem Verstand nicht früher erkannt haben. Eine zweite Schöpfung ist uns jedenfalls nicht gelungen. Und dabei dürfte es wohl bleiben.

## Meilensteine der Entwicklung

Ungezählte Generationen haben versucht, sich selber zu verstehen und zu deuten. Dem kann und muss nicht im Detail nachgegangen werden. Aber die

6 Phil 2,6–11.
7 2 Kor 5,15.

nach meinem Urteil wichtigsten Entwicklungsschritte sollen aufgezeigt werden. Ich beginne mit jenem Theologen, dem Martin Luthers Orden seinen Namen verdankt:

Augustinus (354–430), Bischof von Hippo Regius in Nordafrika. Für diesen Theologen, der einen großen Einfluss auf die spätere Entwicklung der kirchlichen Lehre im Abendland genommen hat, besteht der Mensch aus Seele und Leib. Die Seele ist dem Körper übergeordnet; sie ist aktiv, der Leib passiv. Die Seele hat keinen speziellen Ort im Körper. Seit dem Ungehorsam Adams und Evas im Paradies ist der Leib wegen der ausgeübten Sünde, wegen des Ungehorsams gegen Gott, sterblich. Die Seele dagegen ist unsterblich. Sie hat ihre ursprüngliche Freiheit zum Guten verloren. Höchstens äußerlich gute Taten sind ihr möglich. Dafür ist sie für Böses umso kräftiger zuständig. Die Seele umfasst auch das, was wir den Geist des Menschen nennen. So kann Augustin ihr Vernunft zuschreiben, Intelligenz und Klugheit. Durch den Sündenfall ist auch die Sexualität des Menschen geschädigt. Sie geschieht jetzt durch Begierde und Gier und ist dadurch nicht mehr rein. Dies sollte komplexe und vor allem problematische Folgen haben.

Bereits vor Augustin war von einer „Erbsünde“ gesprochen worden.[8] Aber er weitete sie zu einem ganzen Lehrsystem aus. Er wollte damit andere Lehren zurückdrängen, was ihm aber nie so ganz gelang. Jedoch im Hauptstrom der späteren Tradition setzte er sich durch. Seine Auffassung bestand darin, dass der Sündenfall von Adam und Eva sich fatalerweise auf alle Menschen auswirkt. Ihre Nachkommen haben keine Entscheidungsfreiheit mehr zwischen Gut und Böse, sondern sie sind zum Bösen gewissermaßen gezwungen. Dies geschieht dadurch, dass der Zeugungsvorgang von Begierde, von Konkupiszenz, beherrscht ist. Bereits die Kinder haben deswegen eine unbeherrschbare Neigung zum Bösen, indem sie sich in den Mittelpunkt stellen und alles abwehren, was ihnen in die Quere kommt.

Auch die getauften Christen sind bei der Zeugung voll von Begierde. Deswegen werden auf ihre Kinder die Neigung zum Bösen und der Ungehorsam gegen Gott übertragen. Sind allerdings die Kinder getauft, dann wirkt nicht nur die Erbsünde in ihnen, sondern auch Gottes Gnade. Dadurch können sie nicht nur äußerlich Gutes tun, sondern auch das, was Gott wirklich wohl gefällt. Die Kinder müssen möglichst bald nach der Geburt getauft werden, damit Gottes Gnade in ihnen wirken kann. Obwohl die christliche Ehe von Augustin hoch geschätzt wird, benötigen die Kinder der Christen

8 Vgl. Julius Gross, Entstehung des Erbsündendogmas von der Bibel bis Augustinus, 3 Bände, München/Basel 1963–1972.

rasch die Taufe. Übrigens spielt Begierde im Leben der Menschen nicht nur bei der Sexualität eine Rolle, sondern sie bestimmt auch das Zusammenleben der Menschen und zwar besonders das der Nichtchristen; so Augustinus. Weil ihnen, den Ungetauften, Gottes Gnade nicht zu Hilfe kommt, fallen sie der ewigen Verdammnis anheim. Das ist bei den Christen anders. Sie sind teilweise Gerechte und teilweise Sünder. Mit der Hilfe Gottes können sie der ewigen Verdammnis entkommen. Denn Gott richtet sie mit und aus Gnade.

Uns liegt ein solcher Vererbungsgedanke fern. Aber für Augustin ist es auch kein Erbe, das in irgendwelchen Genen durch den Sündenfall verankert wäre. Vielmehr liegt die Sünde der neugeborenen Kinder an der Begierde, die ihre Eltern bei der Zeugung nicht vermeiden konnten. Erbsünde ist nicht genetisch gedacht, sonder existentiell. Die immer vorhandene Konkupiszenz wirkt sich fatalerweise gerade bei der Sexualität unentrinnbar aus.

Thomas von Aquin (1225–1274)[9] ist derjenige mittelalterliche Theologe, der bis in die Neuzeit hinein eine ähnlich starke Wirkung ausgeübt hat wie Augustinus. Er war sehr stark von der Philosophie des Aristoteles (384–322 v. Chr.) beeinflusst. Dessen Werke waren im Mittelalter im Abendland neu entdeckt worden und hatten starke Berücksichtigung gefunden. Zugleich steht Thomas aber auch in der christlichen Tradition, so dass er von Gott als dem Schöpfer des Menschen ausgeht. Aber auch dessen Sündenfall, seine Sterblichkeit und seine Schuld lehrt er ähnlich wie Augustin.

Auch der Dominikaner Thomas geht davon aus, dass der Mensch aus Seele und Leib besteht. Er folgt auch darin der bisherigen christlichen Lehre. Die Seele ist das Wichtigste im Menschen. Sie ist aber nicht so stark geschädigt, wie wir das bei Augustin gesehen haben. Sie ist immateriell und sie kennt die wichtigsten Tugenden von Natur aus: Klugheit, Gerechtigkeit, Tapferkeit, Mäßigkeit. Die Seele ist individuell: es gibt so viele Seelen wie Menschen. Sie hat ein Ziel: Gott. Das höchste Glück des Menschen ist die Erkenntnis Gottes. Wie kann dieses Ziel erreicht werden?

Gott ist – dem Neuen Testament entsprechend – „Liebe".[10] Deswegen will er unsere Glückseligkeit. Um diese zu erreichen, hat Gott uns geholfen, indem er uns mit unserer Natur ein Sittengesetz gegeben hat, das uns ein rechtes Verhalten in unserer Welt ermöglicht. Wir sind frei, das Rechte zu tun, um unser Lebensziel zu erreichen. Uns Christen wird dies durch Gottes

9 Vgl. Martin Anton Schmidt, Vollendung der Natur durch die Gnade: Thomas von Aquino (1225–1274), in: Handbuch der Dogmen- und Theologiegeschichte, hg. v. Carl Andresen, Bd. 1, Göttingen 1982, 650–683.

10 1 Joh 4,16.

Gnade noch erleichtert. Wo unsere Natur nicht ausreicht, tritt die Gnade des Schöpfers hilfreich hinzu. Natur und Gnade – auf diese Kurzformel hat man die komplizierte Systematik des Dominikaners gebracht. Zu den natürlichen Tugenden treten bei den Christen die göttlichen hinzu, nämlich Glaube, Hoffnung und Liebe.[11]

In der umfassenden Lehre des Thomas kann dann doch nicht die Feststellung fehlen, dass es auch Böses gibt. Böse ist für ihn, was der Vernunft und was Gott widerspricht. Aristotelismus und Biblizismus also gut vereint. Im Menschen kann sich Eigensucht regen, die widervernünftig und gegen Gottes Gesetz gerichtet ist. Während es im Paradies vor dem Sündenfall keine Konkupiszenz gab, sondern alles harmonierte, ist dies nach der Vertreibung anders. Es gibt Erbsünde, die von dem Bösen der Ureltern auf alle ihre Nachkommen weitergegeben wird. Auch bei Thomas manifestiert sie sich vor allem in der Gier, die sich bei der Sexualität auswirkt.

Aber Gott kommt auch diesen Sündern zu Hilfe. Das göttliche Gesetz hilft ihnen, nicht der Sünde hilflos zu verfallen. In dem Schwanken zwischen Gutem und Bösem ist es vor allem die durch die Sakramente der Kirche mitgeteilte Gnade, die den Sündigen hilft, wieder zu einer geliebten Kreatur Gottes zu werden. Der Mensch wird von Gott neu geschaffen. Von der Sünde zum Glauben, zur Liebe und zur Sündenvergebung. Damit ist die ursprüngliche Harmonie wieder in Kraft gesetzt.

Martin Luther (1483–1546) gehört nicht zu den harmonisierenden, sondern zu den durch Widerspruch klärenden Theologen.[12] Er befreite sich von der Scholastik, die er studiert hatte, durch einen scharfen Angriff auf den Einfluss des Aristoteles auf diese „Schultheologie“. Solange dieser antike Philosoph das theologische Denken beherrsche, könne es keine wirklich christliche Theologie geben. Anknüpfen konnte Luther dagegen an die spätmittelalterliche Mystik. Seine erste Edition war kein eigener Text, sondern ein mystischer. Dadurch wollte er zeigen, in welche Richtung sich die derzeitige Theologie entwickeln muss. Auf Grund von biblischen Studien, durch die Lektüre von Texten Augustins sowie solchen der monastischen Theologie (z. B. von Bernhard von Clairveau) und der Mystik ist auch sein Verständnis des Menschen entstanden.

---

11 1 Kor 13,13.

12 Vgl. Gerhard Müller, Einsichten Martin Luthers – damals und jetzt. Analyse und Kritik, Erlangen [2]2017, 21–37.

Thomas von Aquin hatte in einer „Theologischen Summe“ alles zusammengefasst, was er für das theologische Denken für erforderlich hielt. Eine vergleichbare Arbeit Luthers gibt es nicht. Er ging von eigenen Erfahrungen aus oder von Vorgängen, die er für problematisch hielt, um dann dazu Stellung zu nehmen. Deswegen suchen wir auch ein Buch mit dem Titel „Lehre vom Menschen“ bei ihm vergeblich. Lediglich eine Thesenreihe aus dem Jahr 1536 „Über den Menschen“ gibt es von ihm.[13] Im gleichen Jahr verfasste er auch Thesen „Über die Rechtfertigung“. Daraus wird ersichtlich, dass ihn nicht „der Mensch“ rein spekulativ interessierte, sondern die Person, um deren Heil es ihm ging. „Der Mensch vor Gott“, so könnten wir deswegen sein Interesse an dieser Stelle beschreiben.

Das hatte natürlich mit seinen eigenen Fragen zu tun. Sie kreisten bei dem Mönch Luther um die „Gerechtigkeit Gottes“. Diesen Begriff hatte er in der Bibel gefunden. Was aber ist darunter zu verstehen? Da die Kirche von „guten Werken“ sprach, wenn ein Christ vor Gott gerecht werden will, bemühte er sich um möglichst viele gute Werke. Aber kann ich wirklich Gottes Gerechtigkeit Genüge tun? Gott ist vollkommen. Auch seine Gerechtigkeit ist fehlerfrei. Aber ich bin es nicht, beim besten Willen nicht. Sein Ordensvorgesetzter und Beichtvater Johannes von Staupitz (um 1468–1524) machte ihm klar, dass Gott nicht nur gerecht, sondern auch barmherzig ist. Er verwies ihn auf das Leiden und Sterben Jesu Christi uns zugut. Es dauerte Jahre, bis Luther erkannte: Gott ist gerecht, indem er uns *gerecht macht*. Nicht *wir* sind gezwungen, sein Niveau zu erreichen, sondern *er kommt zu uns*. Er erniedrigt sich für uns.

Deswegen musste er keine langen Erörterungen über den Menschen vor dem Sündenfall und danach schreiben, sondern er konnte sich konzentrieren auf den Gott, der uns Menschen geschaffen, erlöst und geheiligt hat. Man muss ihm nur zuhören, wie er mit einfachen, trefflichen Worten das Entscheidende zusammenfasst:

> „Ich glaube, dass *mich* Gott geschaffen hat samt allen Kreaturen,
> *mir* Leib und Seele, Augen, Ohren und alle Glieder gegeben hat und noch erhält …
> und das alles aus väterlicher, göttlicher Güte und Barmherzigkeit, …
> für all das *ich* ihm zu danken und zu loben und dafür zu dienen und gehorsam zu sein schuldig bin.“

---

13 Vgl. Gerhard Ebeling, Lutherstudien, Bd. II,1., 2. und 3. Teil, Tübingen 1977–1989.

Mit dieser Erläuterung aus seinem „Kleinen Katechismus“ zum ersten Teil des Glaubensbekenntnisses erkenne ich mich als Teil eines großen Ganzen. Zugleich bin ich aber „ich“ und als Einzelperson nicht nur Empfangender, sondern auch verpflichtet! Ich habe nichts von mir selbst. Verdienste kann ich nicht vorweisen. Die Würde, die mir als Kind Gottes eignet, habe ich geschenkt bekommen.

Alle Menschen wurden von Gott geschaffen. Bei Christen kommt ihre Erlösung hinzu. Sie geht auf den „wahrhaftigen Gott“ Jesus Christus zurück. Das beschreibt Luther im zweiten Teil seiner Erklärung des Glaubensbekenntnisses:

> „Ich glaube, dass Jesus Christus … sei mein Herr,
> der mich verlorenen und verdammten Menschen erlöset hat … von allen Sünden,
> damit ich sein eigen sei und in seinem Reich unter ihm lebe und ihm diene
> in ewiger Gerechtigkeit, Unschuld und Seligkeit.“

Von der strafenden Gerechtigkeit eines fernen Gottes zur Erkenntnis der mir von Jesus Christus geschenkten „Gerechtigkeit, Unschuld und Seligkeit“ war viel gedankliche Arbeit erforderlich gewesen. Mit wenigen Worten beschreibt der Reformator hier einen weiten Weg, ja seine Umkehr: weg von etwas, was ich als von mir gefordert für nötig hielt, hin zur „Erlösung“, zur Befreiung von Angst. Durch Vergebung der Sünden werde und bin ich unschuldig und selig.

Übertreibt Luther hier? Um zu zeigen, wie er sich dieses Leben vorstellt, sehen wir uns seine Erklärung des dritten Teils des 3. Artikels des Apostolischen Glaubensbekenntnisses an:

> „Ich glaube, dass ich *nicht aus eigener Vernunft noch Kraft* an Jesus Christus, meinen Herrn, glauben oder zu ihm kommen kann,
> sondern der *Heilige Geist* hat mich durch das Evangelium *berufen*,
> mit seinen Gaben *erleuchtet*,
> im rechten Glauben *geheiligt und erhalten*.“[14]

„Ewige Gerechtigkeit, Unschuld und Seligkeit“, von denen Luther als Gaben Jesu Christi an mich gesprochen hatte, wären, da wir Menschen so

14 Vgl. Die Bekenntnisschriften der Evangelisch-Lutherischen Kirche, hg. v. Irene Dingel, Göttingen 2014, 870–872.

sind, wie wir sind, nämlich unstet, auch nicht immer zuverlässig und beständig, unmöglich, wenn sie von unseren Qualitäten abhängig wären. Ihre Dauer geht nicht auf mich, sondern auf eine tägliche Begleitung zurück. Gottes Geist ist es, der uns in alle dem „erhält". Und nicht nur das! Auch meine eigenen Anfänge hängen von ihm und nicht von mir ab. Der Heilige Geist hat mich zu Christus gebracht, behauptet der Wittenberger. Nicht durch meine Klugheit finde ich einen Weg zu ihm. Auch meine eigenen Kräfte öffnen keine Paradiesespforten.

Vielmehr bringt der Heilige Geist mich zu Christus. Nicht durch innere Erleuchtungen, nicht durch besondere Offenbarungen, sondern durch die Worte Jesu Christi ruft er mich zum Gottessohn. Die frohe Botschaft, das Evangelium, das verkündigt wird, öffnet mir Ohren und Herz. Der Heilige Geist lässt mich erkennen, was ich benötige und wo ich Hilfe finde. Er erleuchtet mich, dass ich nicht – geblendet von den Irrlichtern der Welt – mein Heil verfehle. Was mir an Beständigkeit fehlt, hat er in Überfülle: Beständigkeit, Wahrheit, Klarheit.

Außerdem bin ich nicht allein. Denn Christentum heißt Gemeinschaft. Wenn wir Gott im Gottesdienst dienen – und er uns! –, dann sind wir mit denen zusammen, die uns schon vorausgegangen sind, und mit denen, die mit uns auf dem Wege sind. In dieser Christenheit vergibt er „mir und allen Gläubigen täglich alle Sünden reichlich". So Luther weiter. Aber ist dies richtig? Alle Christen sind doch Heilige. Warum gibt es bei uns täglich Sünden?

Weil wir noch nicht am Ziel sind. Wir sind noch auf dem Weg. Da gibt es viele Abzweigungen. Machen wir einen Umweg? Oder landeten wir auf einem Holzweg, der plötzlich endet? Wie finden wir zum zielführenden Weg zurück? Luther radikalisiert Augustin, der gemeint hatte, wir Christen seien teils Sünder, teils Gerechte. Luther behauptet: Wir sind ganz Sünder und ganz Gerechte. Sozusagen beides hundertprozentig. Logisch geht das nicht. Aber unter verschiedenen Aspekten fügt sich doch beides zusammen: durch und durch sündig; durch und durch gerecht. Nach meinen Erfahrungen hat der Reformator sich hier nicht vertan. Vielmehr hat er unsere Realität in diesem Gegensatz zusammengefasst. Deswegen ist es zu raten und gut, sich an den Dreieinen Gott zu halten, Vater, Sohn und Heiliger Geist. Schöpfer; Erlöser und Heiligender. „Von seiner Fülle haben wir alle genommen Gnade um Gnade" (Joh 1,16).

Friedrich Daniel Ernst Schleiermacher (1768–1834)[15] verfasste mit 31 Jahren „Über die Religion. Reden an die Gebildeten unter ihren Verächtern". Er

15 Vgl. Kurt Nowak, Schleiermacher und die Frühromantik, Weimar 1988.

hat diese Reden nie gehalten. Er hat sie auch nicht drucken lassen. Erst nach seinem Tod wurden sie bekannt. Aber wir erkennen hier einen Denker, der die Last, die die bisherige Aufklärung für Glaubende geschaffen hatte, zu vermindern oder sogar abzuschütteln versuchte. Die „Verächter der Religion“ will er zurückgewinnen. Immanuel Kant (1724–1804) hatte 1793 ein Buch mit dem Titel veröffentlicht: „Religion innerhalb der Grenzen der bloßen Vernunft“. Darin hatte er der Religion einen Platz innerhalb der Moral zugestanden. Und nur hier. Frech formuliert: Das ganze Leben wird von der Vernunft bestimmt. Aber bei Sitte und Moral kann der Hinweis auf einen Gott als Drohkulisse nur zur Verbesserung beitragen. So mag es jedenfalls Schleiermacher verstanden haben. In den „Reden“ spricht er von „erbärmliche(r) Allgemeinheit“ und „leere(r) Nüchternheit“ der Aufklärung. Töne, die ein neues Empfinden anzeigen. Schleiermacher erweist sich hier als Romantiker, die nicht mehr nur alles glasklar klären, sondern die auch leben wollten. Sie erkennen: Herz, Gemüt und Gefühl gehören zum Menschen nicht weniger hinzu als die Vernunft. Auch die Religion findet im Menschen einen Platz. Individualität und Subjektivität zählen. Poesie und Kunst werden wieder neu gelobt. Geselligkeit erfährt einen großen Stellenwert.

Daran hat der einflussreiche Theologe an der Berliner Universität festgehalten. In seiner „Glaubenslehre“ deutet Schleiermacher den Menschen als vom Gefühl „schlechthinniger Abhängigkeit“ bestimmt. Wir sind nicht total frei. Wir sind vielmehr abhängig. Und zwar ganz und gar. Dass wir wurden und wie wir wurden, das haben wir nicht bestimmen können. Wir sind Hineingeworfene. Gleichzeitig aber haben wir, so behauptet Schleiermacher, ein christlich-frommes „Selbstbewusstsein“. Er geht von einer christlich geprägten Kultur aus, die uns die Kenntnis der Bibel und der kirchlichen Tradition vermittelt hat. Die Religion, die von der Aufklärung an den Rand gedrängt worden war, gehört zum Menschsein fundamental hinzu. Deshalb kann es Leben nicht ohne Religion geben. Sie ist nicht Mittel zum Zweck, sondern ihr gebührt Selbständigkeit. In unserem christlichen Selbstbewusstsein erkennen wir uns als begrenzt frei. Dies gilt es zu nutzen. Unsere Abhängigkeit hindert uns nicht daran. Wir müssen unseren Weg innerhalb dieser Spannung suchen.

Diese Gedanken haben damals viele Menschen überzeugt. Aber der Verlust der christlichen Kultur im 19. Jahrhundert in Deutschland durch Industrialisierung und den Materialismus eines Karl Marx (1818–1883) haben das Fundament zerstört, auf dem Schleiermacher sein Gedankengebäude geschaffen hatte. Für viele Menschen wurde das Leben ein Überlebensproblem. Die Ökonomie wurde wichtiger als die Frömmigkeit.

Karl Barth (1886–1968)[16] „ist der bedeutendste evangelische Theologe seit Schleiermacher, den er zu überwinden trachtete und auf den er doch vielfach bezogen blieb"[17]. Dieses Urteil kann überraschen, hat doch der junge Barth sich vehement gegen die liberale Theologie seiner Zeit ausgesprochen und den Theologen des vorigen Jahrhunderts als „schleiermachend" verspottet. Das Verständnis der liberalen Theologen von „Religion" – einem ihrer Zentralbegriffe – war Barth verdächtig, weil es hier, wie er meinte, vor allem um den Menschen gehe. Auch der Religiöse Sozialismus seiner Zeit (besonders lebendig in seiner Heimat, der Schweiz) enttäuschte ihn, weil ihm auch hier Gott aus dem Blick geraten zu sein schien. Der Mensch ist Mensch – gewiss, aber Gott ist Gott. Dieses „aber" erschien ihm bei seinen Gegnern unterbetont beziehungsweise völlig weggefallen zu sein. Wer die Differenz zwischen Gott und Mensch übersieht, verfehlt jede rechte Lehre und jedes rechte Leben. Mit einer starken Vehemenz und einer schroffen Polemik äußerte er sich – darin Luther ähnlich, von dem er aber wenig hielt. Er berief sich statt seiner auf reformierte Theologen – vielleicht auch deswegen, weil sich beide in einer recht ähnlichen Protesthaltung bewegen mussten. Ausgangspunkt der Theologie war für den Schweizer nicht der Mensch, sondern Gott. Von seiner Offenbarung ging er aus, nicht von unserer Erfahrung.

Das kam an. Viele schlossen sich Barth an. Es kam „zur einflussreichsten Schulbildung seit Schleiermacher, deren vorerst einigendes und dann zwischen den Schulhäuptern immer strittigeres Problemzentrum das Verhältnis von Offenbarung und Geschichte war"[18]. Barth entdeckt Gott und das Reich Gottes geradezu wieder neu. Dabei kommt die reformierte Theologie nicht zu kurz, der es stets um Gottes Ehre und Verherrlichung gegangen war. Vergisst Barth darüber den Menschen? Das wurde ihm zwar vorgehalten, auch von manchen seiner Freunde, zum Beispiel von Rudolf Bultmann. Aber das ist ein Missverständnis. Denn wer sinnvoll von Gott redet, kann gar nicht den Menschen übersehen. Barth geht gut biblisch von Schöpfung und Sündenfall aus.

Der Mensch ist also nicht ein Zufall, von Genen und Herkunft abhängig, sondern er ist Gottes Ebenbild. Gott hat ihn zur Bewahrung der Schöpfung eingesetzt, eine tolle Aufgabe und Ehre. Aber der Mensch wird ungehorsam und hochmütig und wird weder seiner Ehre noch seiner Würde gerecht. Das

16 Vgl. Eberhard Busch, Karl Barths Lebenslauf. Nach seinen Briefen und seinen autobiographischen Texten, München ³1977.

17 Eberhard Jüngel, Barth, Karl (1886–1968), in: Theologische Realenzyklopädie, Bd. 5, Berlin/New York 1980, 251–268; Zit. 251.

18 A. a. O., 259.

kostet ihn die heile Welt, in der er lebt. Er wird vertrieben. Mühe und Arbeit sind jetzt sein Los. Lügen werden zu seinem Werkzeug. „Unstet und flüchtig“ ist der Mensch geworden. Aber Gott nimmt sich des Heimatlosen an. Er wird selbst Mensch. Er teilt das Leben der Hochmütigen wie der Gedemütigten. Er nimmt sich der Menschen an – aller Menschen. Barth erneuert die Lehre von der „Wiederbringung aller“, die Origenes (um 185/186–um 253/254) entwickelt hatte. Diese Lehre war von der Kirche zwar verworfen worden. Aber Barth setzte sich über das Urteil eines Konzils hinweg und meinte, man könne Gottes Willen nur so deuten: Alle Menschen werden in Gottes Reich gelangen.

Auch mit anderen Themen ging er kritisch um. Er bejahte zwar die Taufe, forderte aber die Erwachsenentaufe. Über die Meinung jener Altvorderen, die erklärt hatten, Gott handle in der Taufe, er sei dessen Subjekt, setzte er sich hinweg. Etwa Augustin, der gelehrt hatte, Gott komme uns in der Taufe mit seiner Gnade zuvor, ja er handele so, dass wir uns auf Grund seiner Gnade dagegen nicht einmal wehren könnten, lehnte Karl Barth ab. In der Taufe wird nach seiner Überzeugung um den Heiligen Geist gebeten, der die Christen in ihrem Leben begleitet. Auch das zweite reformatorische Sakrament, das Abendmahl, ist für ihn Erinnerungsmahl und dient der Erneuerung christlichen Lebens. Dadurch hat er nicht nur reformierte Theologie erneut zum Ausdruck gebracht, sondern auch für lange Diskussionen gesorgt. Bedenkt man seinen Widerstand gegen Hitler und seine vielen politischen Stellungnahmen, dann wird man nicht fehlgehen mit dem Urteil, dass er der am meisten diskutierte Theologe des 20. Jahrhunderts gewesen ist.

Karl Rahner (1904–1984)[19] trat mit 18 Jahren in den Jesuitenorden ein. Durch ihn wurde er ausgebildet. Durch die „Exerzitien“ des Ordens, die auf den Ordensgründer Ignatius von Loyola[20] zurückgehen, erkannte er, welche unbekannten und ungeahnten Potentiale in jedem Menschen stecken, auf die er hingewiesen werden sollte. Der Orden bestimmte, dass Rahner Philosophie lehren solle. Darauf bereitete er sich vor. In seiner Lehre versuchte er, die modernen Fragen von der christlichen Theologie her zu beantworten.

Dabei ging er einen ganz anderen Weg als Karl Barth. Er behauptete nämlich, im Neuen Testament sei feststellbar, dass die Verfasser seiner Schriften

19 Vgl. Harald Wagner, Karl Rahner, in: Theologische Realenzyklopädie, Bd. 28, Berlin/New York 1998, 111–117.
20 Vgl. Gottfried Maron, Ignatius von Loyola. Mystik – Theologie – Kirche, Göttingen 2011.

ganz selbstverständlich vom Dasein Gottes ausgegangen seien; erst durch die Begegnung mit Jesus sei ihnen dies bewusst geworden. In ihm hätten sie die Fülle der Gottheit erkannt und die christliche Theologie daraus entwickelt. Diese „innovatorische These“[21] macht den Menschen zu einem, ja, zu *dem* Zentrum seiner Theologie. Deswegen ist formuliert worden: „Wenn man das theologische Werk von Rahner beschreiben will, so kann man es auf die Formel bringen: Theologie ist Anthropologie.“[22] Mit unserem Thema stehen wir bei Rahner damit im Zentrum seines Werkes.

Wir fragen uns: Wie wird der Mensch von Rahner verstanden? Dabei fallen wir von einer Überraschung in die nächste. Mit allem Ernst antwortet er nämlich: „Geheimnis“. Hören wir ihn selbst: Der Mensch ist „die zu sich selbst gekommene Undefinierbarkeit. Es ist zwar vieles *an* ihm … definierbar.“ Aber sein „*Wesen*“ ist undefinierbar, weil man hier ins „Uferlose“ geriete. Der Mensch ist „das Geheimnis …, weil er in seinem eigentlichen Wesen, in seinem ursprünglichen Grund, in seiner Natur, die arme, zu sich kommende Verwiesenheit auf diese Fülle ist“[23]. Rahner nimmt hier eine theologische Tradition auf, die schon altkirchlich ist und die besagt, dass alle Menschen einen Bezug zu Gott haben. Ihre „Seele“, so sagte man damals, ist auf Christus hin ausgerichtet. Weil dies der Fall ist, ist der Mensch wie Gott undefinierbar und dadurch Geheimnis.

Rahner hält dieses „Urgeheimnis“ für wichtiger als „alle christlichen Mysterien“: „Wenn Geheimnis schon mit dem Grund des naturalen und übernatürlich erhobenen Wesens des Menschen gegeben ist, wenn hier das ursprüngliche Geheimnis gegeben ist, wenn dieses eine Geheimnis schon anwest im ersten Ansatz des Geistes und in seiner letzten Vollendung, dann scheinen doch alle christlichen Mysterien im Plural nicht wesentlich neue und überbietende Geheimnisse zu sein.“[24] Diese Wertung machte Rahner bereit, seiner Kirche auf dem Zweiten Vatikanum zu empfehlen, sich mit der Ökumene, mit den anderen Religionen und auch mit den Atheisten zu befassen – mit erheblichem Erfolg.

Obwohl Rahner den Begriff „Geheimnis“ stark betont, lehnt er jedoch Irrationalismus ab, Aber er hinterfragt den Begriff der Vernunft: Ist er wie auch andere Fähigkeiten des Menschen – genannt wird der Wille – viel-

21 Eugen Biser, Die Suspendierung der Gottesfrage. Erwägungen zu einer innovatorischen These Karl Rahners, in: Elmar Klinger/Klaus Wittstadt (Hg.), Glaube im Prozess. Christsein nach dem II. Vatikanum, Freiburg u. a. 1984, 432–455.

22 Diese Formulierung von Heinrich Fries bei Wagner (wie Anm. 19), 115.

23 Karl Rahner, Schriften zur Theologie, Bd. IV, Einsiedeln u. a. 1950, 140.

24 A. a. O., 81.

leicht sekundär? Ja, antwortet Rahner, denn er ist der Überzeugung, dass die „Einheit des personalen Geistes" ursprünglicher ist. Will heißen: Jeder Mensch besitzt „Geist". Dieser bestimmt ihn, Gott „*handelt*" auch an uns: „(F)ür eine an der Offenbarungsgeschichte und der biblischen Theologie ausgerichtete Begriffsgeschichte des Wesens der Offenbarung sagt uns Gott doch Wahrheiten, indem er an uns *handelt*."[25] Ganz glücklich scheint Karl Rahner bei diesem Satz nicht gewesen zu sein, wie das eingefügte „doch" zeigt. Wie Gott an uns handelt, ist ja auch nicht so wichtig wie die Zuversicht, wie der Glaube, dass er mit uns ist, zu uns spricht und an uns handelt.

Rahner betont dann auch: „Der Mensch ist der durch die Gnade erhöhte dasjenige geistige Wesen, das ontologisch auf die *visio beatifica* [selig machende Schau] ausgerichtet ist."[26] Sinn und Ziel des Menschen ist also die Seligkeit. Grundsätzlich, seinem Wesen nach, ontologisch, entspricht ihm dies. Auch „Gnade" wird definiert: „Gnade als streng übernatürliche ist im Grunde visio beatifica oder deren ontologische Voraussetzung."[27] Gnade gehört also nicht zur Natur des Menschen, sondern wird ihm „übernatürlich" zugeeignet. Und sie bewirkt nichts anderes als das, worauf er seinem Wesen nach sowieso ausgerichtet ist: die „selig machende Schau". Dem Menschen bleiben aber Grenzen gesetzt: „Wenn so Gnade das geistige Subjekt [den geistigen Menschen als Einzelperson] auf die Unmittelbarkeit zu Gott hinordnet, in der eine gegenständlich-kategoriale Vermittlung des Wissens um Gott durch eine geschöpfliche Gegenständlichkeit nicht mehr gegeben ist, so kann diese Wesensbestimmung der Gnade nicht bedeuten, daß diese Unmittelbarkeit die Aufhebung der transzendentalen Notwendigkeit ist, daß Gott das heilige Geheimnis wesenhaft ist."[28] Hier werden Gott und Mensch sehr nahe zueinander gerückt, aber zugleich auch ihr Unterschied gewahrt. Wie der Mensch „Geheimnis" ist, so ist es Gott „wesenhaft", es gehört zu seinem Wesen unabdingbar hinzu.

In dieser Theologie wird uns Menschen ein extrem hoher Wert zugesprochen. Von Sünde, von einer Sonderung von Gott, ist keine Rede. Das Böse tritt erstaunlich stark zurück. Und das nach deutschen Überfallkriegen im Zweiten Weltkrieg, nach Sho'ah, nach Auschwitz und wie immer die Stichworte lauten, die wir aus diesem Zusammenhang kennen, zum Beispiel: „Gott ist tot". Das Faszinierende der Sprache Rahners und ihre gelegentliche Nähe zu Martin Heidegger sind auffällig. Auch in der Sache ist ihm

---

25 A. a. O., 54.
26 A. a. O., 75.
27 Ebd.
28 Ebd.

zuzustimmen: Wir Menschen sind wirklich Geheimnis. Wir sind uns selbst Geheimnis, weil wir erstaunt sind über all das, was uns an Gedanken durch den Kopf schwirrt. Wir sind dabei fähig zu Gutem und zu Bösem. Wir bemühen uns nicht nur, besser Gutes zu tun, sondern wir sind auch nicht zimperlich im Erlernen des Bösen. Deswegen benötigen wir die tägliche Umkehr zu Gott. Das sollte bei allen Anregungen, die von Karl Rahner ausgehen, nicht vergessen werden.

Gerhard Ebeling (1912–2001)[29] hat ein reiches literarisches Werk geschaffen.[30] Darin hat er nicht nur Martin Luthers Thesen „über den Menschen" in einer umfassenden Analyse dargestellt,[31] sondern sich auch an vielen Stellen über seine eigene Anthropologie geäußert. Ich beschränke mich hier auf seine „Dogmatik des christlichen Glaubens"[32]. Mit dem Titel bringt der Verfasser – gut lutherisch – zum Ausdruck, dass es ihm nicht um „Lehre", sondern um den Glauben der Christinnen und Christen geht. Er hält sich in der Anlage an das Apostolische Glaubensbekenntnis, das einige Wissenschaftler am Anfang des 20. Jahrhunderts als unmodern aus dem evangelischen Gottesdienst herauszudrängen versuchten.[33] Die Dogmatik Ebelings kommt ohne Polemiken aus. Nur gelegentlich wird von ihm angedeutet, dass seine Interpretation nicht von allen anderen Theologen geteilt wird. Aber „verteidigt" hat er sich nicht, sondern seine Interpretation klar zum Ausdruck gebracht.[34] Dass es ihm um eine „materiale *Dogmatik*" zu tun war, hat er in einem Beitrag über sein eigenes Werk betont.[35] Diese „Konzentration"[36] kommt uns im Hinblick auf sein Verständnis des Menschen zugute.

Überraschenderweise überschreibt Gerhard Ebeling seine Anthropologie mit dem Titel: „Der Mensch in Christus"[37]. Er setzt also weder philosophisch, etwa bei Aristoteles, noch alttestamentlich mit Schöpfung und Sündenfall ein. Das Adjektiv „christlich" im Titel seines Werkes wird also ernst genom-

---

29 Vgl. Albrecht Beutel, Gerhard Ebeling. Eine Biographie, Tübingen 2012.

30 Vgl. a. a. O., 548–570, das „Schriftenverzeichnis Gerhard Ebeling".

31 In drei Bänden, die in Tübingen 1977, 1982 und 1989 erschienen sind.

32 Ebenfalls drei Bände, Tübingen 1979.

33 Hans-Martin Barth, Der Apostolikumstreit, in: Theologische Realenzyklopädie, Bd. 3, Berlin/New York 1978, 560–562.

34 Eberhard Jüngel hat dies „konsensbildend" genannt. Ebeling hat sich hier richtig verstanden gefühlt, vgl. unten Anm. 35, Sp. 725.

35 Gerhard Ebeling, Zu meiner „Dogmatik des christlichen Glaubens", in: Theologische Literaturzeitung 105, 1980, Sp. 721–733.

36 A. a. O., Sp. 723.

37 Dogmatik, Bd. III (wie Anm. 32), 61.

men. Die Verbindung, die Gott in seinem Sohn Jesus Christus mit uns eingegangen ist, bestimmt das Verständnis des Christenmenschen. Folgerichtig wird zunächst der Zusammenhang von „Heilige(m) Geist und Menschengeist“[38] erörtert. Gemäß dem neutestamentlichen „in Christus Jesus sein“ der Christen[39] behandelt Ebeling zunächst die Frage, warum er „das Sein in Christus als Sein im Geist darstellt“[40]. Christus hatte seinen Jüngerinnen und Jüngern den Heiligen Geist als „Tröster“ angekündigt.[41] Deswegen ist ihr Sein im Geist das Entscheidende. Zugleich aber bleibt die „Seinsverbundenheit mit Christus“, die sich – gut lutherisch – vor allem „als Teilhabe am Leiden Christi“ manifestiert.[42]

Aber da wir Menschen im Gegensatz zu Jesus Christus nicht ohne Sünde sind, besteht eine „Diskrepanz von Sein und Verhalten“[43]. Man könnte vermuten, dass unser fehlerhaftes Leben darauf zurückgeht, dass unser Sein in Christus „nur eine halbe Sache“ wäre.[44] Dem widerspricht Ebeling aber energisch: „(D)ie Diskrepanz zwischen dem Sein in Christus und dem tatsächlichen Verhalten gehört … mit in das Sein in Christus hinein. Der Mensch in Christus ist keineswegs der ausweisbar radikal neue, der sündlose Mensch.“[45] Ebeling fordert, das Sein im Geist vom Sein in Christus zu unterscheiden und „das Zugleich des Seins in Christus, des Sünderseins und des Seins im Geist sinnvoll“ auszusagen, wozu „ein tiefgreifendes Umdenken“ gehöre.[46]

Die Verbindung seiner Anthropologie mit der Christologie wird auch dadurch unterstrichen, dass er feststellt, „das Christusgeschehen“ sei „auf die Menschheit“ ausgerichtet.[47] Der soteriologische Sinn der Menschwerdung des Gottessohnes ist schon von vielen theologischen Lehrern herausgearbeitet worden. Ebeling aber geht es um etwas anderes: „Der Menschgewordene ist gerade darin wahrer Mensch, daß er in sein Menschsein alle Menschen einbezieht.“[48] Jesus Christus hat alle Menschen „angezogen“ und dadurch deutlich gemacht, was sie werden können. Mit den Worten des Verfassers: „(W)ie Adam für die Menschheit im ganzen steht, so [repräsentiert] auch

38 Ebd.
39 Vgl. z. B. Röm 6,11.
40 Dogmatik, Bd. III (wie Anm. 32), 62.
41 Joh 14,26.
42 Dogmatik, Bd. III (wie Anm. 32), 64.
43 A. a. O., 67.
44 A. a. O., 68.
45 Ebd.
46 A. a. O., 68f.
47 Vgl. a. a. O., 70.
48 A. a. O., 71.

Christus die Menschheit ..., und zwar im Hinblick auf deren Kehre von ihrer hoffnungslosen Vergangenheit in ihre hoffnungsvolle Zukunft."[49]

Der durch Jesus Christus geradezu geadelte Mensch hat für sein Leben Gottes Geist nötig. Der Heilige Geist ist im Christenmenschen gegenwärtig.[50] Ebeling erörtert, wie Gottes Geist und „die Personalität des Menschen" kompatibel sind.[51] Er geht dem unter dem Titel „Der alte und der neue Mensch" nach.[52] Den alten Mensch, den ohne Jesus Christus, kennzeichnet er als den „heillosen"[53]. Wie es damit in seiner eigenen, persönlichen Erfahrung „in der Sicht des Glaubens" bestellt ist, wird eigens erörtert.[54] Der neue Mensch, der „erlöste Mensch", entsteht durch Umkehr, durch eine „Fundamentalwende", so erfahren wir.[55] Dieser Mensch ist „Gottes Werk". Spezifiziert gesagt: „Faßt man das Wirken des heiligen Geistes im strikten theologischen Sinne als göttliches Schaffen auf und schreibt man ihm dementspechend Alleinwirksamkeit zu, dann trägt es eine zweifache Signatur: Es ist creatio ex nihilo und es geschieht sola gratia."[56] Das Wirken des Geistes ist autonom, unabhängig von jedweden menschlichen Voraussetzungen. Ebeling versteht folgerichtig den neuen Menschen „als creatio ex nihilo". Er wird allein durch Gott erweckt. „Die schlechthinnige Abhängigkeit" des neuen Menschen „von Gott" wird mit Schleiermacher festgestellt. Wer vermutet, dass dabei die Menschlichkeit verloren geht, irrt. Die „Menschlichkeit des Menschen" wird ausdrücklich festgestellt.[57]

Auf diese Weise wird ein Menschenverständnis vorgetragen, das dialektisch konstituiert ist: Der freie Mensch hat unendlich viele Möglichkeiten. Er kann sie nutzen. Auch die Möglichkeit besteht, erlöst zu werden von den faktischen Grenzen, denen wir unterliegen. Dieses Werk Gottes an uns geschehen zu lassen, dazu werden wir ermuntert.

Damit genug der „Meilensteine". Sie alle verbindet vieles – weil sich alle auf das biblische Menschenbild beziehen, ja gründen. Die herausragende Stellung des Menschen innerhalb der Schöpfung wird entsprechend 1. Mose 1 von allen Autoren betont. Auch die Verantwortung der Menschen – genauer

49 Vgl. ebd.
50 Vgl. a. a. O., 109.
51 A. a. O., 111.
52 A. a. O., 125.
53 Vgl. a. a. O., 126.
54 Vgl. a. a. O., 147–150.
55 A. a. O., 150.
56 A. a. O., 157.
57 A. a. O., 170f.

gesagt: unsere Verantwortung – wird gefordert und erwartet. Wie fügt sich das ein in das gegenwärtige Denken?

## Unsere postmoderne Situation

Wir sind stolz darauf, die Moderne hinter uns gelassen zu haben. Es war die Zeit, in der vieles aus der bisherigen Tradition verloren ging und neue Schwerpunkte gesetzt wurden. Beginnend mit der Aufklärung des 18. Jahrhunderts wurde das folgende Saeculum zur Zeit der industriellen Revolution. Die Technik wurde entwickelt. Die Arbeitsabläufe wurden dadurch erleichtert. Wirtschaftliche Erfolge stellten sich ein. Die Gründerzeit in Deutschland ist ein Beispiel dafür. Aber es gab auch viel Ausbeutung und soziale Notstände. Dieses Elend galt es zu überwinden.

All dies haben wir hinter uns gelassen. Denn: „Die Postmoderne … ist … der Zustand der abendländischen Gesellschaft ‚nach‘ der Moderne.“ Sie begann „nach 1980“. So die Erklärung in „Wikipedia“[58]. Dann muss es ja wahr sein! Wirklich? Gibt es einen einzigen Menschen auf unserer Erde, der behaupten würde, es gäbe vollkommene Gerechtigkeit auf unserer Erde? Und wenn es ihn gäbe, irrte er sich.

Ein neues Zeitalter auszurufen und es mit „Postmoderne“ zu bezeichnen, hatte auch keine sozialen Gründe, sondern gesellschaftliche. Wir wollten und wollen nämlich die totale Freiheit unserer selbst. Wir stellen zwar die Benachteiligung von Frauen gegenüber Männern fest und bedauern das, aber an der Beseitigung dieser Benachteiligung zu arbeiten, das fällt nur wenigen männlichen Personen ein. Wir sprechen vom „sozialen Geschlecht“ und benutzen dafür das englische „Gender“, das längst zum Lehnwort geworden ist. Aber wird nachdrücklich an gesellschaftlichen Benachteiligungen gearbeitet, die fast immer auch soziale Einschränkungen mit sich bringen?

Manches von dem, was wir als biblisches Menschenbild festgestellt haben, stimmt mit postmodernen Auffassungen überein: Jeder Mensch ist ein Individuum. Unverwechselbar. Jeder Mensch ist anders. Auch die uns aufgetragene Verantwortung wird in beiden Systemen betont. Wir werden in unseren Tagen bekanntlich nachdrücklich auf unsere Verantwortung für das Klima sehr deutlich angesprochen. Schon seit Jahrzehnten fordern Christinnen und Christen die „Bewahrung der Schöpfung“. Das meint mit anderen Worten das Gleiche.

58 Zugriff am 23. Februar 2020.

Unterschiede gibt es jedoch in Bezug auf das Verhältnis von Individuum und Gemeinschaft. Schon die antike Philosophie wusste, dass wir Menschen Gemeinschaftswesen sind. Erfährt das neugeborene Kind keine Hilfe, gibt es niemand, der sich seiner annimmt, dann stirbt es. Dieses Miteinander von uns Menschen bringt Aufgaben, aber auch Erleichterungen. Arbeitsteilungen zum Beispiel. Schon aus Vernunftgründen sollten wir dieses Miteinander hoch achten. Man braucht ja nicht sofort von Nächstenliebe zu sprechen, wie es Christinnen und Christen tun. Sie bezeichnen sich sogar als eine „Gemeinschaft", ja auch als eine „Gemeinschaft der Heiligen". Zu ihr gehören alle Getauften, die sich nicht wieder explizit ausgesondert haben. Und ob man das überhaupt kann, ist auch schon oft gefragt worden. Christinnen und Christen haben miteinander Anteil am Heiligen. Das ist ein großes Geschenk.

Für unseren modernen Individualismus gilt jedoch, dass jeder sich selbst der Nächste ist. Jede und jeder sorgt für sich. Besonders wenn eine wirkliche oder auch eine eingebildete Panik ausgebrochen ist. Egoismus in reinster Form ist das. Die Behauptung: „Nach mir kommt lange nichts", gilt nur so lange, bis Not eintritt. Persönliche Nöte können das sein, aber auch gesellschaftliche, wo es zu teilen gilt. Auch unsere Seele kann krank werden, wenn wir uns etwa ungerecht behandelt fühlen. Wie können Spannungen zwischen uns beendet oder sogar geheilt werden?

Sind wir Verursacher, werden Christinnen und Christen ihre Schuld bereuen und Gott und Betroffene um Vergebung bitten. Sind wir Opfer, so gehen möglicherweise Beziehungen tragisch zu Ende. Dagegen ist die christliche „Liebe … langmütig und freundlich" (1 Kor 13,4). Sie gibt also nicht schnell auf. Gerade wer etwas Ungerechtes erlitten hat, kann also zur Wiederherstellung oder zur Heilung von Beziehungen und Verhältnissen beitragen.

Nicht nur die Theologie und der Glaube erörtern die Frage, wie Schwierigkeiten wieder aus dem Weg geräumt werden können, sondern auch die Philosophie geht dem nach. Klaus-Michael Kodalle stellt fest, dass „sehr wohl ein gewisser Druck auf Opfer" ausgeübt werden kann, „‚sich endlich einen Ruck zu geben', wenn die Mit-Welt eine Verletzung ganz anders gewichtet als das auf Wiederherstellung der Selbst-Achtung bedachte Opfer." „Verzeihung denken" wird gefordert. Dazu wird nüchtern festgestellt: „Es lässt sich beobachten, dass Menschen, die wenig nachgiebig sind und auch im Kleinen nicht verzeihen können, sich tendenziell sozial isolieren."[59] Wie

59 Klaus Michael Kodalle, Verzeihung denken. Die verkannte Grundlage humaner Verhältnisse, München 2013, zit. 14.

Angegriffene reagieren sollen, ist im Einzelfall nicht leicht auszumachen. Aber dass verletzte „humane Verhältnisse“ nach Möglichkeit zu heilen sind, darüber haben auch Philosophen nachgedacht.

Auch Jürgen Habermas gehört dazu. Bekannt ist seine Formulierung, in der er von „dem religiös Unmusikalischen“ spricht.[60] Früher waren ihm metaphysische Aussagen suspekt. Das lag nicht zuletzt daran, dass er, wenn er sie bei Philosophen fand, sie „als Kitsch“ empfand.[61] Inzwischen äußert er sich freier: Das Entstehen von Schuld etwa sieht er dann gegeben, wenn Täter und Opfer eine „überpersönliche, für beide Seiten gleichermaßen bestehende Erwartung verletzt“[62] haben. Diese „Erwartung“ kann von Normen bestimmt sein. Aber haben Normen heute noch Bestand? Habermas verneint das. Vielmehr „ist der überlieferte Bestand an Normen zerfallen, und zwar in das, was aus Prinzipien gerechtfertigt werden kann, und in das, was nur noch faktisch gilt“[63]. Aber wodurch kann etwas „faktisch“ gelten? Was unbegründet ist, wird rasch hinterfragt. Um dem zu entgehen, kommen gelegentlich metaphysisch klingende Formulierungen vor. Habermas spricht etwa von der „Kraft des Sündenbewußtseins“[64]. Er verbindet „mit dem Gedanken göttlicher Gerechtigkeit ein Urteil, ‚das der unvergleichlichen Lebensgeschichte jedes Einzelnen angemessen ist‘ und mit der Güte Gottes eine Einstellung die ‚zugleich der Fehlbarkeit des menschlichen Geistes und der Sündhaftigkeit der menschlichen Natur Rechnung‘ trägt“[65.] trägt. Diese Definitionen sind aller Beachtung wert.

Wo wir beleidigend gesprochen oder unrecht gehandelt haben, wünschen wir Menschen glücklicherweise wieder eine Bereinigung, ja wir hoffen sogar, „das den anderen zugefügte Leid ungeschehen zu machen“[66]. Ob sich das ohne göttliche Gnade erreichen lässt, ist mir ungewiss. Bleibt doch un-

60 Jürgen Habermas, Glauben und Wissen. Friedenspreis des Deutschen Buchhandels 2001, Frankfurt/Main 2001, 30: „Diese *Geschöpflichkeit* des Ebenbildes drückt eine Intuition aus, die in unserem Zusammenhang auch dem religiös Unmusikalischen etwas sagen kann.“ Bereits 1989 ist ein Buch erschienen, von einer Theologin und zehn Theologen verfasst, mit dem Titel: Habermas und die Theologie. Beiträge zur theologischen Rezeption, Diskussion und Kritik der Theorie des kommunikativen Handelns, hg. v. Edmund Ahrens, Düsseldorf.

61 Habermas wörtlich: „Unter Umständen hat mich der Argwohn gegen ein religiös verkitschtes Philosophieren dazu veranlasst, einen Schritt zu früh Halt zu machen.“ Zitiert bei Kodalle (wie Anm. 59), 130.

62 Zitiert nach Kodalle (wie Anm. 59), 115.

63 A. a. O., 116.

64 A. a. O., 117.

65 Ebd.

66 A. a. O., 119.

ter unseren weltlichen Aspekten immer „etwas zurück". So stellt dann auch Habermas die skeptische Frage, „ob aus der subjektiven Freiheit und der praktischen Vernunft des gottverlassenen Menschen die spezifisch bindende Kraft von Normen und Werten überhaupt begründet werden kann – und wie sich dabei ggf. die eigentümliche Autorität des Sollens verändert"[67].

Nun grundsätzlich: „Mein zunächst von Hegel bestimmter Blick auf eine Religion, die in der modernen Welt auf eine dialektische Auflösung zusteuert, hat sich tatsächlich verändert. Die Indikatoren für ein Fortbestehen der Religion in der gesellschaftlichen Moderne haben sich inzwischen verdichtet." Der Philosoph sagt dies, weil er feststellt, dass „die an moderne Lebens- und Erkenntnisbedingungen angepassten religiösen Selbst- und Weltdeutungen zu den legitimen Diskursen der Moderne [gehören] wie die Vielfalt der heute konkurrierenden Ansätze nachmetaphysischen Denkens"[68]. Habermas fordert einen neuen Umgang von uns Menschen untereinander: „Gegenseitigkeiten und Distanz, Entfernungen und gelingende, nicht verfehlte Nähe, Verletzbarkeiten und komplementäre Behutsamkeit – alle diese Bilder von Schutz, Exponiertheit und Mitleid, von Hingabe und Widerstand steigen aus einem Erfahrungshorizont … des freundlichen Zusammenlebens auf. *Diese* Freundlichkeit schließt nicht etwa den Konflikt aus: was sie meint, sind die humanen Formen, in denen man Konflikte überleben kann."[69] Dem habe ich aus christlicher Sicht nichts hinzuzufügen.

Habermas sieht keinen Grund, „die Möglichkeit eines *fortgesetzten* ‚Einwanderns theologischer Gehalte ins Säkulare' auszuschließen"[70]. Er hält dies sogar für positiv, weil die philosophische Tradition jetzt an Grenzen komme: „Meine Frage ist heute: Reicht das Potential dieser großartigen und, wie ich hoffe, unverlierbaren Aufklärungskultur aus, um unter Bedingungen komplexer Gesellschaften die in Krisensituationen erforderlichen Motive zu *gesellschaftlich solidarischem* Handeln zu erzeugen? Ich habe auf diese Frage keineswegs eine Antwort, aber Zweifel."[71] Die Aufklärer kannten noch keine globalisierte Welt, in der Massen von Menschen und Massen von Problemen zusammenhängen. Die Bewältigung von Schwierigkeiten ist sehr kompliziert geworden. All das stellt uns vor neue Aufgaben. Wenn zu deren Lösung Christinnen und Christen und andere Religiöse helfend beitragen können, so kann das, so lernen wir, nur gut sein.

67 A. a. O., 121.
68 A. a. O., 124.
69 A. a. O., 125.
70 A. a. O., 127.
71 A. a. O., 128.

***

Wir haben uns verdeutlich, dass das christliche Menschenbild uns allen eine je eigene Würde und Personalität zuerkennt.[72] Wir Menschen sind zu vielem, ja zu „allem fähig“. Um uns unsere Aufgaben zu erleichtern, sind uns Gebote gegeben worden. Auch die heutige Philosophie wünscht ein Verhalten, das das Adjektiv „human“ verdient. Aber es gibt auch Deviationen zu einem breiten Weg der Beliebigkeit. Der wird schwierig, wenn er für sich exklusive Rechte beansprucht. Deswegen bedarf das Gefüge der Werte und Normen einer soliden Begründung. In der Theologie ist sie als Theonomie gegeben. In unserer heutigen Autonomie bedarf es einer gesellschaftlichen Übereinkunft, die überaus gut begründet sein muss.

Aus der Prämisse heraus, dass wir frei und selbstbestimmt – juristisch: „autonom“ – leben wollen und dürfen, hat das deutsche Bundesverfassungsgericht heute, am 26. Februar 2020, unanfechtbar festgelegt, dass jede und jeder frei und selbstbestimmt über das Ende des eigenen Lebens entscheiden kann. Sie oder er dürfen dabei auch Hilfe beanspruchen. Hier ist nun der Gipfel der Autonomie erreicht. Das ist ein „ethischer Dammbruch“ und eine Krönung des menschlichen Egoismus. Wohlgemerkt: Es geht nicht um ein würdiges und möglichst schmerzfreies Sterben, sondern um die Legitimation jedweder selbstbestimmten Lebensbeendung. Das ist konsequent, wenn außer acht gelassen wird, dass wir soziale Wesen sind. Wir sind aber nach diesem Richterspruch als Person offenbar unendlich viel wichtiger als die Gemeinschaft. Wir dürfen unabhängig entscheiden. Zwar bleibt dem Gesetzgeber die Pflicht und die Möglichkeit, rechtliche Rahmenbedingungen zu schaffen. Aber zuletzt muss das Recht des Individuums auf sein selbstbestimmtes Lebensende verwirklicht werden. An die Stelle der „Kultur sozialer Unterstützung“, die im Bundeshaushalt zur Zeit jährlich mindestens 100 Milliarden Steuergeld erfordert – man könnte dies auch eine „Kultur der Barmherzigkeit“ nennen, wenn eine solch religiöse Sprache denn noch erlaubt und möglich wäre –, tritt die „Kultur der Selbstbestimmung“ und zwar bis hin zur persönlichen Entscheidung über das Lebensende ohne medizinische oder andere Erfordernisse.

Die Show, die das Bundesverfassungsgericht dabei bietet, entspricht unserem Bedürfnis nach eindrücklichen Bildern. Die strahlend roten Roben, der gekonnte Umgang mit den Baretten, der würdige Einzug und nicht weniger der präzise Auszug – wie erfunden für unser Fernsehzeitalter. Wir sind hin

72 Die Philosophen sprechen von der „Nichtidentität“ der Individuen.

und weg. Das muss ja unfehlbar sein, was da entschieden wird! Aber: Gibt es noch Unfehlbares in unserer Welt? Wir haben viel erlitten, was uns als richtig und unabänderlich aufgeschwätzt wurde, und es hat uns nur ins Verderben gestoßen.

Der 2. Senat des Gerichts, der hier entschieden hat, hatte wohl selbst den Eindruck, dass er hier Geschichte schreibt. Aber die Kronen, die er uns allen aufs Haupt gedrückt hat, können uns schnell zu schwer werden. Wohin aber dann mit ihnen? Es war wohl derselbe Senat mit demselben Vorsitzenden, der schon öfter der Politik Beine gemacht hat, damit sie entsprechende, seinem Urteil gemäße Gesetze erlasse. So wurde beschlossen, dass die von Homosexuellen geschlossenen Verbindungen den Ehen Heterosexueller gleichzustellen seien. Dabei lautet Art. 6 Abs. 1 unseres Grundgesetzes: „Ehe und Familie stehen unter dem besonderen Schutze der staatlichen Ordnung.“ Der Hinweis auf die Familie zeigt, dass die Verfasser des Grundgesetzes an heterosexuelle Paare dachten.[73] Denn bei homosexuellen Paaren kann eine Familie nur unter nicht normalen Voraussetzungen entstehen. Aber das Grundgesetz wurde unanfechtbar „neu interpretiert“. Darüber muss man sich nicht unbedingt aufregen. Die Frage bleibt aber, wie sich historische Bedeutung und neue Interpretation zueinander verhalten. Noch schwieriger ist, dass das Bundesverfassungsgericht zwar den Schwangerschaftsabbruch als ungesetzlich erklärte, weil hier getötet wird, dass dieser aber unter bestimmten Voraussetzungen straffrei bleibt. Laut Statistischem Bundesamt sind es pro Jahr etwa 100 000 Embryonen, die getötet werden. Welches Gewissen kann das ertragen?

Doch zurück zu dem neuen Urteil: Dass wir alle autonom über das Ende unseres Lebens entscheiden können, kann zu einer neuen „Kultur des Egoismus“ führen. Sicher wird der Gesetzgeber so viel wie möglich zu bestimmen versuchen, aber das Urteil wird er respektieren müssen. Das Urteil wird in die Geschichte eingehen. Aber Historiker und Historikerinnen erinnern in ihren Darstellungen leider nicht nur an Positives, sondern auch an Negatives. Alles zu beachten, wird seine, ihre Aufgabe auch weiterhin sein.

Christinnen und Christen wissen, dass sie sich Gott verdanken. Unsere Individualität und unsere Freiheit dürfen wir leben. Zugleich danken wir ihm für unser Sein. Wann er es beenden wird, wissen wir nicht. Wir vertrauen es seiner Fürsorge an. Wir leben unser Leben nicht autonom, sondern wir wissen uns von ihm abhängig und an unsere Mitmenschen gewiesen. Wir fragen

---

73 Vgl. meine Ausführungen über „Ehe und Familie in der Sackgasse der Postmoderne?“, in: Müller (wie Anm. 12), 275–290.

auch nach den Fernsten, die in Armut vegetieren. Was würden sie sich freuen, wenn sie sich unsere Sorgen machen könnten …

Als Lutheranerinnen und Lutheraner begreifen wir uns auch in unseren weltlichen Aufgaben als von Gott begleitet, ja als seine Mitarbeitenden. Wir stellen uns dabei auch auf Gefährdungen ein, denn Luther lehrte uns, dass dort, wo wir eine Kirche bauen, der Teufel eine weitere daneben setzt, um uns zu beobachten und uns auf seine Seite zu ziehen. Aber in der „Aufsicht“ auf Jesus von Nazaret, den zu uns gesandten Christus, den „Anfänger und Vollender des Glaubens“ (Hebr 12,2), „erwarten wir getrost, was kommen mag“ (Dietrich Bonhoeffer). Ohne Angst vor der Zukunft gehen wir weiter im Vertrauen zu Gott. Auch in einer Zeit, die sich so deutlich von christlichen Prinzipien verabschiedet.[74]

74 Ich verstehe den obigen Text als im Zusammenhang stehend mit meinen Ausführungen in: „Gottes Vielfalt. Gottesvorstellungen und Gottesverstellungen“, in: Lutherische Kirche in der Welt 67, 2020, 149–176. – Der Text „Was ist der Mensch?“ wurde Ende Februar 2020 abgeschlossen. Inzwischen – 21. April 2020 – hat das Coronavirus gezeigt, dass es Wichtigeres als unsere Selbstbestimmung über das Ende unseres Lebens gibt, nämlich Furcht vor dem uns umgebenden Tod. Unsere hoch gepriesenen Freiheiten wurden erheblich eingeschränkt. Nicht einmal das Bundesverfassungsgericht wagte es (von kleineren Berichtigungen abgesehen), dagegen Einspruch einzulegen.

Georg
Kretschmar

# Die Neusammlung der Evangelisch-Lutherischen Kirche in Russland

Erinnerungen an die Zeit von 1989 bis 2005

Fortsetzung aus „Lutherische Kirche in der Welt“, Band 67

## 3. Der Aufbau von 1994 bis 1999

### *3.1 Vorbemerkungen*

Nach der Neusammlung, in der Zeit zwischen der ersten und zweiten Generalsynode unserer Kirche, waren die Jahre 1994 bis 1999 einerseits Jahre der Bewährung und Prüfung, ob die Grundlagen standhalten würden, andererseits Jahre der tiefgreifenden Veränderungen.

Denn erst jetzt zeigten sich die Auswirkungen der Auswanderungswelle in ihrer ganzen Schärfe. So etwa daran, dass die meisten Teilnehmer an den bisherigen Sessionen des Theologischen Seminars, also im Grunde ein Großteil unserer ersten Ausbildungsjahrgänge, gar nicht mehr in unserem Land waren.

Und es war auch eine Zeit, in der ein uns sehr verändernder Sprachenwechsel begann. Als ich einst nach der Einladung durch Bischof Harald Kalnins, nach Riga zu kommen, einen russischen Sprachkurs in Bochum belegt hatte, war die Reaktion bei ihm Verwunderung: „Du kommst doch hier überall mit Deutsch durch!“ Aber das hörte jetzt nach und nach auf.

Es ist aber auch unbestreitbar, dass es an dieser Stelle auch Probleme in unseren werdenden Regionalkirchen gegeben hat. So hatte sich etwa in Samarkand eine bunt gemischte Gemeinde der verschiedensten Nationalitäten und Sprachen gesammelt. Aber dagegen stand dann wiederum eine andere Gruppe auf, die auf das Deutsche als Sprache und die deutsche Tradition nicht verzichten wollte. Es wurde damals bereits deutlich, dass wir auf die

Dauer auch unsere liturgischen Traditionen würden anpassen müssen, auch wenn sich das dann noch sehr lange hingezogen hat.[1]

Es war aber auch eine Zeit, in der wir immer stärker auch öffentlich wahrgenommen wurden. Vor Augen stehen mir vor allem zwei Ereignisse: eines war das 50. Jubiläum des Sieges über Hitlerdeutschland am 9. Mai 1995 in Moskau. Präsident Boris Jelzin gab einen großen Empfang; wir als Kirchenvertreter waren auch eingeladen. Es war das einzige Mal, dass ich den damaligen deutschen Bundeskanzler Helmut Kohl von Angesicht zu Angesicht gesehen habe. Dass ich auch eingeladen wurde, war wohl das Verdienst der Vermittlung durch den Leiter unserer Repräsentanz in Moskau, Wladimir Pudow. Es war für mich sehr bewegend, vor mir die Reihe aller noch lebenden Marschälle der Roten Armee der Sowjetunion zu sehen. Für mich selbst war die Erinnerung an diese Nacht vom 8. Mai auf den 9. Mai 1945 weniger glorreich, weil ich in eben dieser Nacht bei Boizenburg durch die Hochwasser führende, eiskalte Elbe geschwommen war, um nicht in sowjetische Kriegsgefangenschaft zu geraten.

Das zweite Ereignis war die Überführung der Gebeine der ermordeten Zarenfamilie aus Ekaterinburg nach St. Petersburg in die Kathedrale auf der Haseninsel in der Peter-Pauls-Festung, die Peter der Große gebaut hatte. Mit der Zarenfamilie war seinerzeit auch ihr Leibarzt umgebracht worden. Er war sicher nicht orthodox. Es war damals nicht ganz klar, ob er Lutheraner oder Katholik gewesen ist, mittlerweile weiß ich, er war römisch-katholisch. Aber allein diese Überlegung hatte dazu geführt, dass mich die Stadtregierung von St. Petersburg eingeladen hatte. So nahm ich also in vollem Ornat an dem Geschehen in der Peter- und Pauls-Kathedrale teil. Die Russische Orthodoxe Kirche war in Verlegenheit, weil die Auslandskirche Kaiser Nikolaus II. bereits heilig gesprochen hatte, während die Beratungen hierüber im Patriarchat Moskau noch nicht abgeschlossen waren. Es war klar, dass die Beisetzung eines Heiligen noch etwas anderes hätte sein müssen, als die eines ermordeten Fürsten. So war wohl ein Priesterchor anwesend, der im Halbkreis vor den Särgen stand; er sang den Hymnus vom unbekannten Toten. Aber auf jedem Sarkophag befand sich ein Schild mit Namen und den Lebensdaten.

Ich sah in Nikolaus II. den letzten *summus episkopus* unserer Kirche, und unsere Petersburger Gemeinde hat dies auch voll verstanden und es für richtig gehalten, dass ich in dieser Weise teilnahm. Im Gedächtnis geblieben sind mir vor allem die Worte des Präsidenten Jelzin, der selbst lange geschwankt

---

1 Die „St. Petersburger Agende“ für die Hauptgottesdienste wurde erst auf der Generalsynode 1999 beschlossen und eingeführt (s. u., 3.4.2).

hatte, ob er teilnehmen sollte und nun davon sprach, dass es an der Zeit sei, dass Russland sich mit seiner eigenen Geschichte versöhne.[2]

Es waren Jahre, in denen auch unsere Beziehungen zu den lutherischen Schwesterkirchen im Baltikum und in Nordeuropa deutlicher heraustraten. Dort überall war es natürlich keine Selbstverständlichkeit, dass es in Russland und der ganzen übrigen früheren Sowjetunion wieder eine strukturierte lutherische Kirche, wenn auch noch im Aufbau, gab.

### *3.2 Der Auftrag der Generalsynode 1994*

Auf der Generalsynode hatten wir begonnen, in einzelnen Ausschüssen zu den Themen, die unsere Kirche beschäftigten, zu arbeiten. In den wenigen Arbeitsstunden konnten wir natürlich zu keinen abschließenden Ergebnissen kommen, aber es war doch zumindest ein Abfragen der Repräsentanten unserer Regionen möglich. Wir verstanden hieraus, dass zunächst eine Grundversorgung vieler Gemeinden mit dem Allernotwendigsten wie Abendmahlsgeräten, Altarkreuzen, Bibeln, Literatur und Gesangbüchern erforderlich war. Die Schwierigkeit bestand nun darin, dass vor allem bei den wieder gegründeten Gemeinden im europäischen Russland doch zweisprachiges Material notwendig wurde, weil in vielen Familien die deutsche Sprache bereits verschüttet war. In dieser Zeit förderte vor allem der Martin-Luther-Bund die Herausgabe russischsprachiger bzw. zweisprachiger Bücher, angefangen vom „Kleinen Katechismus D. Martin Luthers“[3] über „Was die Kirche lehrt“[4] bis zu „Das Gute behaltet“[5]. Es war einfach Grundlagenliteratur für Bibelstunden und Konfirmandenunterricht. 1996 folgte das zweisprachige Gesangbuch.[6] Kurz gesagt, die Aufgabe, den Gemeinden bei solchen essentiellen

2 Anm. d. Red.: Vgl.: The Last Journey (16–17 July 1998), hg. v. State Museum of the History of St. Petersburg, 1999, 1. Auf dem Foto Nr. 15 ist Bischof Kretschmar im Kreis der Diplomaten zu sehen.

3 Anm. d. Red.: Малый катехизис д-ра Мартина Лютера/Der Kleine Katechismus D. Martin Luthers, 3. Auflage, o. J. Diese Ausgabe wurde von Dr. Anton Tichomirow bearbeitet und verbessert – z. B. der Titel von Краткий („kurz“) zu Малый („klein“) korrigiert.

4 Anm. d. Red.: Gottfried Voigt, Was die Kirche lehrt, Erlangen 1993.

5 Anm. d. Red.: Das Gute behaltet. Kirchen und religiöse Gemeinschaften in der Sowjetunion und den Nachfolgestaaten, hg. v. H.-Chr. Diedrich, G. Stricker u. H. Tschoerner, Erlangen 1996.

6 Anm. d. Red.: Russisch-Deutsches Gesangbuch/Русско-немецкий сборник духовних песен, Erlangen 1995.

Dingen zu helfen, lag am Anfang bei der Gesamtkirche. Erst in den folgenden Jahren sind diese Aufgaben fast ganz in die Hände der regionalen Kirchen übergegangen. Im Grunde war es nun der Auftrag an den Bischofsrat und das Konsistorium, für die unmittelbar der Sammlung der Gemeinden folgenden Jahre des Aufbaus die notwendigen Aufgaben zu erkennen und die in unserem Rahmen möglichen Maßnahmen einzuleiten.

### *3.3 Das Migrationsphänomen unter den Russlanddeutschen*

Der Umbruch, der mit der Perestroika begann und schließlich zum Zerfall der Sowjetunion führte, hatte tiefgreifende Folgen auch für unsere Kirche. Gerade weil die Brüdergemeinden an der deutschen Sprache geradezu als Erkennungsmerkmal festgehalten hatten, wurden sie jetzt von der neuen Möglichkeit der Auswanderung erfasst. Und auch wenn diese Familien viele Generationen im Zarenreich gelebt hatten, entdeckten sie nun doch Deutschland als die „wahre Heimat“ neu. Das ist besonders verständlich in jenen Gebieten, in die Menschen nach 1941 vertrieben worden waren. Aber so, wie schon die Auswanderung aus Deutschland nach Russland und Asien am Anfang des 19. Jahrhunderts teilweise von apokalyptischen Erwartungen geprägt war – man wollte dem wiederkommenden Herrn gen Osten entgegenziehen – so machte jetzt gerade bei den Frommen die Gewissheit die Runde, dass der wiederkommende Herr jeden in seiner Heimat erwartet. Sicher sind damals Tausende aus Zentralasien nach Westen, nach Russland gefahren. Es begann auch so etwas wie eine Neubesiedlung des nach dem Kriege fast völlig menschenleeren Gebietes von Ostpreußen. Es war zwar inzwischen russisches Territorium, deshalb gab es keine unüberwindlichen Grenzprobleme, aber manche Frommen rechneten dieses Land doch noch zur deutschen Heimat.

Diese riesige Umsiedlungswelle traf uns alle völlig unvorbereitet. Ich sehe noch die Berghänge in der Nähe des Amudarja mit vielen deutsch besiedelten Dörfern vor mir, die jetzt alle leer standen, weil die Bewohner geflüchtet waren. In Russland selbst war der Zerfall der Sowjetunion weitgehend friedlich verlaufen. Aber in Mittelasien hatte es schwere Konflikte gegeben. Deshalb sind viele unserer Gemeindeglieder oder potentieller Gemeindeglieder auf russisches Territorium umgesiedelt, aber die eigentliche Zielrichtung war doch Deutschland. Und die deutsche Regierung musste natürlich alles Interesse haben, diesen großen Ansturm aus dem Osten zu bremsen. Eine der Möglichkeiten dazu war, den Deutschstämmigen möglichst gute Lebensbedingungen in Russland zu verschaffen. Hier hat sich besonders Staatsekretär Dr. Horst Waffenschmidt für unsere Kirche eingesetzt. An verschiedenen Stellen in Russland – in Sibirien, an der Wolga und bei St. Petersburg –, wie auch am Schwarzen Meer in der Ukraine, entstanden neue, für Deutsche bestimmte Siedlungen. Ich selbst hatte besonders Kontakt nach Asowo bei Omsk, das von russischer Seite durch den Landrat Prof. Bruno Reiter gefördert wurde. Schwester Brigitte aus Deutschland sammelte dort einen Kreis von Frauen, die überwiegend aus Kasachstan gekommen waren und zunächst keinen Zugang zur örtlichen Brüdergemeinde gefunden hatten. Die Brüder waren auch gegen die Predigtarbeit von Schwester Brigitte zutiefst misstrauisch gewesen. Aber später, als sich der Kreis der Brüder durch Auswanderung oder durch Tod immer mehr lichtete, hatte Schwester Brigitte praktisch die Leitung der lutherischen Gemeinde übernommen.

Horst Waffenschmidt hat auch eine Möglichkeit gefunden, uns bei der Restaurierung und Wiederingebrauchnahme von historischen Kirchen zu helfen. An sich fiel das überhaupt nicht in die Zuständigkeit deutscher Regierungsstellen, aber die Einrichtung von Begegnungszentren zwischen Russen und Deutschstämmigen in oder bei jetzt zurückgegebenen Kirchengebäuden war vertretbar. Nur so ist uns auch die Restaurierung der St.-Petri-Kirche in St. Petersburg möglich geworden. Andere Beispiele dafür sind der Neubau des Kirchenzentrums in Omsk und die Wiedererrichtung des Brüdergemeindezentrums in Sarepta; weiter müsste man auch Orenburg und Kiew nennen. Man muss sehr nüchtern sehen, dass der Zerfall der Sowjetunion auch russische Glieder in unseren Gemeinden tief bewegte. Schließlich hatte die Ukraine seit Jahrhunderten zum Zarenreich gehört, und auch das Baltikum war eben nicht erst seit Kriegsende sondern schon seit Peter dem Großen russisches Territorium gewesen, trotz der 20 Jahre Selbständigkeit zwischen den beiden Weltkriegen.

Die Auswanderungswelle brachte eine tiefgreifende Umschichtung und auch Verkleinerung unserer Gemeinden. Karaganda war einst die bei weitem größte Gemeinde in Kasachstan gewesen – das hatte dazu beigetragen, dass es den Menschen dort schwer wurde, die Sammlung unserer Kirche in diesem Lande mitzutragen. Jetzt aber besuchten Vertreter aus Karaganda die Synoden in Kasachstan, und später wurde auch diese Gemeinde ein Teil der Evangelisch-Lutherischen Kirche in der Republik Kasachstan.

Das Ergebnis war in jedem Fall, dass sich das Bild unserer Kirche wandelte. Ein großer Teil der Gemeindeglieder oder – besser gesagt – potentiellen Gemeindeglieder lebte nun in Deutschland. Als Stefan Reder und ich 2002 den Osten Kasachstans besuchten, waren unsere Gemeinden fast überall verschwunden. Andererseits wuchs die Gemeinde in Kaliningrad, dem alten Königsberg, unglaublich schnell. Das Gebiet des nördlichen Ostpreußen ist damals in relativ kurzer Zeit zu einem wichtigen Schwerpunkt unserer Kirche geworden. Aus nahe liegenden Gründen war dort die Hilfe für die Aufbauarbeit aus Deutschland auch besonders ausgeprägt.

### *3.4 Gesangbuch und Agende*

#### 3.4.1 Arbeit an einem gemeinsamen Gesangbuch

Wie schon gesagt, waren diese Jahre auch eine Zeit, in der der Sprachenwechsel immer mehr Bedeutung gewann. Harald Kalnins hatte schon seit 1987 begonnen, ein deutsches Gesangbuch für unsere Kirche zu erarbeiten, im Rückgriff auf Gesangbücher der Reichskirche. Aber der Rückgang der Kenntnis der deutschen Sprache war unaufhaltsam. Das sah auch Bischof Harald Kalnins ein, und er begann mit der Vorbereitung für ein russischsprachiges Gesangbuch. Er hat daran bis zu seiner Emeritierung und darüber hinaus zusammen mit seiner Organistin in Riga gearbeitet. Jedoch konnte er leider diesen Band nicht mehr abschließen. Aber das Bedürfnis bestand eben, und so mussten wir von St. Petersburg aus mit der Erarbeitung eines russischen Gesangbuches beginnen. Eine Zeitlang sah es so aus, als könnten wir hier mit der Evangelisch-Lutherischen Kirche des Ingermanlandes zusammenarbeiten. Bischof Leino Hassinen und ich hatten das sogar schriftlich verabredet. Es wurde am 23. Oktober 1995 auch eine gemeinsame Gesangbuchkommission gegründet, zu der je drei Vertreter unserer beiden Kirchen und ein Vertreter der LC-MS in St. Petersburg, abwechselnd in der St.-Marien-Kirche und in der St.-Petri-Kirche zusammenkamen. Dadurch war sichergestellt, dass es nicht nur um die Übersetzung deutscher Lieder in die russische Sprache gehen konnte, sondern dass auch auf die vorhandene Tradition russischer geistlicher Lieder zurückgegriffen werden sollte, die ursprünglich in anderen Kirchen beheimatet waren. Leider zog sich die Arbeit sehr lange hin, so dass schließlich die Ingermanländer ein eigenes russischsprachiges Gesangbuch herausbrachten.[7] Wie ja das deutsche Gesangbuch

7 Das Gesangbuch wurde 1996 gedruckt und erfuhr im Jahre 2001 eine verbesserte Auflage. Anm. d. Red.: Erst am 19. Oktober 2013 wurde das neue Gesangbuch der ELKIR in Dienst genommen, dessen Druck auch vom MLB gefördert worden war: Сборник Гимнов Евангелическо-лютеранской Церкви Ингрии на территории России/ Sammlung der Hymnen der Evangelisch-Lutherischen Kirche Ingriens auf dem Territorium Russlands, St. Petersburg 2013. Vgl. Rainer Stahl in „Die Evangelisch-Lutherische Kirche Ingriens auf dem Territorium Russlands“, in: JMLB 63, 2016, 209–214.

von Harald Kalnins die Arbeit eines Einzelnen gewesen war, so war auch dieses Gesangbuch im Raum der ingermanländischen Kirche das Werk eines Einzelnen, des St. Petersburger Pastoren Wladimir Kinner. Es gab auf beiden Seiten auch Gefühle der Enttäuschung, dass es zu keinem gemeinsamen Band gekommen war. Andererseits hatte das ingermanländische Gesangbuch einem dringenden Bedarf abgeholfen.

Unser dringender Bedarf ist dann zunächst durch den Martin-Luther-Bund in Erlangen und seinen Generalsekretär Pastor Dr. Schellenberg gedeckt worden. Peter Schellenberg und ich waren seit unserer gemeinsamen Hamburger Zeit gute Freunde, und er tat alles, um unsere Kirche zu unterstützen. Das zweisprachige Gesangbuch, das er 1996 herausbrachte, griff für die russischen Texte weitgehend auf ein Petersburger Gesangbuch der St.-Marien-Gemeinde zurück, eine der wenigen schon in der Zarenzeit russischsprachigen evangelisch-lutherischen Gemeinden.[8] Diese Arbeit geschah in engem Kontakt mit Angehörigen unserer Kirche, wie Ernst Schacht und Tatjana Pudowa. Das violettfarbene Gesangbuch wurde eine gute Hilfe in unseren Gemeinden, aber es enthielt eben nur 99 deutsche Choräle samt einer russischen Übersetzung. Deshalb musste die Gesangbucharbeit weitergehen.

Eine besondere Aufgabe war es, auch Liedgut mit einzubeziehen, das in den baptistisch geprägten Brüdergemeinden gebraucht wurde. Es gab längst baptistische Gesangbücher, die auch in einigen Gemeinden unserer Kirche in Gebrauch waren und sind. Zu einer neuen Gesangbuchkommission unserer Kirche gehörten deshalb auch Vertreter dieser Tradition. Ursprünglich war geplant, ein rein russischsprachiges Gesangbuch herauszubringen. Aber dann kam aus der Ukraine der dringende Wunsch, bei Liedern, die aus dem Deutschen übersetzt waren, den deutschen Text mit abzudrucken, weil in den Gemeinden beide Sprachen verwendet wurden und die Lieder in den Gottesdiensten im Wechsel russisch-deutsch gesungen wurden. Besonders aktiv an diesem Gesangbuch arbeiteten Propst Manfred Brockmann, Kantorin Tatjana Smirnova, Organist Grigorij Warschawskij, Pastor Dr. Anton Tikhomirov und Pastor Dietrich von Sternbeck.

8 Die St.-Marien-Gemeinde befand sich auf der Petrograder Seite, unweit der Peter-Pauls-Festung. Sie hatte eine Kirche aus Holz im historischen Stil des ausgehenden 19. Jahrhunderts. Die Gemeinde bestand überwiegend aus Deutschen, die der Sprache ihrer Vorfahren nicht mehr mächtig waren und auch einer großen Anzahl von zum Luthertum konvertierten Juden. Die Kirche wurde nach ihrer Schließung abgerissen.

Das Ergebnis konnte der Generalsynode 2005 vorgelegt werden; der Vordruck umfasste 464 Lieder und wurde zunächst zur Erprobung freigegeben.[9]

### 3.4.2 Die Agende

Neben der Gesangbuchfrage war auch das Bedürfnis nach einer gemeinsamen Agende für unsere Kirche zu befriedigen. Faktisch hatte sich die Lage zwischen 1990 und 1994 ganz unterschiedlich entwickelt. In den alten Gemeinden wurde der Gottesdienst meist in der hergebrachten Form fortgeführt. Hier entstand nun nach und nach das Bedürfnis nach russischsprachigen Texten. In den jungen Stadtgemeinden, die eben in dieser Zeit entstanden, war es meist so, dass die jeweiligen Pastoren, die aus Deutschland zur Aufbauhilfe kamen, die Agende aus ihren Heimatgemeinden mitbrachten. So wie der Martin-Luther-Bund uns 1996 hinsichtlich des Gesangbuchs mit einer deutsch-russischen Ausgabe geholfen hatte, entstand auch ein Ringordner im Format DIN A5 mit einer deutsch-russischen Gottesdienstordnung nach der Agende der Vereinigten Evangelisch-Lutherischen Kirche Deutschlands.

Beide Fragen, Gesangbuch und Agende, haben mich frühzeitig beschäftigt. Jedoch gelang es nicht, diese Arbeit noch in meiner Amtszeit abzuschließen.

Auf der Generalsynode 1994 waren wir übereingekommen, dass die Arbeit an der Agende von der Bischofskanzlei organisiert und durch den Bischofsrat begleitet werden sollte. Dazu berief ich im darauffolgenden Jahr Pastor Dietrich von Sternbeck als Mitarbeiter für liturgische Fragen in die Bischofskanzlei. Er hatte darüber hinaus Predigtaufträge in unseren werdenden Gemeinden in Archangelsk, Luga und Preosersk.[10] Von Sternbeck stellte zunächst das Proprium fertig, danach bearbeitete er das Ordinarium für den Gottesdienst mit Abendmahl an Sonn- und Feiertagen, wie auch für den Gottesdienst ohne Abendmahl an Sonn- und Feiertagen. Ausgangspunkt war dabei die St. Petersburger Agende, die zusammen mit der Kirchenverfassung am

9 Anm. d. Red.: 2009 ist dann das neue Gesangbuch – das Ergebnis eines langen Arbeitsprozesses – bei der Generalsynode festlich in Dienst genommen worden: Сброник песнопений Евангелическо-лютеранской Церкви/Sammlung der Lieder der Evangelisch-Lutherischen Kirche, St. Petersburg 2009, und hat bis in die Gegenwart mehrere Neudrucke und Neuauflagen erlebt.

10 Leider sind die beiden letztgenannten Gruppen später eingegangen. Das lag vor allem an fehlenden Räumen. In Archangelsk konnten wir unsere alte Kirche nutzen, die bis heute städtischer Konzertsaal ist und sogar eine Orgel hat. Hier konnte sich die Gemeindesituation stabilisieren.

28. Dezember 1832 in Kraft getreten war.[11] Allein die Sprache des 19. Jahrhunderts machte eine Durchsicht erforderlich. Für die äußere Form gab es mehrere Vorschläge. Sie sollte im Zweifarbdruck erscheinen, um auch bei mehreren möglichen Alternativen Rubriken und Text leicht unterscheiden zu können. Bischof Siegfried Springer mahnte damals, die Agende möglichst klar und einfach zu gestalten, da von Sternbeck den Hang zur Darstellung vieler Alternativen hatte, die dann bei den Gemeinden nur Verwirrung hervorgerufen hätten. Es wurde dann im Mai 1996 im Bischofsrat vereinbart, dass Pastor von Sternbeck die Texte fertig stellen und deren Redigierung durch meinen theologischen Referenten, Pastor Wenrich Slenczka, sowie Pastor Stefan Reder und mich erfolgen sollte.[12]

### *3.5 Der Aufbau des Theologischen Seminars*

Bischof Harald Kalnins hatte mich ursprünglich in die Sowjetunion eingeladen, konkret nach Riga, um eine theologische Ausbildung für unsere Kirche aufzubauen. Das geschah zunächst, wie bereits berichtet, durch Sessionen, die zweimal im Jahr stattfanden. Aber es war mir doch von vornherein klar, dass wir auf Dauer ein eigenes Haus brauchten. Am Anfang richteten sich unsere Blicke auf ein Gebäude in Jurmala in der Nähe von Riga. Verhandlungen über einen Erwerb mit Unterstützung des Lutherischen Weltbundes scheiterten. Und das war gut so, denn nach dem Zerfall der Sowjetunion konnte unser Theologisches Seminar in dem nun selbständigen Lettland natürlich

11 Davor waren in der Evangelisch-Lutherischen Kirche in Russland verschiedene Agenden in Gebrauch, auch eigene Schöpfungen der Gemeinden, vor allem in Moskau. Große Verbreitung hatte auch das schwedische Gottesdienstbuch „Kirkehandbok“, dies vor allem im Baltikum. Unstimmigkeiten gaben unter Kaiser Alexander I. Anlass, hier Abhilfe zu schaffen. So wurde die überwiegend von dem Juristen Georg Friedrich von Sahlfeldt erarbeitete Gottesdienstordnung 1805 als „Allerhöchst bestätigte liturgische Verordnung für die evangelischen Gemeinden im Russischen Reiche“ erlassen. Vgl. dazu umfassend Karl Gottlieb Sonntag, Geschichte und Gesichtspunkt der Allgemeinen liturgischen Verordnung für die Lutheraner im Russischen Reiche, Riga 1805. Im Jahre 1823 legte Bischof Fessler einen Entwurf vor, der seiner reichen Praxis in den Wolgakolonien entsprang. Im Rahmen der Erarbeitung der Verfassung von 1828–1831 wurde auch die Agende überarbeitet. Unter dem Einfluss des vom preußischen König empfohlenen pommerschen Generalsuperintendenten Carl Ritschl bekam die Agende sehr preußische Züge.

12 Anm. d. Red.: Die Agende ist im Jahr 1999 fertig geworden: Агенда Ординарий на русском и на немецком языках Евангелическо-Лютеранская Церковь (und Proprium), St. Petersburg 1999.

nicht verbleiben. Das Haus in Jurmala ist dann von der Layman's League der LC-MS tatsächlich erworben worden und hätte uns auch zur Verfügung gestanden. Aber wir waren doch schon auf der Suche in Russland im Umkreis von Leningrad. das jetzt wieder St. Petersburg hieß. Wir haben hier verschiedene Möglichkeiten erkundet. Darüber habe ich weitgehend schon berichtet. Erst relativ spät wies mich ein Bekannter auf Novosaratovka hin. Dort gab es noch die alte lutherische Kirche aus dem 19. Jahrhundert, die nach ihrer Beschlagnahme umgebaut worden war und zuletzt Fahrschule war. Diesen Platz mussten wir kaufen und hatten damit aber auch uneingeschränkte Eigentumsrechte. Mein alter Freund Gerhard Krodel in Gettysburg stellte – wie gesagt – den hierfür erforderlichen Betrag zur Verfügung.[13] Bezugsfertig wurde zunächst das Obergeschoss im Anbau aus der Zeit nach der Beschlagnahmung, später kam das Erdgeschoss dazu. Als Herzstück haben wir aber immer die Kapelle angesehen, in der die Apsis der alten Kirche weiterlebt.

Bis der Umzug des Seminars in das neue Gebäude möglich geworden war, hielten wir noch Sessionen in Komarowo, einem Badevorort von St. Petersburg am finnischen Meerbusen.

Damit waren aber noch nicht die Kosten für den laufenden Unterhalt des Seminars geklärt, und auch die Frage des künftigen Rektors und der Dozenten war zu beantworten. Ich konnte als Bischof das Amt des Rektors nun nicht mehr weiterführen und bat Stefan Reder, mein Nachfolger zu werden. Aber damit musste auch seine Tätigkeit in unserer Kirche auf eine neue finanzielle Grundlage gestellt werden. Dasselbe galt für die erforderlichen Lehrer.

Mir hatte immer vorgeschwebt, unter völlig veränderten Voraussetzungen doch eine Art Nachfolge des theologischen Instituts der Universität von Dorpat, inzwischen Tartu, aufzubauen. Aber dagegen erhoben sich aus unseren eigenen Reihen viele Zweifel.

Als ich nach Riga kam, hatte es überall in den brüderschaftlich geprägten Gemeinden nur Freude, ja Jubel, über Hilfe aus Deutschland gegeben. Das begann sich zu ändern. Vor allem durch Auswanderer, die sich jetzt in Deutschland zurechtfinden mussten, verbreitete sich bei den Frommen im Lande, die die Tradition in bösester Zeit festgehalten hatten, die Vorstellung,

13 Gerhard Krodel hat auch den weiteren Ausbau des Seminars finanziert, insbesondere den Neubau des – nach seinem Vorschlag so genannten – Katharina-Luther-Hauses, das seit 2004 den Campus unseres Seminars abrundete. Anm. d. Red.: 2020/21 ist das Seminar von Novosaratovka in die Räume bei der Petri-Kirche in St. Petersburg umgezogen, vgl. www.martin-luther-bund.de (Meldung vom 23. 4. 2021).

dass auch die Christen in Deutschland vom neoliberalen Gedankengut angesteckt seien und deshalb eine akademische Ausbildung für künftige Prediger und Pastoren eher kritisch zu bewerten sei. Es kam hinzu, dass auch die meisten Bischöfe, die aus Deutschland zu uns gekommen waren, keine normale akademische Ausbildung durchlaufen hatten. Weiter brachte naturgemäß die starke Abwanderung eine gegen unsere früheren Pläne stark zurückgehende Bewerberzahl mit sich. Andererseits haben die anderen Kirchen in Russland zur Ausbildung ihrer künftigen Priester durchaus akademische Einrichtungen aufgebaut oder weitergeführt. Und die Brüdergemeinden waren eben auch nicht mehr die einzigen Lutheraner in unseren Ländern. Diese schwierige Konstellation führte dazu, dass in einzelnen Gliedkirchen auch eigene regionale Ausbildungsstätten entstanden sind, die keinen akademischen Anspruch als Maßstab hatten. In der Ukraine ist beispielsweise unter der Federführung von Walter Klinger eine Institution entstanden, die jährlich zu Lehrgängen einlud, aber kein eigenes Haus benötigte.[14] Später ergab sich auch in Kasachstan die Möglichkeit einer eigenen Ausbildungsstätte. Dort konnte in Astana in der Nähe zu unserem alten Bethaus,[15] ein theologisches Seminar entstehen. Die Initiative dazu ging weitgehend vom damaligen Bischof Robert Moser aus, der vorher selbst akademischer Lehrer an der staatlichen Universität gewesen war.

Später sind Ausbildungsmöglichkeiten auch in Kirgisien aufgebaut worden. Und im alten Wolgagebiet, in Sarepta, fanden mit Unterstützung der Kirche von Berlin-Brandenburg Kurse im Blick auf das europäische Russland statt.

Für die Arbeit des Seminars in Novosaratovka gab es dann auch Hilfe aus Deutschland. Die EKD ermöglichte mit der Finanzierung von zwei Dozentenstellen den Aufbau eines Dozentenkollegiums. Sie übernahm auch die Finanzierung des Rektors. Neben Stefan Reder als Rektor, der nun auch einen amerikanischen Ehrendoktor erhielt, konnten Pastor Godeke von Bremen aus der westfälischen Kirche und Pastor Peter Lobers aus Görlitz gewonnen werden. Als Peter Lobers 2003 nach Görlitz zurückkehrte, wurde bis zum Jahr 2006 Dr. Reiner Reuter sein Nachfolger. Weitere Hilfe kam von unserer amerikanischen Partnerkirche, der ELCA, die uns Pastor Artur Chris Repp zur Verfügung stellte. Und schließlich folgte noch Joseph Kang, ein koreanischer

---

14 Walter Klinger kam aus Böhmen und war dann bayerischer Pfarrer geworden. Er ist in großartiger Weise auf die besondere Situation in der Ukraine eingegangen.

15 Anm. d. Red.: Seit 2017 hat die Evangelisch-Lutherische Kirche in Kasachstan ein neues Kirchenzentrum mit Kathedrale, Tagungs- und Seminarräumen in Nur-Sultan (bis 2019 Astana).

Theologe, der im Dienste der Presbyterianischen Kirche von Amerika stand. Diese Männer wurden ein vorzügliches Arbeitsteam. Sie wurden unterstützt von Frauen, die in jedem Fall als Dolmetscherinnen gebraucht wurden. Nur Anton Tikhomirov und später Bradn Buerkle (ELCA) haben von vornherein in russischer Sprache unterrichtet.

Die ingermanländische Kirche hatte inzwischen auch ihr eigenes theologisches Seminar aufgebaut, und zwar in Koltuschi; es gab keine Konkurrenzgefühle – im Gegenteil, es wurden sogar Dozenten ausgetauscht. Aber unbezweifelbar war das ingermanländische Seminar mehr „russisch" geprägt, als wir es in Novosaratovka schaffen konnten. Für bestimmte Fächer, etwa die Musik, hatten auch wir einheimische Mitarbeiter. Im Blick auf die Sprachanforderungen der Studenten war es das Ziel, dass sie wenigstens eine Fremdsprache lernen sollten, Englisch oder Deutsch. Etwas unterschied uns allerdings von dem Seminar in Koltuschi: Bei uns studierten früh auch Frauen.

Auch für den Aufbau der Bibliothek waren wir auf Hilfe angewiesen. Für uns brauchbare Bücher in russischer Sprache gab es allerdings nur wenig. Finanziell wurden wir hier ebenfalls von der LC-MS unterstützt. Außerdem sollte meine eigene theologische Bibliothek nach Novosaratovka gelangen, obgleich sprachlich natürlich nur wenige Studenten hiervon Gebrauch machen konnten. Immerhin hatte so unser Theologisches Seminar die größte deutschsprachige theologische Bibliothek in Russland.

Das Ziel war eine engere Zusammenarbeit auch mit anderen wissenschaftlichen Bibliotheken im St. Petersburger Raum, aber diese Aufgabe ist noch nicht abgeschlossen. Ich hatte auch Kontakte zu der „Bibliotheka Classica", die von der internationalen Gesellschaft der Neutestamentler in St. Petersburg aufgebaut wurde. Leider ist es nie zu einer wirklichen institutionellen Kooperation zwischen diesen Bibliotheken gekommen, obwohl ich sogar in den Vorstand der „Bibliotheka Classica" gewählt wurde.

Das Studienprogramm umfasste die klassischen theologischen Fächer. Ein besonderer Schwerpunkt lag bei der Praktischen Theologie. Für das volle Studium waren drei Jahre veranschlagt, hinzu kam ein Jahr der praktischen Einübung in einer Gemeinde (Vikariat).

Wie schon gesagt, gab es in den Anfangsjahren eine besonders enge Partnerschaft mit dem Theologischen Institut der Evangelischen Kirche A. B. in Rumänien und den Plan, dass Absolventen unseres Seminars gerade in Siebenbürgen weiterarbeiten sollten. Aber diese Kontakte sind dann doch eingeschlafen.

Andererseits gab es in unserer Kirche auch jüngere Leute, die im Ausland Theologie studiert haben, ohne unser Theologisches Seminar absolviert zu haben oder uns überhaupt zu informieren. Ein solches Studium war an sich kein Problem, schwierig war es jeweils für die Rückkehr. Nicht immer ist es uns gelungen, diese Männer oder Frauen wieder nach Russland bzw. in unser Kirchengebiet zurückzuholen.

Einer unserer Studenten aber hat nach dem Abschluss bei uns ein Studium in Deutschland, in Erlangen, begonnen und es mit einer Promotion abgeschlossen. Ich bin immer davon ausgegangen, dass Dr. Anton Tikhomirov[16] einmal die Leitung des Theologischen Seminars in Novosaratovka übernehmen wird. Er ist dann auch im Jahre 2008 als Rektor eingeführt worden.

Das Vollzeitstudium in Novosaratovka im eben beschriebenen Sinne begann im Herbst 1997, im Jahre 1998 wurde das Seminargebäude feierlich eingeweiht.

Im Laufe der Zeit stellte sich heraus, dass die Kapazitäten des Seminars durchaus dafür geeignet waren, auch Prediger und Pastoren aus unserer Gesamtkirche weiterzubilden. Diese Kurse haben die Verbindung mit den anderen genannten Ausbildungsstätten der ELKRAS erleichtert und vertieft. Man wird nüchtern sagen müssen, dass es im Ergebnis nachher keine Konkurrenz mehr gab, sondern im Rahmen des Möglichen wechselseitige Absprachen. Seit dann Absolventen von Novosaratovka sich in ihren Regionalkirchen bewährt hatten, musste natürlich auch die Anerkennung des Studiums wachsen. Zu nennen wäre hier die Arbeit von Pastor Alexander Gross, der heute in Odessa tätig ist.[17]

Sehr wichtig war es, dass das Seminar unserer Kirche vom Bildungsministerium in Moskau als Ausbildungsstätte zugelassen wurde. Die Abschlusszertifikate waren nun also überall vorzeigbar, auch in den anderen Staaten, in denen unsere Kirche lebt und arbeitet. Diese Anerkennung bezog sich sowohl auf das Vollzeitstudium als auch auf das Fernstudium – unter diesem Namen läuft das Ergänzungsstudium für Prediger und Predigerinnen.

---

16 Tikhomirov hat estnische Wurzeln. Er kam zu Beginn der 1990er Jahre zur St.-Katharinen-Kirche auf der Wassilij-Insel, wo es anfangs je eine deutsche, lettische, estnische und russische Gemeinde gab. Zeitweise war er der Vorsitzende der estnischen Gemeinde. Später entschied er sich zum Studium an unserem Seminar in Novosaratovka und belegte ein Zusatzstudium in Erlangen, wo er zum Thema „Entwicklung des Kirchenliedes in Russland" promovierte. Anm. d. Red.: Neben seinem Dienst als Rektor des Seminars ist er auch Pfarrer der Gemeinde der St.-Katharinen-Kirche.

17 Anm. d. Red.: Zur Situation in der DELKU vgl. 2.5.2 (in: JMLB 67, 2020, 209–212). Es kann berichtet werden, dass sich viele Gemeinden der bisherigen DELKU als neue DELKU verbunden haben. Am 26. 10. 2019 wurde Pfarrer Pavlo Schwarz als Bischof gewählt und am 30. 11. 2019 in Kiew ins Bischofsamt eingeführt. Vgl. LD 56, 1/2020, 9f.

Ein Promotionsrecht haben wir nie angestrebt, und es ist auch nicht vorgesehen. In den meisten Nachfolgestaaten ist es inzwischen Gesetz, dass Geistliche aller Religionsgesellschaften nur anerkannt werden, wenn sie einen theologischen Ausbildungsnachweis und einen Nachweis über die kirchliche Einsegnung und Beauftragung vorlegen. An sich hätte das auch die Grundlage sein können, die Zusammenarbeit mit anderen Konfessionen in unseren Ländern zu befördern; hier ist die Zusammenarbeit aber nur in sehr bescheidenem Umfang erfolgt.[18]

### *3.6 Außenkontakte*

Die stärker werdende Konstituierung unserer Kirche machte sie natürlich auch in der Öffentlichkeit mehr präsent. Die in anderen Teilen der Christenheit verbreiteten ökumenischen Dialoge hatten bei uns eigentlich keinen Ort. Aber bei größeren gesellschaftlichen Veranstaltungen, bei denen die Kirchen beteiligt wurden, waren wir in der Regel eingeladen und haben uns auch aktiv beteiligt. Überhaupt gehört es zu den Besonderheiten, fast könnte man sagen: Wundern der Neusammlung unserer Kirche, dass diese eigentlich nie im Konflikt mit anderen christlichen Gemeinschaften geschehen ist. Nahe liegender Weise zeigte sich immer wieder, dass wir mit den römischen Katholiken zusammen die Tradition des Westens, des christlichen Abendlandes weiterführten. Wir haben denselben Festkalender, und man hat in Mittelasien auch Weihnachten zusammen gefeiert.
Auch unser Verhältnis zur Evangelisch-Lutherischen Kirche des Ingermanlandes stabilisierte sich nach und nach. Nicht alle Pläne, die Bischof Leino Hassinen und ich entworfen hatten, ließen sich verwirklichen. Bei der Einsegnung seines Nachfolgers Arre Kugappi am 20. Januar 1996 hatte ich gerne teilgenommen, wie zuvor Bischof Hassinen bei meiner Einsegung.

Im diakonischen Bereich ist die Zusammenarbeit, vor allem mit der orthodoxen Kirche, sehr eng geworden. Auch mit den Baptisten und Adventisten hatten wir eigentlich keine Probleme. Aber die Neusammlung nicht nur unserer Kirche, sondern auch anderer christlicher Gemeinschaften war eben doch immer auf die Wiedergewinnung der alten Identität ausgerichtet. Es hat in einigen Gegenden Versuche gegeben, mit den Baptisten zusammen

18 Anm. d. Red.: Vgl. 2.3.1., in: JMLB 66, 2019, 205f, und auch oben Anm. 13. Die staatliche Registrierung befindet sich 2021 immer noch im Prozess der Überarbeitung.

Gemeinden zu bilden. Das ist überall nach kurzer Zeit gescheitert. Wenn ich recht verstanden habe weniger an der Frage der Taufe, sondern weil Lutheraner darauf zu bestehen pflegten, dass im gottesdienstlichen Raum ein Altar steht und dass an diesem Altar gebetet wird.

Weiter hatten wir von der Gesamtkirche, später auch besonders von der Ukraine aus brüderliche Kontakte mit der Evangelisch-Augsburgischen Kirche in Polen. Bischof Jan Szarek war Gast unserer ersten Generalsynode. Ich war später Gast seines Nachfolgers, Bischof Janusz Jagucki. Dieser hatte mich dann auch – im Zusammenhang mit einer Tagung – in die Heimat seiner Familie im Raum Bielsko-Biała, in jenen Teil Schlesiens, der nie zu Preußen gekommen war, eingeladen. Ich selbst bin ja bekanntlich in Schlesien geboren und im Schatten der Landeshuter Gnadenkirche aufgewachsen. Nun war es für mich bewegend, die Gnadenkirche in Teschen zu erleben, zumal sie weiterhin eine lutherische Kirche ist.

Spürbar geholfen hat uns die polnische lutherische Kirche dann auch in Weißrussland. Nach dem Ersten Weltkrieg hatte Marschall Piłsudski die polnische Grenze weit nach Osten vorgeschoben. 1939 kamen diese ursprünglich Russland unterstellten Gebiete zur Sowjetunion und waren jetzt ein wichtiger Bestandteil Weißrusslands. Dass uns Bischof Jan Szarek Pastor Debski als Mittelsmann nach Grodno schickte, war faktisch ein Politikum. Deshalb haben ihm die weißrussischen Behörden nach relativ kurzer Zeit die Einreise untersagt, aber sein Dienst in Grodno war doch ein deutliches Signal unserer Freundschaft mit der polnischen lutherischen Kirche.[19] Daneben hat über längere Zeit die Evangelisch-Augsburgische Kirche in Polen in der Gemeinde in Lviv, Deutsche Evangelisch-Lutherische Kirche in der Ukraine, mit einem Pfarrer helfen können.

Die nächste lutherische Kirche in der Nachbarschaft im Fernen Osten Russlands war in Südkorea. Auch hier entstanden gute brüderliche Kontakte nach Wladiwostok hin, wo Manfred Brockmann Propst ist.[20] Diese ökumenische Beziehung zu einer Nachbarkirche bekam noch ihre besondere Farbe dadurch, dass unser Partner in Südkorea nicht nur der deutsche Auslandspfarrer in Seoul war. Seine Frau, inzwischen Professorin, war meine letzte Doktorandin in München.

---

19 Anm. d. Red.: In Grodno ist nun schon lange Zeit Pfarrer Wladimir Tatarnikow Pfarrer, der in Novosaratovka ausgebildet worden ist. Dank seines Engagements wird die historische Kirche gut hergerichtet. Hierzu kann auf 4.3.3.5 vorausverwiesen werden, s. u. 173f.

20 Anm. d. Red.: Seit 2018 dient Bradn Buerkle als Propst in Wladiwostok, und seit 2021 ist Vitaly Moor dort Pfarrer, vgl. LD 57. 1/2021, 22.

### *3.7 Die Diakonie*

Das diakonische Engagement war in unserer Kirche aufs Ganze gesehen sehr unterschiedlich entwickelt. Die Verantwortung dafür lag bei den Regionalkirchen und Gemeinden. Das entspricht auch der Tradition unserer Kirche im 19. Jahrhundert bis zur Oktoberrevolution.[21] Hierher gehört das intensive diakonische Engagement von Bischof Prof. Gerd Hummel in Georgien, insbesondere in Tbilissi.[22] Ansätze in diese Richtung hatte es bereits bei der deutschen Landsmannschaft gegeben, aber als die Unterstützung dafür vom deutschen Staat ausfiel, hat die Kirche auch diese Einrichtungen übernommen.

Ein besonderer Schwerpunkt diakonischer Arbeit lag auch in St. Petersburg. Hier haben sich verschiedene Trägerkreise und die orthodoxe Kirche zu einem „interkonfessionellen diakonischen Rat" zusammengeschlossen, bei dem traditionell die Vizepräsidentschaft an einen lutherischen Vertreter vergeben wird. Dabei kam dann auch in neuer Weise die alte Städtepartnerschaft zwischen Hamburg und St. Petersburg zum Tragen. Im Kaliningrader Gebiet entstanden ebenfalls derartige Einrichtungen, und auch hier spielte es natürlich eine große Rolle, dass Deutsche aus dem früheren Ostpreußen die Verbindung mit ihrer alten Heimat hielten.

Von entscheidender Bedeutung für die Wiederverbreitung des Wissens um die diakonische Verantwortung gewann die Aktivität von Peter Kroslak, der aus der slowakischen lutherischen Kirche stammte und vom Lutherischen Weltbund als Sonderbeauftragter nach Moskau entsandt worden war. Er organisierte ein großes Seminar, zu dem Vertreter aus allen regionalen Kir-

---

21 Bereits seit Ende des 18. Jahrhunderts hatten die großen Stadtgemeinden unserer Kirche Sozialeinrichtungen, wie Armen- und Altenheime, Hospitäler und Stiftungen für soziale Zwecke. Im 19. Jahrhundert entwickelte sich diese Tradition weiter, und die Evangelisch-Lutherische Kirche konnte auf eine Vielzahl von Einrichtungen im ganzen Land verweisen. Besonders wirksam wurden Bischof Heinrich Dieckhoff in Moskau durch die Gründung einer Blindenschule für Kinder und Jugendliche oder die Neuendettelsauer Diakonieschwestern, die in Odessa und Umgebung tätig waren. 1877 kam noch das evangelische Feldlazarett hinzu, das damals im Türkenkrieg, 1904/05 im russisch-japanischen Krieg in der Manschurei zum Einsatz kam und auch im Ersten Weltkrieg wirksam wurde. Diese Einrichtungen, wie auch das jeweilige Stiftungsvermögen, gingen 1918 in die Hand des Staates über. Eine Reihe von Einrichtungen, wie das evangelische Krankenhaus in St. Petersburg (Ligowskij-Prospekt), werden aber noch heute als medizinische Einrichtungen genutzt.

22 Anm. d. Red.: Vgl. Christiane Hummel, Kerzen brauchte man immer. 200 Jahre lutherische Tradition in Georgien, LD 53, 4/2017, 3–6.

chen eingeladen wurden. Dies gab den Anstoß, an vielen Orten, gerade auch in Asien, Armenspeisungen und sonstige diakonische Aktivitäten auf Gemeindebasis zu entwickeln.

### *3.8 Der Aufbau der Bischofskanzlei in St. Petersburg*

Der Abschlussgottesdienst der Generalsynode nach der Neusammlung fand in der Petrikirche in St. Petersburg statt, und zwar rings um das inzwischen geleerte Schwimmbecken. Aber die Abdeckung des Schwimmbeckens, die für eine Wiederingebrauchnahme unabdingbar war und die uns – wie gesagt – Staatssekretär Dr. Horst Waffenschmidt ermöglichte, zog sich noch eine Weile hin. In die Anbauten an die alte Kirche konnten wir nicht nur das Deutsch-Russische Begegnungszentrum hineinnehmen, sondern auch die Verwaltungsräume, die ja unsere Gesamtkirche nun brauchte. Es sei hier bereits im Vorgriff eingeschoben, dass wir eine Bitte des deutschen Generalkonsuls in St. Petersburg aufgreifen konnten, in den Korridor des rechten Seitenflügels des Kirchengebäudes eine Dauerausstellung über die Geschichte der Deutschen in dieser Stadt aufzunehmen. In diesen Zusammenhang gehört es auch, dass vor der Kirche ein Goethe-Denkmal aufgestellt wurde. Vielleicht gelingt es künftig, den alten Plan, der Aufstellung eines Bach-Denkmals gegenüber, zu realisieren.[23] Wichtiger war, dass die Einrichtungen für die Verwaltung ausgebaut wurden. Nun wurden die Verwaltung der Gemeinde und Propstei und die Leitung der Gesamtkirche auseinandergelegt, und die Redaktion des „Boten“ wanderte von der St.-Michaelis-Kirche auf der Wassilij-Insel an den Newskij-Prospekt. Die ersten wichtigen Vorarbeiten hat Klaus Tschentscher in die Wege geleitet. Der eigentliche Ausbau der Bischofskanzlei als „Zentrales Kirchenamt (ZKA)“ war aber das Werk von

---

23 Der Bildhauer des Goethe-Denkmals hatte enge Beziehungen zum damaligen Stadtarchitekten, so dass schnell eine Lobby zur Aufstellung der Büste gefunden war. Das Projekt fand auch die Unterstützung des deutschen Generalkonsuls. Da der Platz vor der Kirche formal heute der Stadt gehört, fügten wir uns dieser Entwicklung, wenngleich die Errichtung eines Goethe-Denkmals vor der lutherischen Hauptkirche St. Petersburgs bei uns keine Begeisterung hervorrief. Ein Entgegenkommen seitens der Initiatoren war dann das Versprechen, gegenüber der Goethe-Büste ein Bach-Denkmal in der gleichen Komposition aufzustellen. Ein Gipsmodell ist wohl auch angefertigt worden, seine Realisierung dann aber wegen fehlender Unterstützung auf der ganzen Linie aufgegeben wurde. Zuletzt erreichte mich im Jahre 2003 ein Bittbrief, doch die Finanzierung des Projektes zu übernehmen. Inzwischen ist auch der Künstler verstorben.

Dr. Siegfried Plath. Er war aus der Pommerschen Evangelischen Kirche zu uns gekommen und verfügte über eine reiche Verwaltungserfahrung. In seiner Heimatkirche war er inzwischen im Ruhestand.[24] Es war ein Glücksfall für unsere Kirche, dass er sich bereit fand, nach St. Petersburg zu kommen. Es mussten aber noch weitere Mitarbeiter gewonnen werden.

Eine besondere Bedeutung gewann schnell die Bauabteilung. Ihren Leiter, Igor Scharapan, hatte die Stadt einst schon herangezogen, als die Petrikirche in ein Schwimmbad umgewandelt wurde. Jetzt leitete er den Rückbau zur Kirche. Die von der Stadt eigentlich geforderte Wiederherstellung des Zustandes vor dem Einbau des Schwimmbeckens war aus mancherlei Gründen, insbesondere auch statischen, nicht realisierbar. Es wurde dann unter der Leitung von Scharapan eine Zwischendecke eingezogen; damit war das Schwimmbecken abgedeckt. Die aufsteigenden Sitzreihen zu beiden Seiten des Schwimmbeckens blieben erhalten. Sie wurden gebraucht, vor allem an großen Feiertagen. Da diese Baumaßnahmen nur mit Hilfe von staatlichen Geldern aus Deutschland möglich war, wurde Igor Scharapan auch Prof. Fritz Wenzel aus Karlsruhe zur Seite gestellt, ein deutscher Bauingenieur, der schon in der Vergangenheit an der Restaurierung von Kirchen im Ausland entscheidend beteiligt war, so in Jerusalem.[25] Igor Scharapan trug auch die Verantwortung für den Ausbau unserer alten Kirche in Novosaratovka für den Gebrauch als Theologisches Seminar. Darüber hinaus hat er im Laufe der kommenden Jahre sehr intensiv im Europäischen Russland, im Ural und in der Ukraine als Bauberater gewirkt.

Mit der Redaktion des „Boten“ waren auch zwei ganz wichtige Mitarbeiterinnen, Ilona Minschenok und vor allem Natalie Kofler, aus Riga nach St. Petersburg gekommen. Sie prägten die ersten Jahrgänge des „Boten“. Sie gingen aber später als Dolmetscherinnen zum Theologischen Seminar. Der „Bote“ wurde weitergeführt von Heyke Walter. Sie trat später, nach einer

24 Er stammte aus Hinterpommern und kam durch den Verlust seiner Heimat nach Greifswald, hatte dort Theologie studiert, war eine Weile in Schweden und hatte dann entscheidende Verantwortung als Oberkonsistorialrat in seiner Kirche übernommen.

25 Anm. d. Red.: An dieser Stelle kann keine ausführliche Beschreibung des weiteren Baugeschehens erfolgen. Es sei nur darauf hingewiesen, dass um das unter dem jetzigen Fußboden bestehende Becken ein Bereich mit Kunstobjekten geschaffen wurde und inzwischen eine Orgel aus der St.-Gertrud-Kirche in Stockholm übernommen werden und vor den Fenstern an der Südseite über den Sitzreihen aufgebaut werden konnte (vgl.: Gemeindebrief der Deutschen Ev.-Luth. St. Annen und St. Petrigemeinde/Вестник Немецкой Евангелическо-Лютеранско общины Св. Анны и Св. Петра, Sommer/Лето 2017, 4–9).

Ausbildung im schweizerischen Seminar St. Chrischona als Predigerin, in den Dienst unserer Kirche in Georgien.

Einer meiner wichtigsten Mitarbeiter im Zentralen Kirchenamt wurde Pastor Wenrich Slenczka als theologischer Referent. Sein Vater und ich waren Kollegen gewesen, er hatte zuletzt an der Theologischen Fakultät in Erlangen gelehrt. Später, nach seiner Emeritierung, hat er unter Erzbischof Janis Vanags die Luther-Akademie in Riga aufgebaut und geleitet. Diese sollte eine kirchliche Hochschule sein – im Gegenüber zur Theologischen Fakultät der Universität, die als eher säkular, auf jeden Fall nicht so der Kirche verbunden, galt. Sein Sohn Wenrich wurde ein immer aufgeschlossener, eigenständiger und zuverlässiger Mitarbeiter. Er hat sich gerade in den Anfangsjahren des Theologischen Seminars stark in Novosaratovka engagiert. Manche anderen Pläne, wie die Entwicklung unserer Agenden, mussten dadurch stärker in den Hintergrund treten. Für ihn und für uns war es eine große Hilfe, dass er bereits Russisch konnte, als er nach St. Petersburg kam.[26]

### *3.9 Georgien, Baku, Mittelasien und Weißrussland*

#### 3.9.1 Georgien

Lutherische Gemeinden in Georgien gab es seit dem Anfang des 19. Jahrhunderts. Gegründet wurden sie von Auswanderern besonders aus dem schwäbischen Raum. Sie kamen teilweise mit apokalyptischen Vorstellungen, weil Samarkand der Ort sein sollte, an dem der Herr wiederkommt. Und die meisten haben dann auf halber Strecke Siedlungen gebildet.[27] Die Kirche in Georgien hatte lange ein Eigenleben geführt und sich erst 1928 auf der zweiten Generalsynode, also nach der Oktoberrevolution, der Evangelisch-Lutherischen Kirche in Russland angeschlossen. Auch von hier waren die deutschstämmigen Familien nach 1941 verschleppt worden, aber manche waren zurückgekehrt. Von den einst sieben Gemeinden war nun nur noch die Gemeinde in der Hauptstadt, in Tbilissi greifbar. Sie war gesammelt worden von Harry Asikow. Er war seiner Herkunft nach Armenier und hat in den Jahren des Aufbaus jeweils auch unsere Kirche in Armenien vertreten. Er nahm bereits als Gast und später mit Stimmrecht an der Generalsyn-

26 Anm. d. Red.: Nach seinem Dienst in Russland ist Dr. Wenrich Slenczka inzwischen Dekan in Würzburg in der Evangelisch-Lutherischen Kirche in Bayern geworden.

27 Anm. d. Red.: Vgl. Nugzar Papuashvili, Aus der Geschichte der evangelisch-lutherischen Kirche in Georgien, Erlangen 2019.

ode 1994 teil. Der weitere Aufbau lutherischer Gemeinden in Georgien ist dann von Prof. Dr. Gerd Hummel aus Saarbrücken bestimmt worden, auch er schwäbischer Herkunft. Er hatte von Saarbrücken aus beste Kontakte zur georgischen Universität in Tbilissi aufgebaut und entschloss sich nach seiner Emeritierung, seinen freiwilligen Dienst ganz der Neusammlung lutherischer Gemeinden schwäbischer Herkunft in diesem Land zu widmen. Über Moskau entwickelten sich dann Kontakte zwischen der Gemeinde in Tbilissi und unserer Kirche. Ich bin dann mehrfach nach Georgien gereist. Gerd Hummel entwickelte famose Aktivitäten und setzte auch sein ganzes Privatvermögen in seinem neuen Arbeitsgebiet ein. Es war für Harry Asikow,[28] den eigentlichen Gründer der Gemeinde, nicht einfach zu erleben, dass nun ein Mann aus Deutschland mit sehr viel stärkeren Ressourcen die entscheidende Verantwortung übernahm. Die alte Kirche in Tbilissi war nach dem Krieg abgerissen worden. Es galt, einen neuen Bauplatz zu finden. Die Stadt stellte das Gelände des früheren lutherischen Friedhofs als Bauplatz zur Verfügung. Am 25. September 1995 wurde der Grundstein für eine neue Kirche gelegt. Die rechtliche Situation der neuen Gemeinde war dadurch schwierig, dass es in Georgien kein Religionsgesetz gab. Deshalb war eben auch keine offizielle Registrierung möglich.

Bei dem ganzen weiteren Weg dieser regionalen Kirche war es nicht unwichtig, dass Gerd Hummel seit längerer Zeit ein gutes Verhältnis zum Katholikos, dem Patriarchen, hatte. Auch ich war ihm bei einem seiner Deutschlandbesuche begegnet. Doch die Haltung der Georgischen Orthodoxen Kirche allen ökumenischen Aktivitäten gegenüber war mehr als zurückhaltend. Sie entwickelte sich immer stärker in einem anti-ökumenischem Sinn. Deshalb liefen auch unsere Einladungen ins Leere. Dafür war der Vertreter der Römisch-Katholischen Kirche ein engagierter Partner. Es hat sich für unsere Situation sehr günstig ausgewirkt, dass der letzte sowjetische Außenminister Eduard Schewardnadse nach dem Sturz Gorbatschows in seine georgische Heimat zurückgekehrt war. Als die neu gebaute Kirche am 26. Oktober 1997 eingeweiht wurde, kam er selbst, damals das Staatsoberhaupt Georgiens, zum Gottesdienst, obgleich an diesem Tag auch ein großes politisches Fest gewesen war. Er sprach Grußworte ausdrücklich als orthodoxer Christ und schlug so eine Brücke, wo es seiner Kirche nicht möglich schien.

28 Er reiste später nach Russland aus und wurde im Jahre 2008 zum Gemeinderatsvorsitzenden der St.-Peter-und-Pauls-Gemeinde in Moskau gewählt und gleichzeitig als Propst für Zentralrussland eingesetzt. Anm. d. Red.: Inzwischen ist er im Ruhestand.

Als Eigentümer des kirchlichen Grundstücks musste zunächst die deutsche Landsmannschaft „Einigung" herhalten, später konnte das „Diakonische Werk" registriert werden. In diesem Bereich entfaltete Gerd Hummel, unterstützt von seiner Frau Christiane Hummel, eine besondere Aktivität.

Die Gemeinde Tbilissi hatte ein völlig anderes Gepräge als alle anderen mir bekannten Gemeinden, es gab auch keine Brüder-Tradition. Der Abbruch aller kirchlichen Traditionen trat hier so deutlich in Erscheinung, wie ich es an anderen Orten nie erlebt hatte. Ich habe dann später vor jedem Abendmahlsgottesdienst erst der versammelten Gemeinde erläutert, wie man mit dem gesegneten Brot und dem gesegneten Wein umzugehen hat. Im Laufe der Zeit kamen zu Tbilissi vier weitere Gemeinden dazu. Auf einer ersten Synode am 3. Juli 1999 wurde Gerd Hummel zum Bischof gewählt und eine Kirchenverfassung angenommen. Die Einsegnung von Gerd Hummel am 26. November 1999 nahm ich unter Assistenz von Bischof Siegfried Springer, dem württembergischen Ökumenereferenten und Pastor Asikow anlässlich der Einweihung der neuen Kirche in Rustawi vor.[29]

### 3.9.2 Baku

Etwas weiter südlich am Kaspischen Meer liegt Baku, die Hauptstadt Aserbaidschans. In der zweiten Hälfte des 19. Jahrhunderts sind dort große Erdölvorkommen durch eine schwedische Gesellschaft erschlossen worden. Auch deutsche Einwanderer wurden dadurch angezogen. Aber ganz besonders hatte sich die schwedische Familie Nobel engagiert. Auch die Schweden waren und sind Lutheraner. Die deutsch-schwedische Gemeinde, die zunächst im Kreis der Mitarbeiter hier entstand, war also lutherisch. Sie hat an zentraler Stelle in der Stadt um die Jahrhundertwende eine prächtige Kirche gebaut, die auch heute noch steht und deren Innenausstattung weitgehend unangetastet blieb. 1999 haben wir ihr 100-jähriges Bestehen gefeiert. Aber natürlich war auch sie enteignet worden. Die Kirche wurde aber kaum umgebaut, sondern diente als Orgelkonzertsaal und wurde nach dem Umbruch allen möglichen religiösen Gruppen mietweise überlassen. Diese Umbruchszeit war für Aserbaidschan vor allem durch den Konflikt mit Armenien geprägt. Unsere Kirche war dadurch mit betroffen, weil wir in Baku auch eine armenische Gemeinde hatten, mit eigenem armenischem Gesangbuch und eigener Gottesdienstordnung. Sie hatte ihre etwas kleinere Kirche ganz in der Nähe der großen Hauptkirche. Der wohl bedeu-

29 Anm. d. Red.: Hier sei vorausverwiesen auf 4.3.1 und dort auf Anm. 13, s. u. 165.

tendste armenisch-lutherische Pastor war Ossip Thorassjanz gewesen. Er hatte in Dorpat (später: Tartu) studiert, dort geheiratet und war dann nach Wladikawkas (später: Ordschonikidse) gegangen. Dort ist er zum Märtyrer geworden. Sein 1912 in Dorpat geborener Sohn Bruno Thorassjanz hatte die Lehrkurse in Leningrad besucht und war von Bischof Theophil Meyer 1933 in Moskau ordiniert worden. Nach der Perestroika lebte er dann bei Wyborg, nördlich von St. Petersburg, und wirkte im Dienst der dortigen ingermanländischen Gemeinde. Auch noch hoch betagt kam er dann zu allen großen Ereignissen unserer Kirche nach St. Petersburg, und wir verehrten ihn als den letzten Zeugen der Zeit vor der Neusammlung unserer Kirche.[30]

In Baku selbst war alle Erinnerung an armenische Traditionen ein Tabu geworden. Die vor allem deutschstämmigen Lutheraner oder Erben einer solchen Familientradition wurden in den 1990er Jahren von Tamara Gumbatowa gesammelt. Eine Predigt von Pastor Achim Reis hatte sie an ihre Herkunft erinnert. Es gelang in Verhandlungen mit der Stadt, der Gemeinde das Recht zum Gottesdienst in der alten Kirche zu sichern.[31] Es gab noch Menschen, die vor der Schließung in der Gemeinde getauft, ja sogar konfirmiert worden waren. Der Kontakt zu unserer Kirche wurde durch Pastor, inzwischen Bischof Stefan Reder hergestellt, der die Gemeinde mehrfach besucht hat. Danach bin auch ich relativ regelmäßig in Baku gewesen. Es gelang schließlich, einen Pastor für Baku aus Hermannsburg zu gewinnen, Günter Oborski. Leider kam es dann zu schweren Zerwürfnissen zwischen dem Pastor und der Gemeindevorsitzenden Tamara Gumbatowa, die einen solchen Umfang annahmen, dass eine Hilfe aus St. Petersburg schon der Entfernung wegen immer schwieriger wurde. Damals hat sich im Bischofsrat Gerd Hummel bereit erklärt, von Tbilissi aus auch die Betreuung von Baku zu übernehmen. Die Kirche ist nie wirklich zurückgegeben worden, aber wir durften dort Gottesdienste halten.[32]

Pastor Oborski ist auch nach seinem Abschied aus Baku zunächst im Dienst unserer Kirche geblieben, ab 30. März 2002 in Kirgisien. Er hatte durch sein Studium starkes Interesse an den muslimischen Persern. Das hatte ihm zusätzliche Probleme in Baku verschafft, legte aber andererseits einen

30 So wirkte Thorassjanz auch im Eröffnungsgottesdienst der Generalsynode im Jahre 2005 mit. 2008 ist er verstorben.

31 Die Kirche wird bis heute als Konzerthalle genutzt, was einer Übergabe an die Gemeinde entgegenstand. Der spätere Konflikt hielt die Gemeinde davon ab, diese Frage intensiver zu betreiben.

32 Unsere Gemeinde musste für die Nutzung der Kirche eine hohe Miete bezahlen. Ich habe nie verstanden, warum diese Frage nicht mit Erfolg angegangen worden ist.

Einsatz in einem islamisch geprägten Land nahe. Die Leitung der Gemeinde in Baku lag nun vor allem in den Händen von Natalja Gaidarova. Für kürzer oder länger kamen immer wieder Pastoren aus Deutschland, besonders wichtig war der Dienst von Pastor Reinhard von Loewenich, dem Bruder des bayerischen Landesbischofs. Das ist bis heute so geblieben.

### 3.9.3 Tadschikistan/Duschanbe

Von den einst zahlreichen Gemeinden in Tadschikistan war am Ende nur noch eine Gruppe in Duschanbe geblieben – das war vor allem eine Folge des lang anhaltenden Bürgerkrieges. Wenn man von Norden in das Land kommt auf die Hauptstadt Duschanbe[33] zu, sieht man links der Straße an einem Berghang kilometerweit verlassene Siedlungen. Hier hatten zwangsumgesiedelte Russlanddeutsche gelebt, die inzwischen ausgewandert waren. Die Straßen sind in sehr gutem Zustand: Auf ihnen war der Einmarsch in Afganistan und dann der Nachschub organisiert worden. Die dortige Gemeinde hatte in Duschanbe ein großes Bethaus gebaut, das jetzt für den kleinen Rest zurückgeblieber Gemeindeglieder viel zu groß schien. Der Niedergang war so offenkundig, dass die Gemeinde beschloss, ihr Bethaus zu verkaufen. Man traf sich dann in einem Gebäude, das auf dem gleichen Grundstück lag wie diese Kirche, in einem kleinen Raum. Die Leitung der Gemeinde übernahm nun die prächtige Predigerin Irina Balko. Regelmäßig besucht wurde die Gemeinde durch Bischof Stefan Reder. Er öffnete den Weg nach Tadschikistan und Turkmenistan.

Überraschenderweise versammelte sich dann später doch wieder eine größere Zahl von Lutheranern zu Gottesdiensten. Dass diese doch nicht ausgewandert waren, war wohl auch eine Folge der beginnenden Stabilisierung des Landes. Die Zahl der Gottesdienstbesucher wurde bald so groß, dass man nun in der an die Baptisten verkauften Kirche sonntags Raum für die Gottesdienste mieten musste.[34]

---

33 Zeitweise umbenannt in Stalinabad.

34 Anm. d. Red.: Bis 2018 war Irina Balko Pfarrerin dieser Gemeinde. Dann ist sie zusammen mit ihrem Mann nach St. Petersburg umgezogen. Gemeindeglieder gibt es in Duschanbe nicht mehr; vgl. Informationen des GAW Hessen-Nassau (https://www.gustav-adolf-werk.de/files/gaw/ga-blatt-archiv-2/2018/2018-3_tadschikistan.pdf).

### 3.9.4 Turkmenistan

In Turkmenistan gab es seit dem 19. Jahrhundert Gemeinden unserer Kirche, gegründet durch Übersiedler von der Wolga. In den Wirren nach dem Zerfall der Sowjetunion und in Folge der Bürgerkriege waren die meisten unserer Gemeindeglieder ausgewandert. Es gab nur noch eine kleine Gemeinde an der iranischen Grenze, in Serachs. Die Regelungen der turkmenischen Religionsgesetzgebung waren so, dass eine Registrierung dieser Gemeinde unmöglich war. Ein Besuch in der Gemeinde war nur mit Hilfe der deutschen Botschaft möglich. Stefan Reder hatte trotzdem diese kleine Gruppe nicht allein gelassen. Er war der Einzige, der diese alte russlanddeutsche Gemeinde in der Kolonie Serachs regelmäßig besuchte. Sie entsandte 1999 auch einen Vertreter zur Generalsynode.

### 3.9.5 Weißrussland

In Weißrussland gab es vereinzelte Gemeinden und Gruppen völlig unterschiedlicher Prägung in Minsk, in Grodno, in Witebsk, in Bobruisk und in Gomel. Bei einigen dieser Gemeinden war der Wunsch, mit uns in Kontakt zu kommen stark. In Grodno stand noch immer die alte Kirche, die der letzte Polenkönig für uns gebaut hatte. Sie war der Gemeinde 1994 auch zurückgegeben worden. Wir erhielten hier Hilfe aus der Berlin-Brandenburgischen Kirche, die den Pfarrvikar Ralf Haska und seine Frau nach Grodno entsandte. Ich selbst konnte damals noch nicht nach Weißrussland fahren, in meinem Auftrag haben Alexander Pastor, der Präsident der Generalsynode, und der St. Petersburger Propst Heinz Kitzka damals Grodno besucht und Haska in seinen Dienst eingeführt. Leider war dessen Zeit nur beschränkt, und alle Versuche, von außen eine Person in das Land zu bringen, um die sich die Gemeinden hätten sammeln können, schlugen fehl. Auch unseren Moskauer Pastor Dimitrij Lotow ließen die Behörden nicht in Weißrussland arbeiten. Das änderte sich erst durch die Hilfe des Metropoliten und Exarchen für Weißrussland, Filaret. Wir kannten uns aus der Zeit seiner Tätigkeit in Berlin, als er Exarch der Russischen Orthodoxen Kirche in Berlin gewesen war. Durch ihn standen uns nun alle Türen der politischen Instanzen offen. Aber das Wichtigste war ja, die Gemeinden zu stärken und zu sammeln.

Die Entwicklung der Gemeinden war sehr stark davon mitgeprägt, dass die nun selbständige Republik Weißrussland erst ihre eigene Identität finden musste aus den so unterschiedlichen polnischen, russischen und in weiten Teilen auch deutschen Traditionen. Olga Stockmann in Minsk engagierte sich in besonderer Weise für die Pflege deutscher Kulturtraditionen, wohl wissend, dass dies eine kirchliche Überlieferung war. Pastor Badrusev in der gleichen Stadt war entscheidend in Finnland durch eine lutherische Separatgemeinde geprägt worden; von Hause aus war er orthodoxer Priester gewesen. In einigen anderen Gemeinden waren die russlanddeutschen Traditionen besonders lebendig, so in Bobruisk und Gomel. Die Gemeinde in Witebsk, damals unter der Leitung von Leonid Zwicki, war stärker russisch geprägt.

Hilfe für die Sammlung dieser Gemeinden bekamen wir vor allem aus der Evangelischen Kirche der Union. Pastor Dr. Hans-Christian Diedrich besuchte die Gemeinden, und es schien so, als könnte Witebsk das Zentrum einer künftigen Regionalkirche werden. Dort wurde am 12. Juni 1999 der Grundstein zum Bau einer Kirche gelegt. Leonid Zwicki ist im Oktober 1998 auf der Synode des Europäischen Russlands in Moskau ordiniert und dann von mir als Bischöflicher Visitator für Weißrussland eingesetzt worden. Dass alle diese Bemühungen doch nicht zum Ziel führten, gehört bereits in die Zeit nach der Zweiten Generalsynode 1999.[35]

### *3.10 Historische Kirchengebäude und Neubauten*

Die Jahre bis zum Zusammentreten der zweiten Generalsynode waren immer stärker davon gepägt, dass sich Russland und die anderen Staaten auf dem Boden der früheren Sowjetunion in einer schwierigen Übergangszeit bewegten. Es war jetzt leichter geworden, noch stehende historische Kirchengebäude zurückzugewinnen. Bisweilen lag dies auch im Interesse der Städte selbst, die ja keine andere Verwendung mehr für die Bauten, oft im Herzen dieser Orte, hatten. Zugleich war es für uns wichtig, uns von den mancherlei missionierenden Religionsgemeinschaften abzugrenzen, die aus anderen Ländern in unseren Territorien wirkten. Natürlich war es auch ein innerer Widerspruch, denn diese Kirchengebäude wiesen auf eine Epoche hin, in der wir eine anerkannte Kirche in der Gesellschaft des Zarenreiches gewesen waren. Tatsächlich hatten wir aber durch die pietistischen Brüdergemeinden überlebt,[36] die sich stark von der Gesellschaft abgrenzten, nicht nur wegen der Religionsverfolgung Stalins, sondern auch aus eigenen Triebkräften. Trotzdem hat es nie darüber Streit gegeben bei uns, ob wir wieder Anspruch auf eine alte Kirche erheben sollten oder nicht.

---

35 Anm. d. Red.: S. u. in diesem Band 4.3.3.5, 173f.

36 Eine Ausnahme bildeten die wenigen Gemeinden, die noch von Pastoren geleitet wurden, die vor der institutionellen Vernichtung unserer Kirche 1936–1938 in den Dienst eintraten und nach 1955 wieder tätig werden konnten.

In der Zeit bis zur Generalsynode 2005 haben unsere Gemeinden auf dem Gebiet von fünf verschiedenen Staaten insgesamt 40 historische Kirchengebäude zurückbekommen; sie stehen in Russland, Weißrussland, der Ukraine, Usbekistan und Abchasien. Eine im Vorfeld der Generalsynode 2005 vom Zentralen Kirchenamt erstellte Studie ergibt, dass zwischen 1992 und 2005 in die Restaurierung der oben erwähnten Kirchen durch Vermittlung unserer Kirche aus Deutschland und den USA umgerechnet insgesamt 12,4 Millionen EUR geflossen sind. Nicht erfasst worden ist dabei der Neubau von zehn Kirchen durch unsere Gemeinden im gleichen Zeitraum.[37]

Im Jahre 1909 waren im St. Petersburger Konsistorialbezirk 145 Kirchengebäude gezählt worden, wovon 107 aus Stein, die übrigen aus Holz gebaut waren. Im Moskauer Bezirk hatte es 142 Kirchen gegeben, von denen 55 aus Stein errichtet waren. Als letzte lutherische Kirche wurde am 7. August 1937 die Peter-und-Pauls-Kirche in Moskau geschlossen. Alle Gebäude wurden zweckentfremdet genutzt und später zum Teil abgerissen. Erst 40 Jahre später konnte die erste Kirche in Puschkin (Zarskoje Selo) wieder geöffnet werden. Zusammen mit den Ingermanländern und den autonomen lettischen und estnischen Gemeinden in Russland sind es heute fast 70 historische Kirchen. Davon werden ungefähr 20 Kirchen derzeit von anderen Religionsgemeinschaften benutzt[38], und 70 Gebäude sind immer noch zweckentfremdet. Die Hälfte aller Kirchen – insbesondere in den ehemaligen deutschen Kolonistendörfern an der Wolga, im Kaukasus und am Schwarzen Meer – liegt jedoch in Ruinen, oder sie sind bereits spurlos verschwunden. In den kommenden Jahren erscheint die Rücknahme und Wiederherstellung von noch etwa zehn historischen lutherischen Kirchen möglich.[39]

37 Anm. d. Red.: In Litkowka (Gebiet Omsk), Omsk, Tbilissi, Petrodolinskoje (bei Odessa), Orenburg, Kaliningrad, Tscheljabinsk, Krasnoturjinsk, Rustawi (Georgien) und Tomsk (s. o., 2.6, in: JMLB 67, 2020, 218f).

38 Vor allem hatten orthodoxe Gemeinden zerfallende lutherische Kirchengebäude im Kaliningrader Gebiet seit 1987 erfolgreich übernommen und damit ihrer eigentlichen gottesdienstlichen Bestimmung wieder zugeführt. Dies geschah, zeitlich etwas später, auch in den ehemaligen deutschen Kolonien bei Odessa, auf der Krim und in Bessarabien. Einige Kirchen wurden auch von Baptisten (Pskow, Shitomir, Rjasan, Nowotscherkassk, Lviv), Neuapostolischen (Neuhausen/Gurewsk bei Kaliningrad) und Adventisten (Noworossisk) übernommen. In Noworossisk wurde 2004 die Kirche unserer Gemeinde übertragen. In Shitomir und Nowotscherkassk gibt es gemeinsame Nutzungsvereinbarungen.

39 In Woronesh, Omsk, Kronstadt, Pjatigorsk, Smolensk, Rjasan, Nowotscherkassk, Priosersk, Primorsk, Krasnodar.

### *3.11 Die Suche nach langfristigen Finanzierungen*

Je mehr die Wiederkonsolidierung unserer Gemeinden als Kirche vorankam, desto stärker stellte sich die Aufgabe, langfristige Finanzierungen sicherzustellen.

Die Brüdergemeinden hatten ehrenamtliche Prediger gehabt und Bethäuser, die sie aus eigener Kraft erhalten konnten. Jetzt benötigten wir Mittel für die Leitung der Regionalen Kirchen und der Gesamtkirche. Auch in den Stadtgemeinden waren etwa wieder zurückgewonnene Kirchen auf die bisherige Weise nicht zu unterhalten. Die Aufgabe wurde dadurch verkompliziert, dass in den Einzelstaaten unterschiedliche Währungen eingeführt wurden und es deshalb ein utopischer Versuch gewesen wäre, einen solidarischen Finanzausgleich einzurichten. Hinzu kam die allgemeine wirtschaftliche Krise, die sicher in den einzelnen Staaten unterschiedliche Formen annahm. Aber selbst die politische Identität Russlands schien auf dem Spiel zu stehen, denn es gab Gebiete, die eigene Währungen einführen wollten. Es war eine Zeit enormer Versorgungsschwierigkeiten. Als ich von Riga nach St. Petersburg umzog, habe ich mir beispielsweise zur Sicherheit ein Brotbackgerät mitgenommen.

Die Lösung lag im Blick auf die Gesamtkirche darin, dass wir Hilfe aus Deutschland erhielten, durch die EKD, den MLB und das GAW; unsere einzelnen Regionalkirchen wurden in analoger Weise durch ihre jeweiligen Partnerkirchen aus Deutschland unterstützt. Und es gelang manchen Stadtgemeinden, kirchliche Gebäude zurückzuerhalten, die sie nicht selbst für kirchliche Zwecke brauchten und mit denen Mieteinnahmen erzielt werden konnten. Die Rechtslage war dabei von Ort zu Ort verschieden. Der Ausbau solcher Gemeinden war mit hohen Risiken verbunden, aber es war ein Versuch, in unserer Lage mit unseren Möglichkeiten zurechtzukommen. Natürlich trugen auch die einzelnen Gemeindeglieder mit kleinen und größeren Spenden dazu bei, dass Aufgaben erkannt und gelöst wurden. Aber die enge Verbindung mit Deutschland brachte es mit sich, dass immer wieder die Rede von Kirchensteuer war, die wir doch erheben sollten. Das entsprach aber gar nicht den Realitäten. Die meisten unserer Gemeindeglieder waren eher arm. Dort, wo sich einzelne hochgearbeitet hatten und über ein ansehnliches Vermögen verfügten, haben sie auch durch Stiftungen unsere Kirche weitergebracht. Ich denke hier besonders an die Kirche in Tscheljabinsk im Uralgebiet, die von einem Gemeindeglied für uns gebaut worden war.[40]

---

40 Anm. d. Red.: S. o. 2.6.1 (in: JMLB 67, 2020, 218) und s. u. 4.3.3.1, 168f.

Am schwierigsten war aber die Klärung, wie nun voll ausgebildete, hauptamtliche Pastoren und Pastorinnen finanziert werden sollten. Man musste den Studenten unseres Theologischen Seminars eine wirtschaftliche Perspektive in Ausssicht stellen können. Das wurde auch von unseren Freunden in Deutschland klar gesehen, und so ist 1996 ein „Pastorenfonds“ mit Hilfe der Landeskirchen von Bayern und Hannover und der „Evangelischen Partnerhilfe e.V.“ gebildet worden. Auf diese Weise gelang es, ein Grundgehalt für die Absolventen des Hauptstudiums des Theologischen Seminars sicherzustellen. Ich kann auch hier nur meinen tiefen Dank an die deutschen Kirchen aussprechen, die sich für uns engagiert hatten. Es war mir durchaus bewusst, dass die Abhängigkeit von ausländischer Hilfe nicht für alle Zukunft möglich sein würde. Aber dies waren Fragen, die sich noch nicht zwingend stellten, und die Antwort hierauf würde auch von der wirtschaftlichen Entwickung in unseren Ländern abhängen.

Mein Trost war hier, dass es auch in den Missionskirchen in Afrika sehr lange gedauert hatte, bis sie wirtschaftlich auf eigenen Füßen stehen konnten.

### *3.12 Die Generalsynode des Jahres 1999 – Erhaltung der kirchlichen Gemeinschaft in politisch getrennten Regionen*

In meinem Rechenschaftsbericht vor der Generalsynode 1999, der zweiten seit dem Neuanfang, der vierten unserer ganzen Geschichte, war eine der Leitlinien der Weg von der Sammlung verstreuter Gemeinden zum Neuaufbau unserer Kirche. Mein verehrter Vorgänger, Bischof Harald Kalnins, hatte zunächst keine Vision vom Wiederentstehen der Evangelisch-Lutherischen Kirche in Russland, die doch faktisch unter den Verfolgungen Josef Stalins untergegangen war. Die Gemeinden, die er besuchte, um sie zu stärken, zu trösten und zusammenzuführen, lagen vor allem in Mittelasien. Sie waren erst nach der Vertreibung der Deutschen aus dem europäischen Russland und Kaukasien nach 1941 entstanden. Aber die Wiederanerkennung der Verfassung von 1924 durch die sowjetischen Behörden im Jahre 1991 und das Wiederentstehen von Gemeinden im westlichen Russland verschob die Gewichte. Die Verlagerung des Zentralen Kirchenamtes nach St. Petersburg und die Rückgabe säkularisierter Kirchen an solche Gemeinden machten klar, dass es eben um Wiederaufbau geht. Die Verschiebung der Akzente ist nicht genau zu datieren. Sie reicht weit in die Zeit vor dem Zusammentreten der ersten Generalsynode zurück. Aber sie trat in der Zeit zwischen 1994 und 1999 immer mehr in den Vordergrund. Der Umzug der Kirchenleitung an die Stadt an der Newa kann als Zeichen für diese Verschiebung genommen werden, obgleich sie zunächst Gründe in der damaligen Situation hatte: Nur hier am Newskij Prospekt war uns eine der Kathedralkirchen der alten Zeit zurückgegeben worden, die nun zum Zentrum des Neuanfangs wurde.

Der Zusammenhang von Auswanderung einerseits und Neuaufbau andererseits haben wir weiter oben bereits am Beispiel der Gemeinde Duschanbe in Tadschikistan beobachten können. Als ihre Kirche für den kleinen Rest der zurückgebliebenen Gemeindeglieder zu groß schien, wurde sie an die Baptisten verkauft. Der Erlös ist dann weitgehend in Usbekistan in Taschkent zur Wiedernutzbarmachung unserer alten, 1896 erbauten Kirche verwandt worden. Veränderungen wie diese waren eingebunden in Entscheidungen und Hilfen der Gesamtkirche. Dies wiederum setzte das Vorhandensein einer kirchlichen Gesamtstruktur voraus.

Die erste Generalsynode 1994 hatte die Verfassung unserer Kirche beschlossen. Bis 1999 hatten wir fünf Jahre Zeit, unsere Erfahrungen mit dieser Ordnung zu machen. Hinzu kamen Auflagen der Behörde, bei der unsere Kirche registiert ist, dem Justizministerium der Russischen Föderation. Der Ansatz war gewesen, dass unsere Kirche aufgrund der Verfassung von 1924 wieder registriert worden ist, deshalb musste auch die neue Verfassung, soweit es möglich war, der Vorlage von 1924 folgen. Allerdings legte uns das Justizministerium nahe, rein innerkirchliche Regelungen aus dem Text herauszunehmen, so dass wir am Ende zwei Verfassungen hatten. Die eine öffentlich-rechtlich registriert, die andere darüber hinaus innerkirchlich verpflichtend. Durch die neue Situation des Zerfalls der Sowjetunion war unsere ursprüngliche Entscheidung, regionale Kirchen mit großer Eigenständigkeit zu formen, bestätigt worden.

### 3.12.1 Amtsbezeichnungen

Für die regionalen Kirchen hatten wir ursprünglich für den leitenden Geistlichen die Amtsbezeichnung „Superintendent“[41] vorgesehen. Für die Leiter der kleineren, längst eigenständigen Regionen in Mittelasien, verwendeten wir die Bezeichnung „Propst“. Diese Amtsbezeichnungen hatten ihre feste Tradition in der Verfassung des 19. Jahrhunderts gehabt. Das Wort „Superintendent“ ist im 16. Jahrhundert in Deutschland entstanden als lateinisches Äquivalent zum griechischen „episcopos“ (Bischof), im Rückgriff auf

41 Im russischen Verständnis gibt es diesen Amtsbegriff nur im Vokabular des 18. Jahrhunderts; er meint so etwas wie einen Domänenverwalter.

lateinische Kirchenväter des 4. Jahrhunderts. Diese Amtsbezeichnung gab es auch im Baltikum. Aber im Russischen war sie inzwischen ungebräuchlich und unverständlich geworden. Schon 1924 war deutlich geworden, dass die Entwicklung wie etwa in Deutschland auch so in Russland weitergegangen war. Man gebrauchte damals für die geistlichen Leiter an der Spitze die Bezeichnung „Bischof".

Nach 1994 machten wir die Erfahrung, dass ein Amtsbegriff wie Superintendent nicht mehr verstanden wurde. Es war immer klar, dass die geistlichen Leiter der regionalen Kirchen bischöfliche Aufgaben wahrzunehmen hatten. Aber wie kam es zu der gelegentlich als inflationär betrachteten Verwendung der Amtsbezeichnung „Bischof"?

Als in Sibirien Superintendent Nikolaus Schneider – sicher auch auf Drängen seiner Frau, die er nach dem Tod seiner ersten Gemahlin geheiratet hatte – die Ausreise nach Deutschland vollzog, fanden wir in Ernst Schacht einen vorzüglichen Nachfolger. Aber aus der sibirischen Synode kam der Wunsch, dass er eben nicht mehr als Superintendent, sondern als Bischof sein Amt führen sollte. Ich hatte keine sachlichen Bedenken, und so setzte sich die Amtsbezeichnung „Bischof" Schritt für Schritt in allen regionalen Kirchen durch, jeweils durch Beschluss der zuständigen Synoden, zuerst – entsprechend meinen Unterlagen – in Kasachstan mit der Einsegnung von Bischof Robert Moser 1996, zuletzt in Usbekistan durch einen Synodalbeschluss 1999.

Damit entstand allerdings ein neues Problem: die Amtsbezeichnung des geistlichen Leiters der Gesamtkirche. In Deutschland sind Namen wie „Leitender Bischof", „Ratsvorsitzender" durchaus geläufig. Im Russischen geht das nicht, und schon gar nicht nach Ende der Sowjetzeit, der Zeit der Räte. So kam aus der Mitte des Konsistoriums der Vorschlag, dem geistlichen Leiter der Gesamtkirche die Amtsbezeichnung „Erzbischof" zu geben. Das war zwar im Blick auf Deutschland ungewöhnlich.[42] Aber für unsere Nachbarkirchen in Lettland und Estland, in Finnland und Schweden war dies kein Problem. Die Russische Orthodoxe Kirche kennt den Titel „Erzbischof" nur als besondere Ehrung eines Bischofs, aber er ist keine Amtsbezeichung im eigentlichen Sinn. Der Beschluss der Generalsynode von 1999, dem geistlichen Leiter der Gesamtkirche die Amtsbezeichung Erzbischof zu geben, ist völlig unanstößig.

Dass unsere Kirche die Tradition der Apostolischen Sukzession aufgenommen hat, habe ich bereits früher berichtet. Es war kein Thema, das sonderlich diskutiert worden wäre. Aber es fügte sich ebenso in die Tradition

---

42 Vgl. den Hinweis in 2.2.2, Anm. 5 (in: JMLB 66, 2019, 190).

unserer unmittelbaren Schwesterkirchen im Baltikum, in Finnland und Schweden. Dass wir damit an eine altkirchliche Tradition anknüpften, die für die orthodoxe Kirche selbstverständlich war, hat auch hier eher Brücken gebaut, als Probleme geschaffen.

### 3.12.2 Geistliche Ämter in unserer Kirche

Es war nie möglich gewesen, für alle Gemeinden einen ordinierten Pastor zu bestellen oder zu wählen. Die Synode 1924 hatte es abgelehnt, die „Küsterlehrer" zu ordinieren. Aber die Brüdergemeinden brauchten Leiter, Prediger. Es war mir nie zweifelhaft, dass diese Prediger ein geistliches Amt wahrnahmen, auch ohne Ordination und volle Sakramentsverwaltung. Die Gemeinden erwarteten mit Recht, dass Prediger für ihren Dienst auch eingesegnet werden. So ergab sich – nicht eigentlich auf Grund von theologischen Diskussionen, sondern aus den realen praktischen Gegebenheiten – ein dreifach gegliedertes geistliches Amt: Prediger – Pastor – Bischof. Diese ökumenisch verbreitete, auf die Alte Kirche zurückgehende und auch den Orthodoxen verständliche Struktur des geistlichen Amtes konnte ich auch theologisch vertreten. Nur haben wir eben nicht den Sprachgebrauch der Anglikaner oder auch unserer ingermanländischen Schwesterkirche aufgenommen, die für einen eingesegneten, aber nicht ordinierten Amtsträger die klassische Bezeichnung „Diakon" haben. Aber wir haben in Einzelgesprächen festgestellt, dass ein Prediger unserer Kirche einem ingermanländischen Diakon entspricht. Der Unterschied liegt allerdings in der Regel darin, dass der Diakon auf eine spätere Ordination zugeht, insofern zum Teil einem deutschen Vikar entspricht, während der Prediger für einen lebenslangen Dienst eingesegnet wird. Die Unterscheidung zwischen Prediger und Pastor in unserer Kirche steht aber auch im Zusammenhang mit der Profilierung der Ausbildung an unserem Theologischen Seminar. Dieses Seminar musste den Ausbildungsstätten anderer Kirchen in unserem Raum vergleichbar sein, insofern akademisches Niveau haben – obgleich gerade hierzu auch heftige Diskussionen geführt wurden. Es wäre nicht angemessen gewesen, alle Prediger einfach zu ordinieren.

### 3.12.3 Der Dienst der Frauen in unserer Kirche

Der Dienst der Frau in der Kirche ist in der ganzen Christenheit in der zweiten Hälfte des vergangenen Jahrhunderts zu einem intensiv diskutierten Thema geworden, wenn auch nicht immer mit dem gleichen Ergebnis. Es ist hier nicht der Ort, die Gründe darzulegen, die dazu führten, dass viele Kirchen heute auch Frauen zum Amt ordinieren, ja zu Bischöfinnen wählen, obgleich dies in allen Jahrhunderten zuvor als nicht möglich galt.

Aber ich will nicht verschweigen, dass auch bei mir selbst der Umschlag von einer langsam gereiften theologischen Gewissheit zur kirchlichen Realität mit einer praktischen Situation zusammenhing: Es war Anfang der 50er Jahre, ich war Assistent an der Evangelisch-Theologischen Fakultät in Tübingen, als mich eine frühere Mitstudentin anrief und bat, bei ihrer Amtseinführung in Norddeutschland, die zugleich Ordination sein sollte, zu assistieren. Eigentlich hatte mein Professor, dessen Assistent ich war, der Neutestamentler Otto Michel, zugesagt zu kommen. Aber jetzt sei ihm ganz kurzfristig etwas dazwischengekommen, und so bäte sie nun mich. Ich hatte keine lange Bedenkzeit und habe dann zugestimmt. Ich erzähle das, weil es auch in unserer Kirche bestimmte Situationen gab, in denen kurzfristig zu entscheiden war.

Ich habe bereits berichtet, wie wir bei einer Pröpstekonferenz, die faktisch eine Synode wurde, in Omsk beschlossen haben, dass auch Predigerinnen denselben Segen erhalten müssten wie Männer, die diesen Dienst tun. Man kann sagen, dass damit die Frage der Frauenordination bereits vorentschieden war. Aber faktisch haben wir dann doch dieses Thema bewusst offengehalten. Es gab ja überhaupt so wenig ordinierte Pastoren in unseren Gemeinden, dass es wenig Sinn gehabt hätte, an dieser Stelle eine Grundsatzdiskussion anzustoßen. Aber im sich konstituierenden Bischofsrat hatten wir vereinbart, dass wir vor einer ersten solchen Ordination noch einmal miteinander reden und beten wollten. Einer aus unserem Kreis hat dann doch ohne Absprache eine Frau – es war eine großartige Frau – als Pastorin eingesegnet. Und damit war der Weg in die Zukunft vorgezeichnet.[43]

Zu ernsthaften Diskussionen in unserer Kirche kam es erst unter dem Einfluss von Missionaren der LC-MS und der Wisconsin-Synode aus Nordamerika. Brüder aus diesen Kirchen haben immer wieder im Blick auf die konkrete Situation bei uns an der Einsegnung von Predigerinnen keinen Anstoß genommen. Aber theologisch ist diese Frage in unserer Kirche weiter virulent. Das kam insbesondere immer dann ans Licht, wenn die Frage gestellt wurde, ob und mit welchen Recht auch Schwestern am Theologischen

43 Inessa Thierbach in Orenburg. Später wurde sie zur Pröpstin des gleichnamigen Kirchenkreises ernannt. Anm. d. Red.: Auch jetzt dient sie ihrer Gemeinde als Pastorin. Propst der Region ist Pfarrer Sergej Holzwert in Sterlitamak.

Seminar in Novosaratovka studieren dürften. Unter dem Einfluss amerikanischer und fundamentalistischer Gruppen haben junge Männer daran auch immer wieder neu Anstoß genommen. Aber rechtlich hat unsere Verfassung die Gleichberechtigung von Männern und Frauen, Brüdern und Schwestern, festgeschrieben.

Für mich war die Frage der Frauenordination im Grunde seit Omsk geklärt. Denn wenn Frauen auch als Predigerinnen eingesetzt werden können, dann gibt es eigentlich kein Argument, dass sie nicht voll ordiniert werden dürften. Denn die neutestamentlichen Stellen, die als Verbot der Frauenordination herangezogen werden, unterscheiden nirgends zwischen Predigerinnen und voll ordinierten Pastorinnen. Das war damals noch kein Thema. Aber im 20. Jahrhundert ist die Frage in der ganzen Christenheit aufgebrochen, und unsere Kirche hat ihre generationenlange Erfahrung mit dem Dienst der Frau im Sinne der Neueinsichten, auch etwa in Deutschland, bestätigt. In jedem Fall sind die Entscheidungen in den einzelnen regionalen Kirchen getroffen worden und nicht von der Generalsynode der Gesamtkirche. Besonders intensiv war der Dienst der Frau in der Ukraine umstritten. Aber besser würde man wohl sagen, es war ein schweres Problem für den geistlichen Leiter, Viktor Gräfenstein. Er hatte Bedenken, ob Frauen überhaupt in eine Synode gewählt werden könnten. Der nächste Schritt war, ob sie dort volles Rederecht hätten. Dann ging es um ihre Teilnahme in den Abstimmungen. Schließlich war er bereit, ein Votum des Bischofsrates zu akzeptieren. Der Bischofsrat legte fest, dass Schwestern in derselben Weise wie Brüder in der Synode zu beteiligen sind. Aber eine Ordination blieb für die Kirche in der Ukraine ausgeschlossen, bis heute.[44] Natürlich gab es auch andere Stimmen. Vor Augen steht mir die Situation, als sich ein junges Mädchen aus Odessa an mich wandte, weil sie Pastorin werden wollte. Ich hatte ihr zu erklären, dass das in der Ukraine nicht vorgesehen sei, und musste die Weinende dann trösten.

Anderswo hat es derartige Diskussionen meines Wissens nie gegeben, doch war dieser Vorgang auch ein Zeichen dafür, wie sehr die Entwicklung bei uns von der Stimme, von den Voten Einzelner abhängig war.

---

44 Anm. d. Red.: Bis heute wird die Ordination von Frauen zum geistlichen Dienst nicht durchgängig und einheitlich praktiziert. Die Einsegnung von Predigerinnen ist selbstverständlich etabliert. Z. B. in der ELKER als auch in Georgien tun Pfarrerinnen wichtige Dienste (z. B. Pfarrerin Tatjana Schiwodjorowa in Togliatti und Pröpstin Olga Temirbulatowa in Samara). Beispiele aus Kasachstan und Tadschikistan ließen sich aus der jüngeren Vergangenheit hinzufügen.

### 3.12.4 Die Kirchenverfassung

Die später der Generalsynode vorgelegten Verfassungsentwürfe sind zunächst in einem kleinen Kreis erarbeitet worden. Hier hat uns die langjährige Erfahrung des damaligen Leiters des Zentralen Kirchenamtes, Dr. Siegfried Plath, sehr geholfen. Aber zunächst wurde im Bischofsrat diskutiert, und als hier Übereinstimmung erreicht war, konnte die Vorlage an die Generalsynode gehen. Für uns haben wir den Text der Verfassung in zwei Sprachen erarbeitet, Russisch und Deutsch. Juristisch gültig war natürlich nur die russische Fassung, die bei den Behörden registriert worden ist. Im Anfang hat es bei der wechselseitigen Übersetzung auch Unstimmigkeiten gegeben. Aber wir haben gelernt, auf die Übereinstimmung von beiden Sprachen mit besonderer Sorgfalt zu achten.

3.12.4.1 Anmerkungen zu Einzelfragen der Kirchenverfassung – Hier sollen kurz die Vorschriften von Artikel 42 Absatz 4 und 5 kommentiert werden:[45]

3.12.4.1.1 Artikel 42 Absatz 4:
*„Der Pastor wird zum Geistlichen Amt ordiniert. Ihm ist im Unterschied zum Prediger das volle kirchliche Amt übertragen.“*

*„Der gewählte [Bischof] wird nach alter kirchlicher Tradition und dem Brauch der lutherischen Nachbarkirchen von einem Bischof unter Assistenz zweier weiterer Bischöfe oder Superintendenten ‚zu seinem Dienst gesendet, gesegnet und bevollmächtigt und damit in sein Amt eingeführt‘.“* (Art. 33,3)

Hier fällt das Stichwort „Apostolische Sukzession“ nicht, es ist aber implizit festgelegt durch die Formulierung „... der Bischof oder der geistliche Leiter ... wie es altkirchlichem Brauch entspricht ...“. Das Bischofsamt hat eine lange Geschichte.[46] Ursprünglich war „Bischof“ die Amtsbezeichnung des Leiters einer Ortsgemeinde. Als die Zahl der Gemeinden wuchs und nun auch eine Gliederung erforderlich wurde, ging der Bischofsname auf den regionalen Leiter über. An sich wurden in der frühen Kirche alle wichtigen

45 Es handelt sich um Artikel der 1999 gleichfalls von der Generalsynode beschlossenen „Innerkirchlichen Verfassung der ELKRAS“, die in Ergänzung der staatlich registierten Verfassung die Grundzüge des kirchlichen Lebens regelt. Vgl. Helmut Tschoerner, Kirchenordnungen und Statute der Evangelisch-Lutherischen Kirche in Rußland – von 1990 bis zur Gegenwart, Beiträge zur Geschichte der evangelisch-lutherischen Kirche in Rußland, Bd. 4/2, hg. v. Georg Kretschmar, Erlangen 2005, 81.

46 Vgl. Georg Kretschmar, Das bischöfliche Amt, Göttingen 1999.

Entscheidungen in der Ortsgemeinde gefällt. Hier erfuhr der Christ auch, was sein Leben in der Kiche ist. Umso wichtiger war es, dass bei der Einsegung und Bevollmächtigung des Leiters einer Ortsgemeinde – also ursprünglich des Bischofs – deutlich wurde, dass diese seine Gemeinde in die universale Gesamtkirche hineingehört. Deshalb war die Einsegung eines neuen Bischofs Sache der Bischöfe der Nachbargemeinden. Das ist auch so geblieben, als der Bischof Leiter einer regionalen Christengemeinschaft geworden war. Das ist der ursprüngliche Sinn der so gennanten Apostolischen Sukzession. In der Reformationszeit ist diese Praxis unverändert in einigen reformatorischen Kirchen erhalten geblieben, so bei den Anglikanern und auch bei den lutherischen Schweden. In anderen Kirchengebieten gelang es nicht, bisherige Bischöfe für die Einsegung eines neuen regionalen Amtsträgers zu gewinnen. Man musste auch neue Bezeichnungen finden, wie Superintendent und Generalsuperintendent. Erst im 19. und 20. Jahrhundert haben die meisten lutherischen Kirchen in der Welt auf die traditionellen Amtsbezeichnungen zurückgegriffen. Ob in diesem Zusammenhang auch die so genannte Apostolische Sukzession wieder aufgegriffen wurde, hing jeweils von den besonderen Umständen ab. In unserer Kirche geschah dies dadurch, dass mein verehrter Vorgänger unter Mitwirkung eines finnischen Bischofs eingesegnet worden ist. Die finnische Kirche hat – wie bereits festgestellt – als ursprünglicher Teil der schwedischen Kirche die Apostolische Sukzession ungebrochen weitergeführt. Der zitierte Wortlaut unserer Verfassung macht deutlich, dass dies nun auch unsere Ordnung ist.

3.12.4.1.2 Artikel 42 Absatz 5:
*„In der Evangelisch-Lutherischen Kirche können grundsätzlich alle Ämter und Dienste Männern und Frauen übertragen werden. Wenn in dieser Kirchenordnung bei der Bezeichnung eines Dienstes oder Amtes nur die männliche Form genannt ist, soll dadurch keineswegs festgelegt sein, dass nur Männer damit betraut werden können. Die konkrete Entscheidung darüber, was angemessen und heilsam ist, ist Sache derer, die an Wahlvorschlägen mitwirken oder für Berufungen verantwortlich sind.“*

Geistliche Amtsträger, die nicht die volle Ordination empfangen haben und denen damit auch nicht die volle Sakramentsverwaltung übertragen ist, hat es von Anfang an in der Christenheit gegeben. Die verbreitetste Amtsbezeichnung hierfür war „Diakon“. In Deutschland hat das Wort „Diakon“ im 18. Jahrhundert eine neue Bedeutung bekommen, es zielt jetzt auf die soziale Unterstützung Bedürftiger oder Angefochtener in der Gemeinde. Deshalb konnte etwa unsere ingermanländische Schwesterkirche von „Diakonen“ sprechen, die eben die erste Stufe des geistlichen Amtes darstellen. Im Deutschen wäre dieser Sprachgebrauch missverständlich. Dafür hat sich eben die Amtsbezeichnung „Prediger" oder „Predigerin" durchgesetzt. Die entscheidende Festlegung in unserer Kirche war es, dass auch der Prediger oder die Predigerin vom Bischof eingesegnet und nicht allein von der Gemeinde gewählt wird. Da es Situationen gibt, in der der nächste ordinierte Pastor 500 Kilometer entfernt lebt, kann sich die Notwendigkeit ergeben, dass auch einem Prediger die volle Sakramentsverwaltung übertragen wird. Das ist dann in der Ordinationsformel auszusprechen.

Das Thema einer möglichen Aberkennung der Rechte der Ordination ist in unserer Verfassung nicht eigens angesprochen. Dass es Situationen gibt, in denen einem ordinierten Pastor die Ausübung seines Amtes verwehrt werden muss, ist unbestritten. Aber wenn er von seinem falschen Wege, etwa einer Irrlehre, Abstand nimmt und umkehrt, ist seine Ordination wieder gültig, analog der heiligen Taufe. Unsere Kirche hat in der Vergangenheit ohne eine Regelung sämtlich denkbarer Ordnungsfragen gelebt. Sie hat sich dabei an den Brauch der lutherischen Kirche oder der allgemeinen Christenheit gehalten. In der Zeit der stalinistischen Verfolgungen erwiesen sich auch alte Traditionen als nicht mehr befolgbar. Bei der Ausarbeitung der erforderlichen Verfassungsbestimmungen war es deshalb nicht unser Ziel, sämtliche vorstellbaren Situationen umfassend zu regeln. Es ging darum, den vielen verstreuten Gemeinden, denen alle Traditionen zu entgleiten drohten, wieder eine fest praktizierbare Ordnung zu geben, im Sinne der Praxis der lutherischen Kirche, ja der ganzen Christenheit weltweit.

### 3.12.5 Agende und Dienstbekleidung

Parallel zur Verfassung lief die Durchsicht und Neufassung unserer Gottesdienstordnung. Auch hier haben wir an die vorhandende Tradition angeknüpft, aber dann doch Erfahrungen der gesamten Christenheit der letzten Generation mit eingefügt. Ein gewiss nicht zentrales Thema war dabei die liturgische Kleidung der Prediger und Pastoren. Unsere ingermanländische Schwesterkirche hat hier im Prinzip die schwedische Tradition aufgenommen, wir hielten an der Überlieferung aus der Kirchenverfassung von 1832 fest.[47]

47 Im Artikel 465 der Kirchenverfassung von 1832 in der Fassung von 1896 heißt es: „Die Amtstracht der evangelisch-lutherischen Prediger besteht in einem weiten Talar von schwarzem, wollenem oder seidenen Stoffe, nach Art der alten Priester- oder Chorröcke, einem weißen Kragen mit vorne hängenden Enden und einem Sammet-

Ich werde nicht vergessen, wie einmal – es müsste Anfang der 1990er Jahre gewesen sein – bei einem Gottesdienst, den ich irgendwo in unserer Kirche hielt, ein Vater seinen Sohn vorschickte, dass er meinen schwarzen Talar anfasste, und sagte: „Hier siehst du, wie ein lutherischer Pastor aussieht. Ich habe das als Kind zuletzt gesehen und vielleicht wirst du es auch erst als ein alter Mann wieder sehen."

Barett, welches nur im Freien aufgesetzt wird." Die 1995 erlassene „Verordnung über die Amtstracht und die liturgischen Gewänder" (derzeit gültig in der Fassung von 2000) wird auch den neuen Traditionen unserer Kirche, wie das Tragen *keiner* Amtstracht in den Brüdergemeinden und das Tragen der Alba gerecht. Auch das Tragen einer Stola ist vorgesehen, allerdings nur für voll ordinierte Pastoren. Bisher kirchenrechtlich nicht sanktioniert ist das Tragen der altkirchlichen Kasel. Ungeachtet dessen steht sie auch in unserer Kirche an besonderen Festtagen im Gebrauch. Amtskreuze sind den Pröpsten und Bischöfen vorbehalten. Die junge Generation ist aber dazu übergegangen, über den – in der o. g. Verordnung erlaubten – Weg eines Gemeinderatsbeschlusses ein Amtskreuz für den Ortspastor einzuführen.

Georg
Kretschmar

# Die Neusammlung der Evangelisch-Lutherischen Kirche in Russland

Erinnerungen an die Zeit von 1989 bis 2005

Fortsetzung und Ende

## 4. Der Beginn der Konsolidierung in den Jahren 1999 bis 2005

### *4.1 Vorbemerkungen*

Die Jahre zwischen der zweiten und dritten Generalsynode hätten eigentlich eine Zeit der Konsolidierung sein sollen. Sie sind eher eine Phase der Bewährung der bisher aufgebauten Strukturen geworden. Probleme, die es auch schon von Anfang an gegeben hatte, bekamen nun ein größeres Gewicht. Dazu gehört das Verhältnis zur LC-MS und der mit ihr verbundenen Selbständigen Evangelisch-Lutherischen Kirche in Deutschland (SELK). Dazu gehört ferner der Ausbau der theologischen Ausbildung und die Bewältigung von Krisen, wie sie sich im Laufe der Geschichte wohl in jeder Kirche ereignen.

### *4.2 Verschiedene theologische Strömungen in unserem Kirchengebiet*

Auch vor der Oktoberrevolution gab es in unserer Kirche unterschiedliche Traditionen und Strömungen. Wir waren Staatskirche minderen Rechtes, aber das ermöglichte es, dass in den meisten großen Städten des Zarenreiches Kirchengebäude errichtet wurden, wie sie auch sonst in Europa Tradition sind.[1]

1 Dies war vor allem nach der Gründung der „Unterstützungskasse der Evangelisch-Lutherischen Gemeinden in Russland" im Jahre 1858 in größerem Umfange möglich geworden.

Daneben standen die Brüdergemeinden, pietistisch geprägt teils schon bei der Einwanderung, teils erst im Zarenreich von der Erweckung erfasst. Sie bildeten keine eigene Sonderkirche, sondern blieben im Verband der Evangelisch-Lutherischen Kirche in Russland, aber sie entwickelten doch eine eigene Frömmigkeitsform.

An dieser Stelle ist einzufügen, dass nach den Planungen bei der Strukturierung unserer Kirche im 19. Jahrhundert immer vorgesehen war, dass auch reformierte Gemeinden ihren festen Platz in der lutherischen Kirche haben sollten.[2] Dieses Thema hat uns bei der Neusammlung unserer Kirche kaum beschäftigt, aber es sei wenigstens angemerkt, dass diese Tradition nicht überall kräftig geblieben ist. Es ist uns in Deutschland in der Regel nicht mehr bewusst, in welchem Maße in der Periode zwischen dem Ersten Weltkrieg und dem Ende des Zweiten Weltkrieges die Staatsgrenzen in Osteuropa verschoben wurden. Die beiden eindrücklichen Bemühungen nach 1918, benachbarte slawische Völker in einem Staat zusammenzuführen, Tschechoslowakei und Jugoslawien, scheiterten beide. Zum Gebiet der heutigen Ukraine gehören mit Galizien um Lviv Gebiete, die zwischen den beiden Weltkriegen dem polnischen Staat angegeliedert waren, aber durch die Karpato-Ukraine (Munkatsch/Munkatschewo und Ungvar/Uschgorod) stark ungarisch geprägtes Gebiet waren. Seit Kriegsende gehörte auch die Karpato-Ukraine zur Sowjetunion. Die ungarisch sprechenden Reformierten in diesem Gebiet haben meines Wissens nie Kontakt zu uns gesucht. Sie kannten die Tradition unserer Kirche nicht und unterstützten an vielen Stellen die Gründung eigenständiger, reformierter Gemeinden in der Ukraine, aber auch in Weißrussland. Es ist mir nie gelungen, zu diesen Gemeinden wirkliche Beziehungen aufzubauen.

Dem lutherischen Bischof in Warschau, Jan Szarek, hatte ich versprochen, dass wir uns im Raum Lviv auch um polnische Lutheraner kümmern wollten. Diese Zusage habe ich aber leider nicht einhalten können. Unsere Gemeinden dort waren so stark auf ihre eigene deutsche Tradition fixiert, dass sie den Blick für Lutheraner anderer Tradition verloren haben.[3]

2 So die Konzeption der Kirchenverfassung von Georg Friedrich von Sahlfeld von 1808. Sie blieb aber nur Entwurf (Anm. d. Red.: s. 1.1.3, in: JMLB 66, 2019, 158–162). Nach der Kirchenverfassung von 1832 blieben die wenigen reformierten Gemeinden des russischen Reiches (mehrere in St. Petersburg sowie jeweils in Odessa, Riga, Mitau, Archangelsk und in einigen deutschen Koloniedörfern) eigenständig. Ihre Angelegenheiten wurden von den lutherischen Konsistorien in sogenannter „reformierter Sitzung“ entschieden.

3 Anm. d. Red.: S. o. Abschnitt 3.6 in diesem Band, 134f.

### 4.2.1 Einflußnahme der Lutheran Church – Missouri Synod in Weißrussland

Viel wichtiger war, dass die tiefgreifenden Veränderungen in der früheren Sowjetunion in manchen Kirchen der Welt Aktivitäten ausgelöst haben. Das gilt insbesonders für die LC-MS in den Vereinigten Staaten von Amerika. Sie wollten helfen, und sie haben geholfen, aber ihr Sonderweg im Bereich des Luthertums hat dann eben auch zu Konflikten mit unserer Kirche geführt. Am deutlichsten trat diese Entwicklung in den Jahren 2000/2001 in Weißrussland ans Licht.

Das heutige Weißrussland ist wie die heutige Ukraine trotz einer langen besonderen Geschichte erst das Ergebnis des Zweiten Weltkrieges. Weite Teile im Westen gehörten bis zum September 1939 zu Polen. Ein spezifisches weißrussisches Nationalbewusstsein hat sich offenbar erst im Laufe der Zeit entwickelt. So wie unsere Gemeinden in der Ukraine im Allgemeinen russisch und nicht ukrainisch sprechen, so gilt dasselbe auch für den Gebrauch der weißrussischen Sprache in Weißrussland. Die Gemeinden, die sich hier gebildet hatten, waren auch nicht nur sprachlich deutsch geprägt.[4] Es waren Gemeinden sehr unterschiedlicher Tradition und Prägung. Unser Vertrauensmann war der Leiter der Gemeinde in Witebsk, Leonid Zwicki. Ich hatte ihn 1998 in Moskau ordiniert, und er war als Bischöflicher Visitator für Weißrussland auch Mitglied des Bischofsrates. An dieser Stelle kommt nun die Missionstätigkeit der LC-MS und ihrer deutschen Partnerkirche, der SELK, ins Spiel. Auch sie hatten ihren Blick auf Leonid Zwicki geworfen, und sie animierten ihn im Jahre 2000, sich zum Bischof einer eigenständigen „Evangelisch-Lutherischen Kirche in Weißrussland" ausrufen zu lassen. Warum er diese Kehrtwendung vollzog, ist mir letztlich nicht wirklich klar geworden. Sicher hat es eine Rolle gespielt, dass er in seiner Gemeinde eine mächtige Kathedrale bauen wollte, die wir allerdings nicht hätten finanzieren können. Die Amerikaner aber hatten anscheinend großzügige Zusagen gemacht. Es gelang ihm, zehn Gemeinden – die zum Teil nur auf dem Papier existierten – für sich zu gewinnen. Im Dezember 2000 rief er sie zu einer Synode zusammen, die die Gründung dieser Kirche beschloss, ihn zum Bischof wählte und dafür die Registrierung von den weißrussischen Behörden erhielt. Am 11. März 2001 ist Zwicki dann in Witebsk von Bischof

4 Vgl. dazu umfassend: H.-Chr. Diedrich, „Auf dem Weg zur Glaubenseinheit ...", Reformationsgeschichte Weißrusslands, Beiträge zur Geschichte der evangelisch-lutherischen Kirche Russlands, Bd. 5, Erlangen 2005, und Ders.: „... unser Traum, zur Einheit zu gelangen." Der Protestantismus (Luthertum und Calvinismus) im heutigen Weißrussland, Berlin 2001.

Jonas Kalvanas jun. aus Litauen in Gegenwart von Erzbischof Janis Vanags aus Riga, Bischof Diethardt Roth von der SELK und sogar Bischof Arre Kugappi von der ingermanländischen Kirche zum Bischof geweiht worden. Zur Synode am 2. und 3. Dezember 2000 war ich auch eingeladen; meine Amtsbrüder aus dem Baltikum und Ingermanland hatten mich aber über ihre Pläne nicht informiert. Auch Leonid Zwicki hatte mich nicht wirklich informiert. Aber vor seinem Schritt hat er im November 2000 sein Amt als Bischöflicher Visitator unserer Kirche niedergelegt.[5]

Die baltischen Bischöfe und Kugappi von der ingermanländischen Kirche haben später ihre Beteilung an dieser Kirchengründung sehr kritisch gesehen. Mit Bischof Jonas Kalvanas jun. hatte ich noch eine klärende Aussprache kurz vor seinem Tod.[6] Die Gemeinschaft, die Zwicki aufgebaut hatte, zerfiel schnell in einzelne Gruppen. Bereits ein Jahr nach seiner feierlichen Weihe erhielt Leonid Zwicki auf Betreiben seines eigenen Konsistoriums Predigtverbot von der Staatsanwaltschaft in Witebsk. Ich habe aus diesen Vorgängen gelernt zu sehen, dass ich für viele Menschen in unseren Ländern eben doch primär ein Mann aus Deutschland war. Und das weckte Misstrauen.

### 4.2.2 Die Sibirische Mission unter Lytkin

Eine ähnliche Entwicklung schien sich dann in Sibirien anzubahnen. Wsevolod Lytkin war in Tallinn lutherischer Christ geworden, wurde getauft und später von dem dortigen Erzbischof ordiniert. Sein Plan war es, in Sibirien missionarisch zu wirken. Unterstützt wurde er darin auch aus Amerika. Er begann seine Arbeit in Sibirien mit dem Aufbau einer Universitätsgemeinde in Akademgorod nahe bei Nowosibirsk. Unsere von brüderschaftlichen Traditionen geprägte Gemeinde in Nowosibirsk konnte mit ihm, der Interesse an Akademikern hatte, nichts anfangen. Deshalb begann er seine Missionsarbeit eben nicht im Rahmen unserer Kirche, sondern eigenständig, gestützt auf den estnischen Erzbischof. Seine Gemeinden wurden zuerst eine Aus-

5 Dies erfolgte mit einem zweiseitigen Brief, in dem Zwicki andeutete, dass er mit den geringen finanziellen Möglichkeiten der ELKRAS unzufrieden sei und sich durch das Ausscheiden aus der ELKRAS neue Möglichkeiten eröffnen wolle. Es war ein in unserer Kirchengeschichte einzigartiger Vorgang, dass ein Bischof – ohne überhaupt ein Gespräch zu suchen – das Tischtuch in einer solchen Weise zerschnitt.

6 Am 14. März 2003 in Begleitung von ELCA-Bischof em. Donald Maier und meinem Kirchenamtsleiter Hans Schwahn in Vilnius.

landspropstei der Estnischen Evangelisch-Lutherischen Kirche (EELK),[7] so wie die Ingermanländer 1990–1992 als Propstei der EELK ihren Aufbau begannen. Wir haben uns sehr darum bemüht, mit Lytkin Kontakt zu bekommen. Er war auch einmal Gast in Omsk bei Bischof Volker Sailer, zusammen mit mir. Bei diesem Gespräch trat deutlich heraus, dass er unsere Kirche einer „liberalen Position“ bezichtigte und deshalb jede wirkliche Zusammenarbeit ausschloss. In der Praxis kam es in Sibirien doch zu sinnvoller Zusammenarbeit. Alt-Erzbischof Jaan Kiivit war am 30. August 2005 zu meinem 80. Geburtstag nach St. Petersburg gekommen, mit der Absicht, eine Lösung zu finden.[8] Aber er starb dort völlig überraschend, noch ehe wir miteinander reden konnten.

### 4.2.3 Kontakte zur Lutheran Church – Missouri Synod und zur Wisconsin Synod

Die LC-MS hatte inzwischen ein eigenes Büro in Moskau unter der Leitung von Pastor John Mehl eröffnet. Ziel dieser Aktivitäten war sicher, die Lutheraner in der Russischen Föderation und damit auch uns zu unterstützen. Dem sollten auch ihr Informationsdienst und die Arbeit der „Lutherischen Stunde“ dienen. Ein eigener Verlag „Lutheran Heritage“ gab vor allem die russische Übersetzung von Schriften der LC-MS heraus und verteilte diese kostenlos in dem Gebiet von Weißrussland bis nach Mittelasien. Wir verhielten uns zu diesen Einrichtungen ambivalent. Die ingermanländische Kirche hatte mit der LC-MS in St. Louis sogar ein Partnerschaftabkommen geschlossen, das Kirchengemeinschaft einschloss. Unser Verhältnis zueinander war in dieser Zeit von starker Zurückhaltung auf beiden Seiten gekennzeichnet. Aber ich habe nie bezweifelt, dass die LC-MS uns helfen wollte. Es

7 Die estnische Kirchenleitung ging dabei davon aus, dass Lytkin estnische Gemeindegruppen in Sibirien sammeln würde. In Wirklichkeit wurden diese Gemeinden von den Ingermanländern betreut; Lytkin, der der estnischen Sprache nicht mächtig ist, gründete völlig neue, russische Gemeinden.

8 Hierfür war bei einem Treffen in Tallinn am 3. Februar 2005, am Rande der Amtseinführung von Erzbischof Andres Põder, zwischen mir, den Erzbischöfen Jaan Kiivit und Põder sowie Bischof Aare Kugappi vereinbart worden, dass die schwierigen Fragen in einem Kirchenvertrag zwischen der ELKRAS, der EELK, der ELKIR und der Sibirischen Mission unter Lytkin gelöst werden sollten. Den Vertragsentwurf fertigte Hans Schwahn, der Leiter unseres Kirchenamtes. Anm. d. Red.: Bischof Vsevolod Lytkin wurde später von Erzbischof Põder zum Bischof eingesegnet (s. 2.7.5, in: JMLB 67, 2020, 231).

kam später über diese Fragen zu einem Gespräch mit dem Präsident Gerald Kieschnick und der Leitung der LC-MS in St. Louis. Er kam daraufhin zu einem offiziellen Besuch unserer Kirche nach St. Petersburg. Zuletzt traf ich mit ihm im Rahmen der Vollversammlung des LWB 2003 im kanadischen Vancouver zusammen, zu der er als Gast geladen war. Das Ergebnis dieser Gespräche war eine größere Unbefangenheit und wachsendes Vertrauen. Im Sommer 2004 fuhr dann Bischof Siegfried Springer nach St. Louis und erhielt Hilfe von der Kirchenleitung der LC-MS.[9]

Zur Ergänzung sei angefügt, dass es auch Kontakte mit der Wisconsin-Synode gab. Ich habe bei einem Amerikabesuch ihr Hauptquartier aufgesucht, und bei ihrer ersten Visite in der Russischen Föderation haben sie dann auch mir in St. Petersburg einen Besuch abgestattet. Die Kontakte blieben aber ohne allzu große Bedeutung im Vergleich mit unseren Kontakten zur LC-MS. Konflikte mit der Wisconsin-Synode entstanden vor allem in der Ukraine und in Transnistrien. In der Ukraine kam es sogar zu einer Kirchenspaltung. Die Ukrainische Lutherische Kirche (ULK) sah sich zwar in der Tradition von Theodor Zöckler[10], aber unterstützt wurde sie eben wesentlich von der Wisconsin-Synode.

---

9 Nachdem die deutsche Partnerkirche des europäischen Russlands, die Rheinische Landeskirche, das Partnerschaftsverhältnis nicht verlängerte. Sehr unglücklich wirkte sich hierbei aus, dass der für die ökumenischen Beziehungen zuständige Referent der Landeskirche in seiner Zeit als Pfarrer an der deutschen Botschaft in Moskau angesichts der Massenausreise der Russlanddeutschen eine sehr dunkle Perspektive für die Entwicklung im europäischen Russland prognostiziert hatte. Wenige Jahre später war das europäische Russland dann zur stärksten Region unserer Kirche geworden. Hier fielen aber auch die höchsten Ausgaben in der ganzen ELKRAS an, vor allem für die Restaurierung historischer Kirchen.

10 Die Ukrainische Lutherische Kirche unter Bischof Gorpinschuk knüpft an eine untergegangene Tradition aus der Zwischenkriegszeit im damals zu Polen gehörigen Galizien an. Dort war durch das missionarische Wirken von Theodor Zöckler in Stanislau (heute: Iwano-Frankiwsk) und Umgebung eine Reihe von ukrainischsprachigen Gemeinden entstanden, die einem Ukrainischen Evangelisch-Augsburgischen Missionsrat in Stanislau unterstanden. Die Annexion Galiziens durch die Sowjetunion 1940 setzte dieser Bewegung ein Ende. Die von Zöckler betreuten Gemeinden unterstanden bis 1918 dem Evangelischen Konsistorium in Wien. In polnischer Zeit waren sie dem Bischof der Evangelisch-Augsburgischen Kirche in Polen zugeordnet. Die bekannten „Zöckler'schen Anstalten“ in Stanislau wie auch die galiziendeutschen Gemeindeglieder aus der Umgebung von Stanislau wurden in die ehemalige Provinz Posen, während des Dritten Reiches „Warthegau“ genannt, umgesiedelt. Diese Menschen zogen 1944 weiter gen Westen. In Stanislau erinnert heute an der ehemaligen, von Theodor Zöckler begründeten evangelischen Schule eine Gedenktafel an sein Wirken.

### *4.3 Der Blick auf einzelne Regionen: Große Chancen – geringe Ressourcen*

Während dieser ganzen Zeit blieb es weiterhin eine Aufgabe, vorhandene Gemeinden oder verschüttete Traditionen unserer Kirche zu entdecken. Das galt vor allem für das europäische Russland. Aber es fehlten uns die Menschen und die finanziellen Mittel, diese Möglichkeiten für unsere Kirche zu nutzen. Hier liegen ganz sicher noch Aufgaben für die Zukunft, auch in Absprache und Zusammenarbeit mit der ingermanländischen Kirche.[11]

#### 4.3.1 Georgien und Baku

Nach dem Kirchenbau in Tbilissi war in relativ kurzer Zeit eine Reihe von weiteren lutherischen Gemeinden in Georgien entstanden, so dass eine Synode gebildet werden konnte, die Gerd Hummel zum Bischof wählte.[12] Bei seiner Einsegnung kamen als Gäste aus der Ökumene der Bischof der Baptisten und der Apostolische Nuntius.

Gerd Hummel war sich der Verwurzelung der Geschichte unserer Kirche in diesem Raum in schwäbischer Tradition sehr bewusst, und es gelang ihm auch, die württembergische Landeskirche als Partner zu gewinnen. Er ist – jedenfalls für mich – überraschend am 12. März 2004 in Tbilissi gestorben. Unsere Kirche war bei der Trauerfeier am 20. März 2004 auf meine Bitte hin durch Bischof Peter Urie aus Kasachstan vertreten. Ich lag zu dieser Zeit im Krankenhaus. Auch nach dem Tod ihres Ehemannes hat sich Christiane Hummel dem Erbe ihres Mannes verpflichtet gefühlt und die Leitung der diakonischen Einrichtungen in Tbilissi übernommen. Die Nachfolge von Bischof Hummel wurde mit Hilfe der württembergischen Kirche geregelt.

---

11 Zu denken wäre hier an die Städte Smolensk, Pleskau/Pskow und Priosersk, wo auch historische lutherische Kirchen vorhanden sind. Dazu käme auch Kotlas mit einem heute noch sehr hohen russlanddeutschen Bevölkerungsanteil.

12 Dazu gehörte auch eine Gemeinde in der alten deutschen Kolonie Katharinenfeld, heute Bolnisi. In Rustawi konnte ein Kirchengebäude völlig neu errichtet werden. Später entstanden durch Aktivitäten der LC-MS rein georgischsprachige Gemeindegruppen, die aus dem LC-MS-Büro in Moskau und von der ingermanländischen Kirche unterstützt wurden. Bischof Hummel lehnte den Kontakt mit dieser Gruppe ab. Ungewöhnlich war, dass für eine Gruppe von vielleicht 100 Menschen gleich mehrere Pastoren und Diakone vorhanden waren, die weder die lutherische Tradition kannten noch eine Ausbildung durchlaufen hatten. Nach kurzer Zeit hörte man nichts mehr von der Gruppe.

Aber auch Bischof Dr. Andreas Stöckl ist nur relativ kurze Zeit im Amt geblieben, er starb am 2. Mai 2006 während einer Sitzung des Bischofsrates in Omsk. Sein Nachfolger wurde ein Mann aus Hermansburg, Dr. Johannes Launhardt, der schon längere Zeit als Propst im europäischen Russland, in Moskau und später an der Wolga, gewirkt hatte. Im Blick auf die Zukunft ist es wichtig zu sagen, dass damals bereits ein junger Mann aus Georgien in Novosaratovka studierte. Er hat inzwischen abgeschlossen, ist ordiniert worden und ist eine wichtige Stütze für Bischof Launhardt.[13]

In Baku war es nach dem Krieg zwischen Aserbaidschan und Armenien kaum noch möglich, von armenischen Traditionen zu sprechen. Die ehemalige armenische lutherische Kirche ist von der deutschen Botschaft zur Einrichtung eines deutschen Kulturzentrums übernommen worden. Tamara Gumbatowa hatte immer einen kleinen Anhängerkreis behalten. Die große, lebendige Gemeinde wurde ein wichtiger Teil unserer Kirche.

In Aserbaidschan war in den ersten Jahren unseres Jahrhunderts auch eine skandinavische Missionsgesellschaft aktiv gewesen. Sie hatte weiter südlich von Baku eine aserisch geprägte Gemeinde gesammelt. Es ist mir allerdings nicht gelungen, die so entstandene Gemeinde mit unserer Kirche in eine klare Verbindung zu bringen. Aber aus dieser Gruppe kam sehr viel später eine junge Frau zum Studium nach Novosaratovka.

### 4.3.2 Das Kaliningrader Gebiet

Ein Gebiet unserer Kirche, das diese Probleme weitgehend gemeistert hat, ist das Gebiet Kaliningrad, das alte nördliche Ostpreußen mit dem früheren Königsberg als Zentrum. Es gehört zu den Ergebnissen des Zweiten Weltkrieges, dass dieses Territorium heute ein Teil der Russischen Föderation ist. Ich war als Soldat im Krieg im ostpreußischen Masuren gewesen. Aber in das Gebiet Kaliningrad bin ich zum ersten Mal mit Bischof Harald Kalnins gefahren. Die alte Bevölkerung war weitgehend geflohen bzw. 1947/1948

13 Anm. d. Red.: Ab 2009 hat Bischof Hans-Joachim Kiderlen Dienst getan. Im November 2017 wurde der frühere Pfarrer in Samara, später der deutschen Gemeinde in Riga, Markus Schoch, als neuer Bischof in Tbilissi eingeführt. Zur aktuellen Situation in Georgien vgl. Markus Schoch, Klein, beachtet, anerkannt. Die Evangelisch-Lutherische Kirche in Georgien: Historische Wurzeln, solide theologische Tradition und Nächstenliebe, in: LD 57, 1/2021, 3–8.

umgesiedelt worden.[14] Damit gab es auch keine unmittelbare Kontinuität der Geschichte der evangelischen Kirche in diesem Raum. Aber es war klar, dass die Verantwortung für den Neuanfang hier jetzt bei unserer Kirche lag. Die Zahl der ehemaligen Ostpreußen und ihre Heimatverbundenheit war so groß, dass für dieses Gebiet auch finanzielle Mittel aus Spenden zur Verfügung standen, die anderswo nicht vorhanden waren. Dass so viele Menschen unserer kirchlichen Tradition aus Mittelasien hierher eingewandert sind, hat auch eschatologisch-apokalyptische Gründe. Es war eine verbreitete Meinung, dass Christus bei seiner Wiederkunft erwartet, einen jeden in seinem Heimatland vorzufinden. Das alte nördliche Ostpreußen war eben für manchen ein Stück der alten Heimat, auch wenn es politisch längst zur Russischen Föderation gehörte.

Das alte Königsberg hatte einst einen so hohen Rang in der Geschichte der preußischen Kirche, dass sich die Leitung der Evangelischen Kirche der Union dafür gewinnen ließ, die Mittel für den Bau einer Kirche auf einem der alten lutherischen Friedhöfe zur Verfügung zu stellen.[15]

Der zweite Schwerpunkt für den Wiederaufbau war Gussew (früher: Gumbinnen), wo die einst von den Salzburger Religionsflüchtlingen erbaute Kirche noch erhalten geblieben war. Zwischen Kaliningrad und Gusew sind viele neue Gemeinden unter den Einwanderern entstanden, obgleich dieses ganze Gebiet nun von anderen Staaten, Polen und Litauen, umgeben ist und mancherlei Grenzkontrollen stattfanden, wenn man nicht mit dem Flugzeug anreiste. Dadurch hat diese Region einen eigenen, fast hatte ich gesagt: aufblühenden, Charakter, erhalten. Das ist auch das Verdienst der hier Dienst tuenden Pröpste, bis hin zu Heye Osterwald. Kurt Beyer hat auch nach seiner Rückkehr in seine sächsische Heimat über das GAW weiter diesen Teil unserer Kirche intensiv unterstützt. Ich bin immer wieder im Gebiet Kaliningrad gewesen und habe jedes Mal neu gestaunt, was hier alles möglich ist.

---

14 Vgl. hierzu Hugo Linck, Königsberg 1945–1948, Erinnerungen eines evangelischen Pastors, Leer 1952, und Gerhild Luschnat, Die Lage der Deutschen im Königsberger Gebiet 1945–1948, Frankfurt 1998.

15 Die Mittel stammten aber überwiegend aus dem Vermögen untergegangener ostpreußischer Gemeinden. Die Sparbücher dieser Gemeinden wurden 1944/45 von Pastoren oder Gemeinderäten bei der EKU in Berlin abgegeben, die diese Mittel bis in unsere Tage als Sondervermögen verwaltet hatte.

### 4.3.3 Die östlichen Regionen

#### 4.3.3.1 Sibirien

Ein besonderer Blick ist auch notwendig auf die flächenmäßig größte Regionalkirche der ELKRAS – Ural, Sibirien und Ferner Osten. Zentren waren und sind hier einerseits Omsk im Herzen Sibiriens, andererseits im Westen der Ural und der Ferne Osten mit Wladiwostok. Dass Omsk eine solche Bedeutung bekam, ist die Folge des Wirkens von Nikolaus Schneider. Ihn kann man doch geradezu den Vater der sibirischen Kirche nennen. Er war ursprünglich von Beruf Kraftfahrer gewesen und hatte so längst vor der Neusammlung Brücken zwischen einzelnen Gemeinden gebaut. Er wurde im Zuge der Strukturierung zum ersten Superintendenten für Sibirien ernannt, und er hat es miterlebt, dass die hannoversche Kirche unter Landesbischof Dr. Horst Hirschler in Omsk ein zentrales Kirchengebäude errichtet hat, das an die Stelle des alten Bethauses trat. Nikolaus Schneider ist 1996 mit schwerem Herzen ausgewandert und kurze Zeit danach in Deutschland verstorben. Sein Nachfolger in Omsk wurde Ernst Schacht, der schon früher ausgewandert war und im Auftrage der hannoverschen Kirche bei uns Dienst tat. Schon nach der ersten Generalsynode 1994 noch unter Nikolaus Schneider ergaben sich allerdings Probleme. Die Generalsynode hatte unter nicht ganz glücklichen Umständen als Präsidenten einen Mann aus Omsk gewählt, Propst Wassilij (Willi) Scheiermann. Dieser verstand sich dann als der eigentliche Leiter der ELKRAS und suchte daraus auch materiellen Nutzen zu ziehen. Die Augen für diese Situation hat mir insbesondere Volker Sailer geöffnet. Ich bin daraufhin nach Omsk geflogen und habe Nikolaus Schneider davon überzeugt, dass Wassilij Scheiermann für uns untragbar geworden sei. Scheiermann ist dann später ausgewandert, aber doch auch immer wieder nach Sibirien zurückgekehrt. Seine Frau hat dann schließlich seinen Talar und sein Amtskreuz Superintendent Nikolaus Schneider zugeschickt.

Im Konsistorium trat an die Stelle Scheiermanns Manfred Brockmann, Propst in Wladiwostok. Nach dem Ausscheiden von Ernst Schacht bat ich dann Volker Sailer, die Leitung der sibirischen Kirche zu übernehmen. Schon Ernst Schacht war von der Synode als Bischof gewählt worden, an seine Stelle trat nun Volker Sailer. Im Westen Sibiriens wurden Ekaterinburg und Tscheljabinsk zu Zentren. In Tscheljabinsk hat ein vermögendes Glied unserer Gemeinde eine eindrucksvolle Kirche gebaut.[16] Im Fernen Osten

16 Anm. d. Red.: S. o. Abschnitt 3.11 in diesem Band, 147f.

wurde Wladiwostok Zentrum. Das ist das Ergebnis der Arbeit von Manfred Brockmann, dem es gelang, auch das alte Kirchengebäude St. Pauli, das Marinemuseum geworden war, zurückzuerhalten. Darüber ist bereits berichtet worden. Aber abgesehen von diesen Zentren hat die Auswanderungswelle unsere Gemeinden in Sibirien so intensiv erfasst, dass nur noch wenige Spuren des reichen lutherischen Lebens in der Zeit nach dem Zweiten Weltkrieg erhalten geblieben sind. Volker Sailer hat versucht gegenzusteuern und erbat Hilfe bei deutschen Pietisten, insbesondere bei der Bad Liebenzeller Mission. Nach der Rückkehr Sailers nach Deutschland übernahm die Leitung für Sibirien der Propst, inzwischen Bischof August Kruse. Das Problem ist, dass August Kruse seinen Sitz im Westen, in Krasnoturjinsk im Ural hat, während das Zentrum der Kirche natürlich in Omsk blieb. Umso mehr Verantwortung ist daher der Leiterin dieses Zentrums, Tatjana Muramzewa, zugewachsen, die bereits an den ersten Seminarkursen unserer Kirche in Riga teilgenommen hatte.

#### 4.3.3.2 Kasachstan

Besondere Probleme gab es auch beim Aufbau unserer Kirche in Kasachstan. Ich habe bereits berichtet, wie es dazu kam, dass Richard Kratz aus Pawlodar am 8. Mai 1993 zum ersten Superintendenten gewählt wurde. Nach seiner Ausreise nach Deutschland fanden wir einen ausgezeichneten Mann aus Kasachstan selbst, Robert Moser. Er kam von der Universität, war Agrarwissenschaftler und erklärte sich bereit, die Leitung unserer Regionalkirche zu übernehmen. Auch ihm gelang es allerdings nicht, alle lutherischen Gemeinden in Kasachstan in unserer Kirche zu vereinen. Vor allem die größte Gemeinde in Karaganda hat sich nicht angeschlossen, aber doch Vertreter auf die Synode entsandt. In Alma-Ata, der alten Hauptstadt, dicht an der kirgisischen Grenze, jetzt Almaty, leitete ein treuer Freund aus Amerika von der LC-MS, Robert Meile, die Gemeinde. Aber natürlich war damit diese Gemeinde auch nicht einfach ein Teil nur unserer Kirche. Die fortschreitende Auswanderungswelle verschob immer wieder die Gewichte. Am Ende war die Gemeinde in Karaganda so zusammengeschmolzen, dass sie sich eben doch uns anschloss. Die verstreuten Gemeinden waren ursprünglich wesentlich durch Altbischof Heinrich Rathke aus Mecklenburg besucht und gesammelt worden. Aber diesen intensiven Besuchsdienst hat niemand fortgesetzt. Auch ich habe erst relativ spät die Gemeinden im Grenzgebiet zu Kirigisien besucht. In lebhafter Erinnerung ist mir auch ein Gemeindebesuch beim Präsidenten der Synode unserer Kirche in Kasachstan, Pastor Ruben Sternbeck. Wir mussten uns in seinem Wohnort mit dem Auto erst zurechtfinden und fragten einen Passanten nach dem Weg. Auf die Frage, zu welcher Kirche er gehöre, gab er die Antwort: „Ich bin Pole!“. Ich war ein wenig getröstet, dass ich so erlebte, wie auch andere Kirchen sehr stark durch ihre nationale Identität bestimmmt sind.

Bischof Moser war in mancher Hinsicht ein strenger Mann. Am Tag vor der Synodalsitzung, auf der Ruben Sternbeck zum Präsidenten gewählt werden sollte, stellte sich heraus, dass dieser seinerzeit vor Jahrzehnten nicht kirchlich getraut worden war, weil es eben weit und breit keinen lutherischen Pastor gegeben hatte. Daraufhin legte der Bischof fest, dass die Ehefrau von Sternbeck sofort nach Astana zu holen sei, und vor der formellen Eröffnung der Synode wurde die kirchliche Trauung an ihnen beiden vollzogen.

In dieser Kirche wuchsen uns ausgezeichnete Mitarbeiter zu, gerade auch Frauen. Natalia Boldt beispielsweise hat dann auch in gesamtkirchlichen Gremien eine Rolle gespielt. Weil Bischof Moser seine Zweifel hatte, ob die Ausbildung in Novosaratovka genügend auf die Bedürfnisse Kasachstans ausgerichtet sei, begann er mit einer eigenen Predigerausbildung. Die Gemeinde Astana – damals führte die Stadt noch den Namen Zelinograd – hatte sich 1956 ein ordentliches Bethaus gebaut, das jetzt von außen so rekonstruiert wurde, dass es auf den ersten Blick als Kirchengebäude erkennbar war. In unmittelbarer Nähe entstand ein Kirchenzentrum, zu dem auch das Theologische Seminar gehörte. Nach den ersten Anfangsschwierigkeiten wurde Natalia Boldt seine Leiterin. Robert Moser hat übrigens seinen Sohn Viktor zum Studium nach Amerika, nach Fort Wayne in das Seminar der LC-MS geschickt. Nach seiner Rückkehr vertraute er ihm die Leitung des Seminars an. Schließlich ist jedoch auch Robert Moser mit seiner ganzen Familie ausgewandert. Als neuer Bischof konnte Peter Urie gewonnen werden, der seit Jahren als Propst in Moskau im Dienst unserer Kirche stand. Er kam von der Landeskirchlichen Gemeinschaft in der Evangelischen Kirche in der Kirchenprovinz Sachsen. Als er 2004 schwer erkrankte und sein Amt niederlegen musste, entschied sich die Kirche Kasachstans für Jurij Nowgorodow als Nachfolger, der schon seit Jahren die Kirchenkanzlei geleitet hatte. Das war insofern ein Meilenstein auf dem Weg unserer Kirche, weil Nowgorodow weder Russlanddeutscher noch Deutscher, sondern Russe ist.

Ein Problem, das schon länger schwelte und bis heute nicht ganz gelöst ist, stellten die Ausbaupläne der Stadt Astana dar. Als ich diesen Ort zum ersten Mal besuchte, fand ich eine bunt gemischte Bevölkerung vor. Vor dem großen Lenindenkmal am Hauptplatz konnte man lange warten, bis man Menschen antraf, die durch ihre Kleidung deutlich als Kasachen erkennbar waren. Aber nun war diese Stadt Hauptstadt Kasachstan geworden – Astana heißt einfach Hauptstadt –, und mit dem Stadtbild änderte sich auch die Zusammensetzung der Bewohnerschaft. Insofern war es verständlich, dass sehr umfangreiche Ausbaupläne entwickelt wurden. Aber für unsere Gemeinde, ja die ganze Evangelisch-Lutherische Kirche in Kasachstan würde es eine tiefer Einschnitt sein, wenn die bisherigen Zentren, einschließlich der alten Kirche abgerissen werden und auf einem neuen, von der Stadt zugewiesenen Areal aufgebaut werden müssten.[17]

#### 4.3.3.3 Kirgisien

Auch in Kirgisien war es nicht selbstverständlich, dass sich alle Brüdergemeinden in unserer Kirche wiederfanden. Eine ganz große Hilfe auf dem Wege zur Konsolidierung war die Partnerschaft mit der Evangelischen Kirche von Kurhessen-Waldeck, die vor der versammelten Synode zwischen Bischof Dr. Christian Zippert und mir abgeschlossen worden war. Zu allen Synoden kam ein Vertreter aus Kurhessen-Waldeck, meist Propst Pauly. Auch Kirgisien war natürlich von der Auswanderungswelle erfasst worden. Einer dieser Übersiedler aus einer alten Predigerfamilie, Alfred Eichholz, wollte sich dann mit seiner Frau für den kirchlichen Dienst in seiner alten Heimat zur Verfügung stellen. Dafür übernahm ihn die Evangelische Kirche von Kurhessen-Waldeck als Diakon. Inzwischen war in Kirgisien der erste Propst, Johannes Haas, bei einem Autounfall umgekommen. Als seinen Nachfolger erklärte sich der Mann bereit, der auf der ersten Synode noch zutiefst skeptisch gegenüber unserer Bemühung um Sammlung und Strukturierung gewesen war und deshalb die Teilnahme an der Synode verweigert hatte, Emmanuel Schanz. Aber nun war er bereit, die Leitung dieser Kirche zu übernehmen. Er hat dann die Arbeit von Alfred Eichholz sehr hoch schätzen gelernt und ihn ordiniert. Von unserer Kirchenordnung her völlig korrekt. Aber in Deutschland tauchten sofort Fragen und Bedenken auf, ob Alfred Eichholz nach einer Rückkehr nach Deutschland aus dieser Ordination Ansprüche ableiten könnte. Aber die Kirche in Kassel war und blieb eben eine zuverlässige Partnerin, und diese Fragen wurden geklärt. Alfred Eichholz hat in ganz kurzer Zeit die alte Brüdergemeinde in Winogradnoje zum Wieder-

17 Anm. d. Red.: Am 17. September 2017 wurden die neue Kirche und das Kirchenzentrum an neuem Ort geweiht. Vgl. Marina Chudenko, „За два года и два месяца. В Астане освятили новый церковный комплекс“/„Für zwei Jahre und zwei Monate. In Astana wurde der neue Kirchenkomplex eingeweiht“, in: Лютеранские Вести, No 10 (206), Октябрь 2017, 1f, sowie: „Die Kirche in Astana ist eingeweiht“, in: LD 53, 4/2017, 18. 2019 wurde die Hauptstadt Kasachstans in Nur-Sultan umbenannt.

aufblühen gebracht. Nur noch einige wenige alte Menschen waren in diesem Ort, aus dem er stammte, übriggeblieben. Vor allem hat er dort eine famose Jugendarbeit aufgebaut, die schließlich Hunderte von jungen Leuten im Umkreis von Winogradnoje erfasste. Als 2005 auch Bischof Schanz auswanderte, war es klar, dass die Synode Alfred Eichholz zu seinem Nachfolger wählen würde. Diesmal gab es keine Abstimmungsschwierigkeiten zur Einsegnung des neuen Bischofs. Am 12. Mai 2005 kam Bischof Dr. Martin Hein, der Nachfolger von Bischof Zippert, zur Bischofsweihe nach Bischkek.[18]

#### 4.3.3.4 Usbekistan

In Usbekistan lag die Leitung der Kirche fast von Anfang an bei Kornelius Wiebe. In Taschkent stand die alte Hauptkirche des ehemaligen Kirchspiels Turkistan, weitere historische lutherische Kirchen gab es in Fergana und Aschabad. Die Kirche in Taschkent war in eine Musikschule umgewandelt worden, und es gelang der Gemeinde, sie zurückzugewinnen. 1996 konnten wir die Hundertjahrfeier dieser Kirche begehen. Es traf sich, dass an diesem Tag auch der damalige deutsche Bundespräsident Prof. Roman Herzog im Lande war und uns besuchte. Usbekistan ist ein sehr gebirgiges Land. Von der Hauptstadt kommt man in manche unserer Gemeinden am besten mit dem Flugzeug. Kornelius Wiebe hat erst spät die Amtsbezeichnung Bischof – ähnlich wie Schanz – durch Synodalbeschluss erhalten. Aber er hat von Anfang an dieses große Gebiet zusammengehalten, und wenn durch Auswanderung Lücken unter den Predigern entstanden, hat er immer tüchtige Nachfolger gefunden. Für die Aus- und Fortbildung dieser Kräfte entstand so auch hier ein eigenes Seminar in Form von jährlichen Blockseminaren. Im Zuge des Afghanistan-Einsatzes wurde in Taschkent dann auch ein Stützpunkt der deutschen Bundeswehr eingerichtet. Es ist mir aber nicht gelungen, Kontakte von dort zu unserer Kirche herzustellen, wenngleich wir dies mit dem Generalmilitärdekan der Bundeswehr ins Auge gefasst hatten.[19]

---

18 Anm. d. Red.: Aus der engagierten Jugendarbeit von Bischof Alfred Eichholz entstand ein engagiertes Team junger Pfarrer und Pfarrfamilien, die das kirchliche Leben in Kirgistan missionarisch und diakonisch gestalten, vgl. LD 55, 2/2019, und Doris Krause, Evangelisch-Lutherische Kirche in Kirgisistan (ELKK), in: Die evangelische Diaspora, Jahrbuch des Gustav-Adolf-Werks 84, 2015, 184–201.

19 Anm. d. Red.: Auch in Usbekistan sind die Gemeinden sehr klein geworden. Seit dem überraschenden Tod von Bischof Kornelius Wiebe am 22. 6. 2015 in seinem 60. Lebensjahr (vgl. LD 51, 3/2015, 19) visitiert Bischof Eichholz die Gemeinden in Taschkent und Fergana.

### 4.3.3.5 Weißrussland – eine verspätete Sammlung

An sich war die rechtliche Situation in Weißrussland nicht anders als in Mittelasien. Aber wir waren zunächst nicht eingeladen worden, die Gemeinden zu sammeln und ihnen eine kirchliche Struktur zu geben. Selbst gute Freunde im Baltikum hatten kräftige Zweifel an unserer Zuständigkeit. In der Zarenzeit hatten weite Teile des heutigen Weißrussland zum Mitauer Konsistorialbezirk – heute Jelgava – gehört. Die Gemeinde in Grodno hatte sich zunächst auch nach Jelgava gewandt, aber von dort keine Zusage erhalten.[20] Dann wandten sich Gemeinden eben an uns.[21] Ich habe die wichtigsten lutherischen Gemeinden deutscher Tradition in Weißrussland besucht.[22]

Auf Grund des Rates von Dr. Diedrich hatte ich zunächst Leonid Zwicki in Witebsk in die Verantwortung für eine künftige Regionalkirche genommen. Probleme kamen auf, als Kastus Mordwinzew, ein höchstbegabter junger Mann, nach Weißrussland zurückkehrte. Er hatte auf Einladung der LC-MS in Fort Wayne studiert, und ich hoffte, ihn in Grodno einsetzen zu können. Es ergaben sich aber verschiedene Schwierigkeiten, auch solche, mit denen ich nie gerechnet hatte. Mordwinzew insistierte darauf, für den Gottesdienst die weißrussische Sprache zu nutzen, was der Gemeinde, die aus der deutschen Sprachtradition kam, redlich missfiel.

Inzwischen war ja mit Hilfe der LC-MS und ihrem deutscher Partner, der SELK, die „Evangelisch-Lutherische Kirche in Weißrussland" mit dem Bischof Zwicki an der Spitze staatlich registriert. Zu ihr gehörten auch Männer, Brüder, mit denen wir in bestem, ja freundschaftlichen Kontakt gestanden hatten. Aber die Unterstützung für Zwicki hielt nicht lange an, er erhielt schließlich sogar Predigtverbot und war mit einer kleinen Gruppe in seiner Gemeinde isoliert. Daraufhin haben wir versucht, an die begonnene Sammlung anzuknüpfen. Auf einer Synode im Frühsommer 2002 wurde dann ein Zusammenschluss dieser Gemeinden beschlossen. Da der Name „Evangelisch-Lutherische Kirche in Weißrussland" vergeben war, nannten

---

20 Eine Nachfolgestruktur des alten Konsistorialbezirkes bestand auch nicht mehr. Das war nun die Evangelisch-Lutherische Kirche Lettlands unter der Leitung des Erzbischofs von Riga.

21 Bereits 1994 erschienen drei Gemeindeleiter aus Weißrussland in St. Petersburg: Olga Stockmann aus Minsk, Leonid Zwicky aus Witebsk und Iwan Podgruscha aus Iwatzewitschy. Es wurde ihnen angeboten, an den theologischen Kursen, die damals in Komarowo bei St. Petersburg stattfanden, teilzunehmen. Stockmann und Zwicky machten davon Gebrauch, Podgruscha ging nach Fort Wayne; allerdings fehlte allen dreien die Kraft, ihre Ausbildung in der geforderten Weise abzuschließen.

22 Anm. d. Red.: S. o. Abschnitt 3.9.5 in diesem Band, 144f.

wir uns „Bund der Evangelisch-Lutherischen Gemeinden in Weißrussland“. Die geistliche Leitung sollte bei mir liegen, die reale Gesamtverantwortung trug Sorina Ljubow in Grodno, dort wo die einzige alte lutherische Kirche in diesem Raum stand. Neben der Kirche hätte man ein kleineres Gebäude so ausstatten können, dass es als Kirchenzentrum hätte dienen können. Aber eine wirkliche Strukturierung der verschiedenen Gruppen in Weißrussland gelang nicht, trotz intensiver Bemühungen.

Um diese Situation zu verstehen, wird es hilfreich sein, sich klar zu machen, dass politisch gesehen die Hälfte Weißrusslands bis zum Zweiten Weltkrieg zu Polen gehört hatte. Menschen, die etwa aus Sluzk stammten, gerieten immer wieder in Verlegenheit, wenn man sie nach ihrer Nationalität befragte.

Die Evangelisch-Lutherische Kirche in Weißrussland hielt auch nach der Verdrängung Leonid Zwickis zusammen, das machte es schwierig, alle lutherischen Gemeinden im jetzigen Weißrussland zusammenzuführen. An Initiativen hat es nicht gefehlt. Aber Männer aus dem Europäischen Russland wurden nur sehr ungern in Weißrussland gesehen. Auch Hans Schwahn hat regelmäßige Kontakte gepflegt. Er hatte diese Probleme nicht, aber im Endergebnis stehen doch zwei lutherische Gemeinschaften nebeneinander. In Weißrussland habe ich meinen Nachfolgern leider ein sehr schwieriges Erbe hinterlassen.[23]

### 4.3.3.6 Moldawien – erste Berührungen

Aber es gab auch noch andere Gebiete der ehemaligen Sowjetunion, in denen schwierige politische Verhältnisse die Sammlung lutherischer Gemeinden verhinderte oder zumindest erschwerte. Die Grenzziehung nach dem Zweiten Weltkrieg schlug weite Teile Südbessarabiens zur Ukraine, weiter im Norden bildete sich die Republik Moldawien, von der sich aber ein schmaler Streifen längs des Flusses Dnjestr, Transnistrien, nicht vertreten sah. Nach langem

23 Das Angebot von Erzbischof Ratz, den Pastor Martin Kellert als ständigen Betreuer vor Ort für den Gemeindebund anzunehmen, wurde 2005/2006 gleichfalls unter fadenscheinigen Gründen abgelehnt. Anm. d. Red.: Die gegenwärtige Situation kann vorsichtig so beschrieben werden: Es gibt eine „Selbständige Evangelisch-Lutherische Kirche in Belarus“. Die einige Jahre bestehenden Kontakte zur Evangelisch-Lutherischen Kirche in Litauen sind abgebrochen. Es gibt Gemeinden, die sich zum Bund der ELKRAS halten, unter denen die Gemeinde in Grodno mit Pfarrer Wladimir Tatarnikow mit ihrer gut restaurierten alten Kirche die wohl wichtigste ist, und es gibt die Gemeindegruppe in Minsk unter Leitung von Olga Stockmann, die sich auf kulturelle Arbeit konzentriert.

Bürgerkrieg 1991/1992 war Moldawien international weitgehend anerkannt, Transnistrien eigentlich nirgends. Aber gerade in Transnistrien gab es eine recht aktive lutherische Gemeinde unter der Leitung von Wladimir Moser. Er kam aus einer Familie deutscher Einwanderer, wollte sich aber hinsichtlich der kirchlichen Zugehörigkeit nicht binden. Er unterhielt gute Beziehungen zur Wisconsin-Synode. Im Frühjahr 2005 bin ich zusammen mit meinem späteren Nachfolger als Erzbischof, Edmund Ratz, in Transnistrien und Moldawien gewesen. In Moldawien zeigte man uns die ehemaligen Kirchengebäude in verschiedenen früheren deutschen Dörfern. Dieses ganze Gebiet war nach dem Ersten Weltkrieg zu Rumänien geschlagen worden, deshalb waren diese Gemeinden von den stalinistischen Verfolgungen verschont geblieben. Aber die Einladung Deutschlands an alle Deutschstämmigen in Osteuropa führte dann auch hier dazu, dass fast alle lutherischen Familien auswanderten. Übrigens hatte sich auch eine Gemeinde in Moldawien, in Kischinew, gesammelt, die sich nicht durch Moser vertreten sah, und weiter Beziehungen nach Rumänien und nach der Ukraine aufrechterhielt.[24]

### *4.4 Die administrativen Aufgaben der Gesamtkirche von 2001 bis 2005*

Die Leitung des Zentralen Kirchenamtes (ZKA) hatte gewechselt. Als Dr. Siegfried Plath nach Pommern zurückgekehrt war, hatte ich den Juristen Hans Schwahn aus Dessau gebeten, seine Nachfolge anzutreten. Er hatte zuvor bereits 1997/1998 bei Propst Peter Wittenburg in Kaliningrad als persönlicher Referent mitgearbeitet und war daher mit den Verhältnissen in unserer Kirche vertraut.

Im Zentralen Kirchenamt – diese Namensgebung geht auf Siegfried Plath zurück – wurden nicht nur die Verwaltungsaufgaben im Kontakt mit den Regionalen Kirchen zum Thema.[25] Einen besonderen Akzent gewann die Kommunikationsabteilung. In ihr wuchsen die Redaktion des „Boten", der zweisprachig erscheint, und das von Siegfried Plath geschaffene Amt des

---

24 Anm. d. Red.: Das Ehepaar Anna und Valentin Drăgan betreut die Gemeinden in Chişinau/Kischinjow, Tighina/Bender und Bălti/Beltz. Die Anerkennung als Kirche durch den Staat ist inzwischen erfolgt. Vgl.: Valentin Drăgan, Wir wünschen uns eine Kirche, in: LD 52, 1/2016, 11f. Die Kirche gehört inzwischen auch zum „Bund der ELKRAS".

25 Bis zur Generalsynode 1999 hieß unser Büro am Newskij Prospekt „Bischofskanzlei". Danach wurden die einzelnen Dienste in Abteilungen strukturiert: Büro der Generalsynode, Kanzlei des Erzbischofs, Finanzverwaltung, Bauabteilung, Öffentlichkeitsabteilung, Frauenarbeit, Allgemeine Kanzlei.

Informationsreferates, das Organe in russischer, deutscher und englischer Sprache herausgab, zusammen. Gerade für die Verbindung mit unseren Helfern aus den USA war es wichtig, die jeweils relevanten Informationen auch in englischer Sprache erscheinen zulassen. Die Leitung des Kommunikationsreferates lag seit Januar 2002 bei Irina Selesneva. Mit dem Bischof der ELKIR, Leino Hassinen, hatte ich ursprünglich manche Formen der Zusammenarbeit, gerade auch im Bereich der Kommunikation erörtert. Nicht alles erwies sich dann als realisierbar. Aber es gelang, mit den „Lutherischen Nachrichten" ein gemeinsames Informationsorgan zu entwickeln, das nur in Russisch erscheint. Dieses Organ geht allen ingermanländischen und allen ELKRAS-Gemeinden zu und wird auch ins Ausland versandt. Das ZKA hat auch die Verbindung unserer Kirche mit internationalen Schwesterkirchen geleitet. Dies war ein besonders wichtiger Aspekt der Arbeit der Gesamtkirche, weil die Brüdergemeinden Jahrzehnte hindurch kaum Kontakte mit ausländischen Kirchen halten konnten. Wir waren schon 1989 Mitglied des LWB geworden. Am 25. und 26. September 2004 kam eine Regionaltagung des LWB auf unsere Einladung hin in St. Petersburg zusammen.[26] Das war eine gute Gelegenheit, unsere Verbundenheit mit den Schwesterkirchen zu zeigen, was gerade nach den Vorgängen in Weißrussland auch wichtig war. Wir und unsere ingermanländische Schwesterkirche sind Mitglieder des LWB und bilden seit 2008 ein Nationalkomitee des LWB in Russland. Dagegen gelang die Zugehörigkeit zum Ökumenischen Rat der Kirchen (ÖRK) nicht. In Genf sah man es mit Recht als angemessen an, dass die beiden lutherischen Kirchen in unserem Gebiet beitreten; dem hatten urspünglich die Ingermanländer auch voll zugestimmt, aber dann entschlossen sie sich doch, auch mit der LC-MS im „Lutherischen Rat" zusammenzuarbeiten. Aber auch die Pietisten in Finnland, die zu den Ingermanländern enge Beziehungen haben, waren gegenüber dem ÖRK skeptisch geblieben. Ich selbst habe in diesen Jahren enge Kontakte mit dem LWB gehalten und viel Stärkung durch die dort zuständigen Referenten, zuletzt durch Sven Oppegard, erhalten. Als offiziellen Repräsentanten unserer Kirche für den LWB hat der Bischofsrat dann Bischof Edmund Ratz aus der Ukraine benannt, der auch der Verterter unserer Kirchen bei der Vollversammlung des LWB in Winnipeg 2003 war. Auch ich nahm als Gast an dieser Vollversammlung teil und konnte damals von Kanada

26 Teilnehmer waren neben dem LWB-Europasekretär Dr. Andreas Wöhle, Erzbischof Jaan Kiivit und Bischof Aare Kugappi. Die lettischen und litauischen lutherischen Kirchen schickten gleichfalls Vertreter ihrer Kirchenleitungen. Die Tagung fand in der Petrikirche statt. Anschließend gab es Exkursionen zu den Seminaren in Novosaratovka und Koltuschi.

aus Kontakt zu unseren Freunden in den USA aufnehmen, die das Seminar in Novosaratovka unterstützten. Mir lag viel an guten Beziehungen zu unseren lutherischen Nachbarkirchen, insbesondere im Baltikum und in Nordeuropa. Da in unserer Kirche die sogenannte „Apostolische Sukzession" praktiziert wurde, legte es sich eigentlich nahe, mit der Porvoo-Gemeinschaft Verbindung aufzunehmen. Dieser Zusammenschluss der anglikanischen Kirche mit den lutherischen Kirchen Nordeuropas schien mir auch eine Möglichkeit, unsere Kirche in einen breiteren ökumenischen Kontext hineinzuführen. Ich will nicht verschweigen, dass für mich selbst biografisch ein Studienaufenthalt in Oxford und die Kontakte mit der anglikanischen Kirche von großer Bedeutung gewesen waren. Es fanden verschiedene Begegnungen und Tagungen statt, bei denen insbesondere die finnische Kirche eine Vermittlerfunktion hatte, aber zu gültigen Vereinbarungen mit der Porvoo-Gemeinschaft ist es in meiner Amtszeit nicht gekommen.

Eine wichtige Funktion bei diesen ökumenischen Kontakten hatte auch der Präsident der Generalsynode, Alexander Pastor, ein Universitätsphysiker aus St. Petersburg. Bevor er Präsident der Generalsynode wurde, hatte er lange Jahre im Präsidium der Synode des Europäischen Russland gewirkt. Er hat die Neusammlung unserer Kirche von Anfang an nicht nur begleitet, sondern mitgetragen und auch befördert, zumal er neben Russisch und Deutsch auch Englisch spricht. Auch weitere Initiativen für unsere Gesamtkirche sind aus dem Umkreis des ZKA ausgegangen. Der Bischofsrat hat Dr. Tamara Tatsenko als Frauenbeauftragte und Ludmila Schmidrina, eine Enkelin des letzten Pastors der Petrikirche, als Musikbeauftragte eingesetzt. Tamara Tatsenko hat immer wieder Tagungen einberufen oder an ihnen teilgenommen und so die Frauen in der gesamten Kirche näher zusammengebracht.

Zu unseren wichtigsten Mitarbeitern in St. Petersburg gehörte der Baubeauftragte Igor Scharapan. Er hatte die Verantwortung für die Wiedernutzbarmachung der Petrikirche getragen, und er hat dann auch – zumindest beratend – eine Fülle von Baumaßnahmen in unserer Kirche begleitet, in Odessa, Kiew, Jaroslawl, Krasnoturjinsk, Kaliningrad, Marx, Nowgorod und Witebsk.

Ein besonderes Thema war die alte St.-Annen-Kirche in Petersburg. Sie stammt noch aus dem 18. Jahrhundert und ist eines der ältesten lutherischen Kirchengebäude der Stadt. Sie war, wie schon weiter oben berichtet, zum Kinotheater „Spartak" geworden. Aber mit der Leitung des Kinos konnten wir Verabredungen treffen, so dass wir dort Gottesdienste feiern konnten. Auch die erste Generalsynode kam zu ihren Sitzungen in der alten Annenkirche zusammenen. Aber dann überließ das Kino den Gebrauch der Räume einem Nachtclub, dessen Finanziers weitgehend in Moskau saßen.

Es ist mir nie ganz klar gewesen, wie weit dies mit Billigung oder Duldung durch die Stadt St. Petersburg geschehen ist. Jedenfalls haben wir dagegen Einspruch erhoben und die Rückgabe der Kirche an uns beantragt. Auch der Stadt war inzwischen der Missbrauch dieses Gebäudes als Nachtclub peinlich, sie strich die Lizenz und beschloss die Rückgabe an uns. Aber wenige Tage nach der Entscheidung der Stadt gegen den Nachtclub, am 6. Dezember 2002, brannte die St.-Annen-Kirche aus und wurde zur Ruine. Diese Ruine haben wir dann zurückbekommen. Aber wir konnten die Mittel für die erforderliche Restaurierung nicht auftreiben. Die Gemeinde der St.-Petri-Kirche hatte es übernommen, das Ende der Annenkirche aufzufangen, sie nennt sich seitdem „Gemeinde St. Annen und St. Petri". Es gab fortan also keine eigene Gemeinde für die Annenkirche mehr. Deshalb musste auch die künftige Verwendung der Reste des Kirchengebäudes geklärt werden. Grundsätzlich hatte auch die Stadt ein Interesse daran, dass eines der ältesten Gebäude der Stadt nicht Ruine blieb. Aber während meiner Amtszeit ist es mir nicht gelungen, die hier angefallenen Aufgaben zum Abschluss zu bringen. Inzwischen ist im Sommer 2007 mit der Restaurierung begonnen worden. Die Bauaufgabe und Pläne lagen natürlich wieder in den Händen von Igor Scharapan.[27]

### *4.5 Beginn ökonomischer Stabilität der Gemeinden*

Die Zeit zwischen der zweiten und dritten Generalsynode nach dem Neuanfang ließ doch eine nicht selbstverständliche Konsolidierung unserer Kirche erkennen. Die einzelnen Gemeinden standen weitgehend auf eigenen Füßen. Prediger und Predigerinnen taten ihren Dienst überwiegend ehrenamtlich. Hilfe aus dem Ausland, vor allen Dingen von der EKD und den Partnerkirchen, brauchten wir weiter für die übergemeindlichen Aufgaben, einschließlich der Durchführung der Synoden. Das konnten die Regionalen Kirchen in der Regel mit ihren deutschen Partnerkirchen klären. Leider war es mir, wie bereits gesagt, für das europäische Russland nicht möglich gewesen, eine Partnerkirche zu finden,[28] aber gerade hier entstanden große neue Aufgaben durch die Rückgabe alter, beschlagnahmter Kirchengebäude. Hier musste in jedem Einzelfall mit potentiellen Unterstützern aus Deutschland

27 Anm. d. Red.: Vgl. hierzu in Abschnitt 2.4.1 (in: JMLB 67, 2020, 190–200) die Anm. 32, 197.

28 Anm. d. Red.: S. hierzu Abschnitt 2.7.2, in: JMLB 67, 2020, 222–226.

verhandelt werden, denn überall verbanden die Städte die Rückgabe dieser Gebäude mit der Verpflichtung, dass für deren Restaurierung gesorgt werde. Es war bisweilen eine Gewissensentscheidung. Die Gemeinden konnten doch das Angebot für die Rückgabe einer alten Kirche, die oft an zentraler Stelle in den Städten lagen, nicht einfach übergehen. Aber sie nahmen eine Verpflichtung auf sich, der sie eigentlich kaum gewachsen waren. Sehr oft wurde dann für die Klärung dieser Fragen die Gesamtkirche eingeschaltet.

Ein Beispiel für diese Probleme ist etwa Jaroslawl. Als ich zum ersten Mal in diese Gemeinde kam, war die alte Kirche noch immer in der Hand anderer Nutzer, aber wir konnten in einem der Räume, die dort entstanden waren, Gottesdienst halten. Später wurde die Kirche zurückgegeben, die Stadt war über diese Lösung nur erfreut. Aber die erforderlichen Baumaßnahmen wurden nur möglich, weil sich ein Pfarrer aus Kurhessen-Waldeck, Martin Schweizer, stark engagierte und auch seine Kirche in Kassel für diese Aufgabe gewinnen konnte. Es ist bei der Restaurierung auch zu Pannen gekommen. Der Altbischof der Evangelischen Kirche von Kurhessen-Waldeck, Dr. Christian Zippert, hat bis zu seinem Tode die Kirche regelmäßig besucht.[29]

In ähnlicher Weise könnte man die Erfahrungen vieler Gemeinden in vielen Städten zusammenstellen. In der Regel waren dann die Gemeinden, deren Kirchen restauriert worden waren, auch in der Lage, die laufenden Ausgaben aus eigenen Kräften zu decken.[30]

### *4.6 Wiederbelebung der Traditionen – die Beziehung zu den deutschen Kulturzentren*

Als ich 1989 von Bischof Harald Kalnins eingeladen worden war, in die Sowjetunion zu kommen, hatten wir im Europäischen Russland kaum Gemeinden. Als ich mein Amt 2005 an meinen Nachfolger weitergab, war das Europäische Russland die größte regionale Kirche der ELKRAS geworden.

29 Anm. d. Red.: Jetzt ist in Jaroslawl Pfarrer Iwan Shirokhow in der Verantwortung (vgl. Karl Leonhäuser, Ein Pastor für Jaroslawl, in: LD 50, 1/2014, 18f).

30 Anm. d. Red.: Ein besonderes Beispiel ist die evangelisch-lutherische Gemeinde in Kazan die in Zusammenarbeit mit der deutschen Vereinigung am Ort und auf dem Wege der Gewinnung staatlicher Mittel die Katharinen-Kirche in wunderbarer Weise wieder herrichten konnte.

Sicher hat Bischof Siegfried Springer daran einen ganz entscheidenen Anteil. Aber es gab eben auch an vielen verschiedenen Orten verschüttete Traditionen, an die er wieder anknüpfen konnte. Hierbei spielte unsere Beziehung zu den regionalen deutschen Kulturzentren eine große Rolle. Bereits mein verehrter Vorgänger, Harald Kalnins, hatte das erkannt. Er hatte auch an dem entscheidenden Kongress der russlanddeutschen „Wiedergeburt" im Jahr 1991 in Moskau teilgenommen. Das war im Grunde die Weichenstellung für unsere Zusammenarbeit. An manchen Orten waren die Gemeindeglieder alle auch Mitglieder der „Wiedergeburt". In der Praxis hat das oft zu Konflikten geführt, aber in Russland hieß eben von alters her „deutsch" zu sein auch „lutherisch" zu sein.

Die Angebote der deutschen Kulturzentren haben natürlich entscheidend dazu beigetragen, diese verschütteten Traditionen wieder freizulegen. Führende Vertreter der russlanddeutschen Bewegung, wie etwa Alexander Arndt aus Saratow, haben in unserer Kirche Verantwortung übernommen. Viele Traditionen, wie etwa die Wiederbelebung des Weihnachtsfestes am 24. Dezember oder die bewusste Bestattung Angehöriger auf lutherischen Friedhöfen, sind in den Familien noch nicht wirklich gefestigt. Hier gibt es auch künftig noch viel zu tun. Es wird daher auch wünschenswert bleiben, Pastoren und Mitarbeiter aus deutschen und anderen lutherischen Kirchen einzuladen, um diese Traditionen weiter zu transportieren und zu festigen.

### *4.7 Reformierte und Presbyterianer*

Erst sehr spät, im Jahre der nach dem neuen russischen Religionsgesetz erforderlichen Umregistrierung aller Gemeinden 1999, wandte sich eine evangelisch-reformierte Gemeinde aus Wyborg an uns mit der Bitte um die Aufnahme in den Verband der ELKRAS. Ich empfing die Predigerin und ihren amerikanischen Mentor kurz nach unserer Generalsynode und konnte sie gemäß Artikel 1, Absatz 4 (Reformiertenklausel) unserer innerkirchlichen Verfassung als autonome Gemeinde aufnehmen. Etwas später sandte ich den Leiter unseres ZKA, Hans Schwahn, nach Wyborg, um die Gemeinde zu besuchen. Zu seiner Überraschung konnte er feststellen, dass Frau Buleejewa unsere 1999 eingeführte Agende benutzte und dass die recht große Gemeinde in der theologischen Tradition der reformierten Gemeinden stand, die es früher im Russischen Reich gegeben hatte.

Nun kamen im Jahre 2003 zwei Gemeinden koreanischer Presbyterianer aus St. Petersburg mit der Frage auf uns zu, ob sie in den Verband der ELKRAS aufgenommen werden könnten. Eine der Gemeinden bestand aus

Koreanern, die Ende des 19. Jahrhunderts auf einen Gnadenerlass des Zaren hin in den Fernen Osten eingewandert waren.[31] Sie waren im Ergebnis einer amerikanischen Mission in Korea überwiegend Presbyterianer. In der anderen Gemeinde waren einige koreanische Studenten und wenige Russen. Die Pastoren waren Koreaner, ihre Predigten wurden ins Russische übersetzt. Ich hatte dann die Anträge der beiden Gemeinden dem Bischofsrat zur Entscheidung vorgelegt und sie im Grunde befürwortet, denn die eine Gemeinde führte Gottesdienste in der Petrikirche durch, und ich hätte eine Perspektive für die Koreaner in einem künftigen Kirchenzentrum an der St.-Annen-Kirche gesehen; auch waren wir mit ihnen durch die Leuenberger Konkordie verbunden. Der Bischofsrat lehnte die Anträge mit der Begründung ab, dass gemäß der „Reformiertenklausel" nur solche Gemeinden einen Platz unter dem Dach der ELKRAS hätten, die in der Tradition der reformierten Gemeinden des Russischen Reiches stünden; das sei hier nicht der Fall gewesen.

### *4.8 Rückschläge und die Strukturdebatte von 2002 bis 2004*

Meine letzten Amtsjahre in St. Petersburg waren einerseits von gesundheitlichen Krisen bei mir, andererseits von einer neuen Strukturdebatte geprägt. Im Jahre 2000 hatte ich noch meinen 75. Geburtstag mit meiner Kirche und Freunden, die aus manchen Ländern angereist kamen, gefeiert. Es war klar, dass die Frage meiner Nachfolge jetzt dringend anstand. Sie sollte auf der nächsten Generalsynode im September 2004 entschieden werden.

#### 4.8.1 Rückschläge

Aber der Weg zu der nächsten Generalsynode lief nicht so gerade, wie man es nach unseren Vorbereitungen, die seit 2003 liefen, hätte erwarten können. Bei einer Reise zum Koordinierungsauschuss bei der EKD im Frühjahr 2004 erkrankte ich in Hannover und fiel für drei Monate für meine Kirche aus. Der Bischofsrat hat unter diesen Umständen den Termin der nächsten Generalsynode in den April 2005 verlegt. Diese von uns nicht gewollte, aber nicht

31 Während der stalinistischen Repressionen wurden diese etwa 150 000 Koreaner nach Usbekistan und Kasachstan umgesiedelt. Heute lebt noch eine größere Anzahl in Usbekistan, wo es eine Vielzahl von aus Korea unterstützten presbyterianischen Gemeinden gibt.

zu verhindernde Verschiebung rief Verstimmung in der EKD hervor. Diese schwierige Diskussionslage wurde noch dadurch mitbestimmt, dass im Jahre 2005 mein 80. Geburtstag anstand und ich es für an der Zeit hielt, mein Amt an einen Nachfolger weiterzugeben, erst Recht nach meinen beiden Operationen und ihren bleibenden Folgen. Die damit gegebenen Unsicherheiten verstärkten die Rückfragen nach der Struktur unserer Kirche. Wirklich intensiv durchdacht und kontrovers diskutiert wurde dieses Thema allerdings nur im europäischen Russland. Diese Diskussion wurde verschärft, weil auch unsere Beziehung zur EKD in Krisen geriet. Der 1999 formell abgeschlossene Partnerschaftsvertrag lief 2004 aus und wurde von Hannover nicht erneuert. Aus dem Blickwinkel der EKD wurden nun Rückfragen an unsere Finanzpolitik in den Vordergrund gerückt. Für die Finanzen in unserem ZKA war seit vielen Jahren die Hauptbuchhalterin Olga Kirsanowa zuständig. Die Kritik aus dem Kirchenamt in Hannover hat darin ihren berechtigten Ursprung, dass wir in der Tat Schulden gemacht hatten.[32] Allerdings war die Hälfte dieses Defizits auf den notwendigen Kauf der christlichen Buchhandlung „Slovo" („Das Wort") in der Nähe unseres Kirchenkomplexes in St. Petersburg zurückzuführen. Ich hätte eine andere Finanzierung erreichen müssen, aber die Buchhandlung erbrachte lange Zeit Gewinne, so dass dieser Fehlbetrag getilgt werden konnte. Sehr viel schwieriger war die andere Hälfte. Hier ging es in erster Linie um Reisekosten. Die Fahr- und Flugpreise in der Russischen Föderation haben sich von 2000 bis 2005 fast verzehnfacht, und es war mir nicht gelungen, in den Koordinierungsausschusssitzungen unsere Partner davon zu überzeugen, dass dieser Finanzposten erhöht werden müsste. Wenn unsere Kirche von Kaliningrad bis Wladiwostok und Archangelsk und Baku weiterleben wollte, konnten wir auf die regelmäßigen Sitzungen von Bischofsrat und Konsistorium nicht verzichten. Hier wird deutlich, dass das genannte finanzielle Problem zugleich ein Strukturproblem unserer Kirche ist. In Hannover wurde man gegenüber der Arbeit der Hauptbuchhalterin sehr misstrauisch und forderte später ihre Entlassung. Aber ihr wurde nie irgendwelches gravierende Verschulden nachgewiesen. Es zeigte sich aber, dass hinsichtlich der Buchführungstradition zwischen der Russischen Föderation und Deutschland Unterschiede bestehen. Wir hatten sehr hohe Zuschüsse durch Staatssekretär Horst Waffenschmidt für die Restaurierung der Petrikirche und große Summen für den Auf- und Ausbau des

32 Das Konsistorium der ELKRAS hat mit einem Beschluss vom 31. März 2005 festgestellt, dass diese Schulden notwendigerweise entstanden waren, um den Betrieb des ZKA aufrechtzuerhalten.

Theologischen Seminars in Novosaratovka aus Amerika erhalten. Diese Ausgaben sind damals von besonderen Revisionen geprüft und nie beanstandet worden.[33]

### 4.8.2 Strukturdebatten

Von außen her gesehenen schien unsere Kirche kaum noch handlungsfähig zu sein. Da schaltete sich die EKD ein und machte für meine Nachfolge einen Vorschlag, der natürlich die Bindung an die EKD sehr offenkundig machen würde. Es war sicher der Versuch, uns zu helfen. Aber die Zeit war vorüber, in der jemand aus Deutschland „frisch eingeflogen" werden konnte, um die Verantwortung in der ELKRAS zu übernehmen. Oberkirchenrat Reiner Rinne erklärte sich bereit, zunächst mein Stellvertreter zu werden. Wir alle verstanden dies auch als einen Vorgriff auf meine Nachfolge. Der Bischofsrat sah in diesem Angebot den Versuch, unsere Kirche unter den Einfluss des Kirchlichen Außenamtes der EKD zu bringen, und lehnte ihn, mit einer etwas anderen Begründung, einmütig ab. Natürlich hat die Ablehnung des Vorschlages aus Deutschland durch den Bischofsrat das Verhältnis zu unseren Freunden und Unterstützern noch zusätzlich sehr belastet. In dieser Phase veröffentlichte Dr. Gerd Stricker, ein Mann, der sich bisher als Freund unserer Kirche gezeigt hatte und der zu meinem 75. Geburtstag in der Petrikirche einen eindrucksvollen Festvortrag gehalten hatte,[34] einen umfangreichen Artikel, in dem eigentlich unsere ganze Arbeit der letzten Jahre einer schweren Kritik unterzogen wurde.[35] Stricker hatte alle unsere Schwächen, die unsere Partner durchaus kannten, in einer reißerischen Form aufbereitet.

33 Die nächste reguläre Revision fand unter Beteiligung von Mitarbeitern des deutschen Generalkonsulates in St. Petersburg am 30. April 1999 statt. Die folgenden Jahre wurden durch externe Prüfer 2003 und 2005 geprüft. Diese einzelnen Prüfberichte wurden von der Revisionskomission der Generalsynode durchgesehen und daraus ein Bericht für den Zeitraum 1999 bis 2005 erstellt, auch dieser trägt das Dienstsiegel des Generalkonsulates. Seit 2004 verwendeten wir in Abstimmung mit dem Leiter der Finanzabteilung der EKD, OKR Begrich, ein neues Formular, das den Kriterien der EKD entspricht.

34 Gerd Stricker, Rede aus Anlaß des 75. Geburtstages von Erzbischof D. Georg Kretschmar, in: JMLB 48, 2001, 191–201.

35 Gerd Stricker, Lutherische Kirche Russlands in der Krise, in: G2W (Glaube in der 2. Welt), 32, 10/2004, 12–18, auch: Ders.: Lutherische Bischofswahl gescheitert, in: G2W, 32, 11/2004, 8.

Dass er von Unregelmäßigkeiten in den Kassen schrieb, entsprach nicht den Tatsachen, und dass er auf die Umstände des Ausscheidens von Stefan Reder einging, war einfach ungehörig. Krankheitsbedingt hatte ich keine Möglichkeit, auf diese Beschuldigungen zu reagieren. Dies hat dann das ZKA in einer Erklärung getan, die in unseren Medien gedruckt und an alle unsere Partner versandt wurde. Ich habe nie bis zum Ende verstanden, welche Ziele mit dieser Publikation Strickers verfolgt wurden, jedoch hat ihr Inhalt unserer Kirche erheblichen Schaden zugefügt.

Auf Initiative des Kirchlichen Außenamtes wurde dann im Verhältnis zur ELKRAS ein Moratorium beschlossen, das die finanzielle Unterstützung weitgehend einfror. Um hier einen Ausweg zu finden, wurde ein gemeinsames Treffen in Bad Sassendorf für den 28. Februar 2005 vereinbart. Die Gesprächsleitung von Seiten der EKD hatte vor allem Landesbischof Dr. Johannes Friedrich aus München. Von unserer Seite waren Vertreter fast aller Regionalkirchen und der Kirchenleitung der Gesamtkirche anwesend. Zur allgemeinen Freude und Überraschung zeigte sich, dass in den Grundfragen weitgehende Übereinstimmung bestand.

Auf unserer Seite hatte es zusätzliche Probleme gegeben. Mein langjähriger Stellvertreter, Bischof Stefan Reder, musste nach Deutschland zurückkehren. Es galt also, einen neuen Rektor für das Theologische Seminar zu finden, ferner einen neuen Stellvertreter des Erzbischofs und eine neue Leitung für die Kommunikationsabteilung. Als neuen Rektor in Novosaratovka bat ich Pastor Rudi Blümcke, der als Propst viele Jahre in Sibirien gewirkt hatte und auch zusagte. Allerdings entschied er sich nach einem Jahr, nach Deutschland zurückzugehen. Nun blieb als künftiger Rektor nur Pastor Godeke von Bremen aus dem Lehrkörper des Institutes selbst. Godeke von Bremen hat den Auftrag erkannt und angenommen und war dem Seminar bis 2007 ein guter Rektor. Ich hatte bis dahin die Aufgabe meines Stellvertreters darin gesehen, tatsächlich zur Verfügung zu stehen, wenn ich verhindert war. Dazu musste er auch im Raum St. Petersburg erreichbar sein. Das war nun nicht mehr realisierbar. Bischof Siegfried Springer übernahm es freundlicherweise, in Zukunft diesen Dienst zu versehen. Ich muss an dieser Stelle noch einmal betonen, welche Bedeutung Stefan Reder für den Aufbau, die Sammlung und die Strukturierung unserer Kirche gehabt hat – das gilt besonders für die Regionalen Kirchen in Mittelasien und natürlich für das Theologische Seminar. Die Kommunikationsabteilung wurde zum Glück nahtlos von Marina Chudenko fortgeführt.

In diesen Wochen und Monaten allgemeiner Verunsicherung legte auch Bischof Volker Sailer in Omsk sein Amt nieder. Als Bischöflicher Visitator der Evangelisch-Lutherischen Kirche von Ural, Sibirien und Ferner Osten wurde dann August Kruse von der Synode bestätigt.[36] In dieselbe Zeit fiel der unerwartetete Tod von Bischof Gerd Hummel und die schwere Erkrankung von Bischof Peter Urie. Und es vollzog sich zu dieser Zeit auch der oben schon beschriebene Wechsel im Bischofsamt in Kirgisien. Alfred Eichholz war neues Mitglied des Bischofsrates geworden.

### *4.9 Gesamtkirchlicher Pastoralkonvent in Moskau 2004*

Aus all dem wird deutlich, dass die Krisensituation damals nicht nur die Außenbeziehungen der ELKRAS betraf, sondern vor allem auch eine innerkirchliche Herausforderung war. Deshalb wurde von mir in Absprache mit dem Bischofsrat eine gesamtkirchliche Pastoralkonferenz für die Zeit vom 17. bis 20. Februar 2004 nach Moskau einberufen. Sie wurde mit einem Gottesdienst in der St.-Peter-und-Pauls-Kirche von Bischof Springer eröffnet und wurde im Bildungs- und Informationszentrum der Gesellschaft für Technische Zusammenarbeit in Mamontowka fortgesetzt. Es war das erste Mal in der Geschichte unserer Kirche, dass sich wirklich Amtsbrüder und Amtsschwestern aus allen Teilen des riesigen Gebietes persönlich begegnen konnten.

Konkret waren zu dieser Versammlung Amtsbrüder und Amtsschwestern, also alle Pastoren und viele Prediger geladen. Am Ende kamen 64 Personen. Diese Versammlung war ja kein in der Verfassung vorgesehenes Entscheidungsgremium, so kann man also auch nicht von bindenden Beschlüssen sprechen. Aber es setzte sich doch deutlich die Überzeugung durch, dass die ELKRAS in der bisherigen Form weiter bestehen soll. Das schließt natürlich nicht aus, dass die Regionalen Kirchen in ihren Gebieten auch eigenständige Entscheidungen treffen können, auch in Bezug auf ökumenische Beziehungen. Die nächste Nachbarkirche zum fernöstlichen Bereich Sibiriens war die lutherische Kirche in Südkorea. Vom europäischen Russland her gesehen war das Finnland.

Eine ganze Reihe von Problemen wurde nun besprochen, wobei die Debatte um die Struktur der ELKRAS doch im Zentrum stand. In den anderthalb Jahrzehnten seit den ersten Besuchsreisen von Bischof Harald Kalnins in den verschiedensten Gebieten, in denen es lutherische Gemeinden gab, war eine

36 Anm. d. Red.: August Kruse tat den Dienst als Bischof bis 2010. Auf ihn folgte der württembergische Lehrer und Schulrektor Otto Schaude. Nach dessen Tod wurde der bisherige Propst von Saratow, Alexander Scheiermann, im Oktober 2016 zum Bischof gewählt und in sein Amt eingeführt (vgl. Der Bote Spezial, 3/2016, 1 und 2).

Kirche riesigen Ausmaßes, von Kaliningrad bis Wladiwostok und von Baku bis nach Archangelsk geworden.

Die einzelnen Gemeinden in diesem Raum waren oft sehr weit voneinander entfernt und hatten kaum Kontakt miteinander. Da ist es verständlich, dass eine Diskussion aufbrach, ob wir die richtige Struktur für die lutherischen Gemeinden in diesem weiten Raum gefunden hatten. Die Situation in den einzelnen Regionalkirchen war eben auch sehr verschieden. So ist es durchaus verständlich, wenn auch Überlegungen aufkamen, die einzelnen Regionalen Kirchen zu stärken und die Autorität der Gesamtkirche einzuschränken. In Deutschland war eine entsprechende Diskussion in den 1960er Jahren geführt worden mit den Schlagworten „Kirchenbund" oder „Bundeskirche". Aber die Situation in Deutschland war doch ganz anders als bei der ELKRAS. Dort gab es gewachsene Landeskirchen mit vierhundertjährigen Traditionen, die ihre Stellung gegenüber der EKD herausstellen wollten. Bei uns gab es nur einige wenige Regionalkirchen, die auch für sich allein hätten bestehen können. Die Regionalkirchen in Mittelasien waren weitgehend geprägt durch die Vertreibung deutscher Lutheraner aus dem Wolgagebiet und anderen Teilen des europäischen Russlands. Das Entstehen eigenständiger Gemeinden hier war alles andere als selbstverständlich, ja fast ein Wunder Gottes. Die fortschreitende Auswanderung Deutschstämmiger hat dann doch die eigenen Möglichkeiten dieser Regionalen Kirchen sehr beschränkt. Die Bischöfe des Europäischen Russlands oder der Ukraine hatten völlig andere Möglichkeiten als etwa die Bischöfe in Usbekistan oder Kirgisien. Zu klären war, wie diese Unterschiede in der praktischen Wirklichkeit unserer Kirche Berücksichtigung finden konnten und ob das einmal gewählte Modell auf die Dauer Bestand haben könnte. Es ist verständlich, dass diese Diskussionen eine besondere Rolle unter den aus Deutschland kommenden Amtsbrüdern spielte. Aber es musste ein Weg gefunden werden, an diesen Überlegungen oder möglicherweise neuen Lösungen alle Teile unserer Kirche zu beteiligen.

In Mamontowka wurden nun verschiedene Möglichkeiten einer Umstrukturierung unserer Kirche, teils in Arbeitsgruppen, teils im Plenum besprochen. Insbesondere wurden drei Modelle diskutiert. Einmal den Zusammenschluss der beiden Kirchen in der Russsischen Föderation, der eine eigene geistliche Leitung erhält und einen losen Bund mit den anderen Gliedkirchen abschließt. Das wäre das Ende der ELKRAS in der bisherigen Form gewesen und wurde mehrheitlich abgelehnt.

Eine andere Möglichkeit wäre der Verzicht auf eine gemeinsame geistliche Leitung gewesen, die bisher durch den Bischofsrat, das Konsistorium und den Erzbischof ausgeübt wurde; auch dies fand keinen Anklang.

Als dritte Möglichkeit wurde darüber nachgedacht, über die Größe und die Zusammensetzung der Generalsynode neu zu entscheiden. Aber auch hierfür gab es keine Mehrheit. Entscheidungen wurden auf die kommende Generalsynode vertagt.

Die Gespräche der Teilnehmer an diesem Pastoralkonvent waren überaus anregend und gemeinschaftsstiftend. Es war eben das erste Mal, dass sich alle Verantwortlichen unserer Kirche regionenübergreifend trafen.

Aber damit waren die Fragen natürlich nicht beantwortet. Sie wurden vor allem im Bischofsrat auch kontrovers erörtert. Dass die Strukturen unserer Kirche dennoch stabil waren, zeigte sich in der Zeit meiner Erkrankung und des Ausfalls bzw. Wechsels von vier weiteren Mitgliedern des Bischofsrates im Frühjahr 2004.

Nun galt es vor allem, eine Lösung für die Frage meiner Nachfolge zu finden. Die Ereignisse und Diskussionen der vergangenen Monate hatten gezeigt, dass es nicht sinnvoll und auch gar nicht mehr möglich war, einen Kandidaten von außen in unsere Kirche hineinzubringen. Wir mussten jemanden aus unseren Reihen finden. So entschloss ich mich, Bischof Dr. Edmund Ratz aus der Ukraine zu bitten, sich der kommenden Generalsynode, nun im April 2005, für diesen Dienst zur Verfügung zu stellen. Ich bin ihm von Herzen dankbar, dass er dazu bereit war.

### *4.10 Die neue Pastorengeneration übernimmt Verantwortung*

Neue Chancen, aber auch Aufgaben enstanden für unsere Kirche durch die nachwachsende Generation, vor allem aus unserem Seminar in Novosaratovka. Die neuen Theologen konnten nicht mehr ehrenamtlich als Prediger oder Predigerinnen eingebunden werden. Aber die Möglichkeiten, einen voll ordinierten Pastor im Hauptamt zu finanzieren, fehlten doch vielen Gemeinden. An sich hatte das ZKA mit Hilfe der Partner einen Fonds für die Besoldung der Absolventen des Theologischen Seminars Novosaratovka aufgebaut, und vom Konsistorium wurden die notwendigen Satzungen hierüber erlassen. Aber es ergab sich aufgrund der wirtschaftlichen Entwicklung in unserem Kirchengebiet, dass die ursprünglich vorgesehenen Mittel nicht entfernt ausreichten. Es mussten deshalb in Absprache mit Partnerkirchen immer neue, individuelle Lösungen gefunden werden. Obgleich ich mit Recht von einer Konsolidierung geschrieben habe, blieben wir doch in wesentlichen Punkten finanziell auf Hilfe von außen angewiesen.

Es leuchtet unmittelbar ein, dass wir unter diesen Umständen nicht alle Absolventen von Novosaratovka einsetzen konnten. Aber aufs Ganze gesehen ist unsere Kirche durch diesen Nachwuchs an jungen Pastoren und Pastorinnen gestärkt worden. Wir können uns eigentlich nicht darüber beklagen, dass der Nachwuchs fehlen würde. Aber es ist ebenso klar, dass ich meinen Nachfolgern in diesem Bereich schwere Aufgaben hinterlassen habe. Immerhin gehört der jetzige Rektor des Seminars, Dr. Anton Tikhomirov, bereits zu diesen Absolventen. Zwei andere, Wladimir Proworow in Uljanowsk (früher: Simbirsk) und Oleg Stuhlberg in Sarepta bei Wolgograd sind inzwischen Pröpste in unserer Kirche geworden.

### *4.11 Die Generalsynode des Jahres 2005*

Die Generalsynode im Frühjahr 2005 wurde zwar in der Öffentlichkeit als die III. Generalsynode der ELKRAS bezeichnet, rechtlich gesehen war sie aber die 2. Sitzung der II. Generalsynode der ELKRAS. Sie fand vom 26. bis 29. April 2005 in der St.-Petri-Kirche zu St. Petersburg statt. Als Motto hatten wir uns auf das Thema: „Der Weg unserer Kirche in die Zukunft" geeinigt. Dies war sicher auch eine Anspielung auf die vorangegangene Strukturdebatte. Weitergehende Strukturfragen mussten allerdings zurücktreten, weil Bischof Springer überrraschenderweise keine Einreise von den staatlichen Behörden in seine Kirche, das Europäische Russland, erhielt und die Generalsynode ohne seine Teilnahme stattfand. Die Gründe für dieses Einreiseverbot haben wir nie aufklären können.

Das Äußere der St.-Petri-Kirche zeigte sich zur Synode in neuem Glanz. Wir hatten ja schon 2002 aus eigener Kraft die Hauptfassade und 2004 dann mit Hilfe der Stadt die Seitenfassaden und die rückwärtige Seite sowie die beiden Flügel restaurieren können. Darüber hinaus wurde unser Kirchhof im Zuge eines städtischen Programms neu gepflastert. Aber jetzt erstrahlten auch noch unsere beiden Apostelfiguren nach der im vergangenen Winter durchgeführten Renovierung.

In diesem Umfeld konnte ich letztmalig als Hausherr der St. Petri-Kirche die Synodalen und zahlreiche Gäste aus St. Petersburg, aus dem Baltikum und aus Deutschland am Vorabend der Synode von der Freitreppe vor der Kirche begrüßen und hineinbitten. Aus diesem Anlass hatten der Präsident der Generalsynode, Alexander Pastor, und ich zu einem offenen Abend eingeladen, bei dem sich Synodale und Gäste kennenlernen konnten. Während des offenen Abends hatten die Regionen unserer Kirche die Gelegenheit, sich in Wort und Bild vorzustellen. Hierzu hatten die Gemeindevertreter wie auch das Zentrale Kirchenamt und das Theologische Seminar der ELKRAS mehr als 20 Schautafeln vorbereitet. Der Abend wurde von Pastor Peter Sachi aus Kiew moderiert, die musikalische Leitung hatte Propst Manfred Brockmann aus Wladiwostok, der fleißig aus der Pilotausgabe des neuen Gesangbuchs singen ließ. Zum Abschluss des Abends kam der älteste lutherische Pastor Russlands, der 94-jährige Bruno Torassjanz aus Wyborg, mit einem Gruß an die Synode zu Wort. Torassjanz hatte von 1929 bis 1933 das Theologische Seminar unserer Kirche im damaligen Leningrad besucht, das sich damals in der am 6. Dezember 2002 ausgebrannten St.-Annen-Kirche befand. 1934 war er in Moskau von Bischof Theophil Maier ordiniert worden. Noch heute assistiert Torassjanz in der lutherischen Gemeinde zu Wyborg. Eine Gruppe deutscher Studenten von der Hochschule für Bauwesen, Holzminden, stellte gemeinsam mit ihrem wissenschaftlichen Leiter, Prof. Dr. Jens Kickler, ihre Projektarbeit zur Wiederherstellung der St.-Annen-Kirche vor.

Da die Generalsynode der ELKRAS terminlich in die Karwoche nach dem orthodoxen Kalender fiel, bat Wladimir, der Metropolit von St. Petersburg und Ladoga, mich und meinen vom Bischofsrat der ELKRAS nominierten Nachfolgekandidaten, den Bischof der DELKU, Dr. Edmund Ratz, sowie die bereits aus Deutschland eingetroffenen Gäste der Generalsynode, in seine Residenz im Newskij-Kloster zu kommen. Dabei waren der Leiter des Außenamtes der EKD, Bischof Dr. Rolf Koppe, OKR Reiner Rinne, der Vizepräsident der Evangelischen Kirche in Württemberg, Heiner Künzlen, sowie Rainer Kiefer, OLKR der Hannoverschen Landeskirche. Der Metropolit äußerte sich bei dem Treffen sehr erfreut über die außerordentlich guten Beziehungen, die zwischen beiden Kirchen bestehen. Hinsichtlich des bevorstehenden 60. Jahrestages der Beendigung des Zweiten Weltkrieges stellten beide Seiten fest, dass vor allem auch die Kirchen bereits gleich nach dem Ende des Krieges die Versöhnungsarbeit zwischen Russen und Deutschen begonnen hatten.

Am Dienstag, dem 26. April, begann der erste Sitzungstag der Generalsynode mit einem Festgottesdienst, in dem ich die Predigt hielt. Danach erklärte der Präsident der Generalsynode, Alexander Pastor, die Synode für eröffnet. Die ersten Grußworte an die Synode wurden von Reinhard Kraus, dem Generalkonsul der Bundesrepublik Deutschland in St. Petersburg, von Bischof Dr. Rolf Koppe für die EKD, von Bischof Arre Kugappi für die ELKIR, von Vater Wladimir Fjodorow als Leiter des orthodoxen geistlichen Institutes, von Wladimir, dem Metropoliten von St. Petersburg und Ladoga, und von Erzbischof Tadeusz Kondruschewitsch für die römisch-katholischen Gemeinden in Russland gesprochen. Es folgten die Grüße von Pastor Lueking für die Evangelisch-Lutherische Kirche von Amerika und Prof. Gunnar Hallström für die Evangelisch-Lutherische Kirche Finnlands sowie von Pastor Brend Smith aus Moskau als dem Russland-Vertreter der Missouri-Synode. Es war ein eindrucksvolles Zeichen unserer internationalen Beziehungen.

Nach dem Gedenken an verstorbene Synodale – Bischof Prof. Dr. Gerd Hummel, Propst Jakob Welz und Pastor Johannes Lehl – begann die Arbeitssitzung der Synode mit dem Bericht der Mandatskomission sowie der Wahl der Zählkomission und der Annahme der Tagesordnung. Dem Bericht der Mandatskomission zufolge waren 71 stimmberechtigte Synodale anwesend.

Die zweite Tageshälfte war den Berichten an die Generalsynode gewidmet: Ich stellte in einem umfassenden Bericht die Ereignisse in unserer Kirche zwischen 1999 bis 2005 dar. Am Ende meines Berichtes erklärte ich meinen Rücktritt aus gesundheitlichen Gründen und stellte im Auftrag des Bischofsrates die im März 2005 beschlossene Kandidatur von Bischof Dr. Edmund Ratz vor. Danach ergriff Bischof Ratz das Wort und stellte sich und die Vision seines künftigen Dienstes vor. Anschließend folgten die Berichte des Leiters des Zentralen Kirchenamtes der ELKRAS, Hans Schwahn, der Revisionskomission, der Öffentlichkeitsarbeit, vorgetragen durch Marina Chudenko, der Repräsentanz der ELKRAS in Moskau, der Frauenarbeit, vorgetragen von Dr. Tamara Tatsenko, und der Ausbildungsbericht des Rektors des Theologischen Seminars, Godeke von Bremen.

Der nächste Arbeitstag war der inhaltlichen Arbeit gewidmet. Am Vormittag wurde die Generalsynode zunächst durch den Vortrag „Auftrag und Aufgabe der evangelisch-lutherischen Kirche im einundzwanzigsten Jahrhundert“ des Europa-Sekretärs des LWB, Pfarrer Dr. Andreas Wöhle aus Genf, eingestimmt. Daran schloss sich ein Symposium „Die Zukunft unserer Kirche“ an, bei dem die im Vorfeld der Generalsynode erarbeiteten Vorschläge zur Änderung und Effektivitätssteigerung der Struktur unserer Kirche behandelt wurden. In der zweiten Tageshälfte wurde in sieben Ausschüssen an den Vorlagen für die Beschlüsse der Generalsynode gearbeitet. Die Hauptargumentationen der Diskussion wurden in den „Zukunftsausschuss“ verwiesen.

Am darauffolgenden Arbeitstag gab es zunächst die Grußworte des Erzbischofs der Evangelisch-Lutherischen Kirche in Lettland, Janis Vanags, seitens des Martin-Luther-Bundes durch dessen Generalsekretär Dr. Rainer Stahl, vom Gustav-Adolf-Werk durch dessen Vorstandsmitglied Vera Gast-Kellert und von der Vereinigten Evangelisch-Lutherischen Kirche Deutschlands sowie dem Deutschen Nationalkomitee des LWB durch OKR Norbert Denecke. Zugleich überbrachten viele Partner aus den deutschen Landeskirchen Grußworte.[37] Danach wurden die Resultate der Arbeit in den Aus-

37 Vizepräsident Heiner Künzlen (Württemberg), OLKR Rainer Kiefer (Hannover), Pastor Axel Matyba (Nordelbien), Pfarrer Friedemann Oehme (Sachsen) und KR Hans Kasch (Mecklenburg). Als Präses der Kirchlichen Gemeinschaft der Deutschen aus Russland sprach Eduard Lippert.

schüssen durch die jeweiligen Leiter vor dem Plenum berichtet und die Beschlussvorlagen eingebracht.

In der Folge fanden die Wahl des Erzbischofs und die Nachwahlen für das Präsidium der Generalsynode sowie die Wahl der Revisionskomission statt. Die Synode hat Bischof Dr. Edmund Ratz mit überwältigender Mehrheit zu meinem Nachfolger gewählt. Der Leiter der Zählkomission, Pastor Alexander Gross, konnte der Synode berichten: Bei vier Enthaltungen wurde Bischof Edmund Ratz zum Erzbischof der ELKRAS gewählt. Auf einer anschließenden Sitzung des Bischofsrates erklärte Edmund Ratz, dass er den bisherigen Vertreter für innerkirchliche Angelegenheiten des Erzbischofs, Bischof Siegfried Springer, dem Bischofsrat als seinen Stellvertreter vorschlage. Der Vorschlag wurde einstimmig angenommen.

Am Freitag, dem 29. April 2005 wurde Erzbischof Edmund Ratz in der St.-Petri-Kirche zu St. Petersburg von mir unter Assistenz der Bischöfe Kornelius Wiebe (Taschkent) und Dr. Andreas Stöckl (Tbilissi) sowie Erzbischof Janis Vanags (Riga) und Bischof Arre Kugappi (St. Petersburg) in sein Amt eingeführt. Gleichfalls wurden die neuen Präsidiumsmitglieder Tatjana Muramzewa (Omsk), Viktor Schmidt (Taschkent) wie auch die Stellvertreter Alexander Schanz (Bischkek) und Manfred Brockmann (Wladiwostok) für ihren Dienst gesegnet.

Nach dem Gottesdienst überbrachte Viktor Lapko, der Vizegouverneur und Leiter der Administration der Gouverneurin, die Grüße von Valentina Matvejenko, der Gouverneurin von St. Petersburg, an den neuen Erzbischof und den herzlichen Dank der Stadt an mich. Die Reihe der Grüße wurde fortgesetzt durch Oberkirchenrat Reiner Rinne, der an beide Erzbischöfe gerichtete Grußworte des Ratsvorsitzenden der EKD, Bischof Prof. Dr. Wolfgang Huber, verlas, wie auch durch Erzbischof Janis Vanags, Bischof Arre Kugappi und Pastor Jaan Janis, der im Auftrag des Konsistoriums der Estnischen Evangelisch-Lutherischen Kirche Grußworte überbrachte.

### 4.11.1 Komissionen, Ausschüsse, Beschlüsse – Meilensteine auf dem Weg in die Zukunft

Gemäß unserer Kirchenverfassung ist die Generalsynode das oberste legislative Organ der Gesamtkirche. Sie hatte am 28. April 2005 nun zum zweiten Mal einen Erzbischof gewählt. Die Leitung der Kirche liegt in den Händen der Generalsynode und des Erzbischofs, der dabei von seinem Vertreter und dem Bischofsrat unterstützt wird. Zwischen den Sitzungen der Generalsynode wird die Arbeit der Gesamtkirche vom Konsistorium gestaltet. Es besteht aus dem Präsidium der Generalsynode, dem Erzbischof, seinem Vertreter, zwei Mitgliedern des Bischofsrates und dem Leiter des Zentralen Kirchenamtes. Wie gut dies gelingt, hängt von den Vorgaben der Generalsynode ab. Die Aufträge der Generalsynode werden in Form von Beschlüssen gefasst. Da die Generalsynode in den letzten zehn Jahren nur nach großen Zeitabständen zusammentreten konnte – es war 1994, 1999 und 2005 – ist eine sorgfältige Vorbereitung der Beschlüsse notwendig gewesen.

Hierzu werden in der Regel Komissionen gebildet, die in der Zeit zwischen den Sitzungen der Generalsynode arbeiten. Im Zeitraum von 1999 bis 2005 waren zwei Komissionen tätig. Unter meinem Vorsitz tagte die aus etwa zehn Vertretern verschiedener Regionen unserer Kirche bestehende Gesangbuchkomission. Als Sekretär stand der Komission Pastor Dietrich von Sternbeck zu Seite. Sie konnte der Generalsynode nach jahrelanger Arbeit den als Pilotausgabe in 230 Exemplaren gedruckten Entwurf eines Gesangbuches mit 464 Liedern vorlegen. Er wurde von der Generalsynode angenommen.

Im Herbst 2003 hatten Bischofsrat und Konsistorium ein gemeinsames Komitee zur Vorbereitung der Generalsynode formiert. Ihm gehörten auch Spezialisten aus den Regionalen Kirchen an. Dieses Komitee hatte sich neben der inhaltlichen Vorbereitung der bevorstehenden Sitzung mit den vor allem im Jahre 2004 aufgetretenen Fragen an die Struktur unserer Kirche zu beschäftigen. Angesichts der Konsolidierung der Regionalen Kirchen im europäischen Teil Russlands und in der Ukraine wurde diskutiert, ob eine Lockerung der gesamtkirchlichen Bindung sinnvoll sei. Vorgeschlagen wurden die Abschaffung der Generalsynode und des erzbischöflichen Amtes. Diese sollten durch einen Rat der ELKRAS unter dem Vorsitz eines leitenden Bischofs ersetzt werden. Diese Vorschläge nahmen im Februar 2005 durch einen Beschluss der Synode der Evangelisch-Lutherischen Kirche im Europäischen Russland konkrete Gestalt an. Das Komitee zur Vorbereitung der Generalsynode, zu dessen Arbeit auch die Präsidentin der Synode des Europäischen Russlands und der Kaliningrader Propst eingeladen waren, kam zu der Feststellung, dass eine derartig tiefgreifende Änderung der Struktur der ELKRAS zunächst hinsichtlich der juristischen und kirchenpolitischen Folgen gründlich geprüft werden müsse. Daher wurde vorgeschlagen, die Problematik der Struktur und der Zukunft der ELKRAS im Rahmen eines Symposiums während der Generalsynode zu erörtern und die weitere Besprechung der Fragen in einen Ausschuss zu delegieren. Die Generalsynode folgte diesem Vorschlag.

Da während der Sitzung der Generalsynode unmöglich alle Themen im Plenum ausreichend beraten werden konnten, wurden zu den anstehenden

Fragen sieben Ausschüsse gebildet. Als Grundlage für die Diskussion der einzelnen Sachfragen gaben zunächst Spezialisten eine Einführung. Die Ausschüsse fertigten dann einen kurzen schriftlichen Bericht für das Plenum an, der eine Beschlussvorlage zu der jeweiligen Problematik enthielt.

### 4.11.2 Der Verfassungsausschuss

Der Verfassungsausschuss tagte unter der Leitung von Alexander Pastor und mir, er beschäftigte sich mit vier Textvorschlägen zur Novellierung der Kirchenverfassung. Die wichtigste Veränderung war, eine Verkleinerung der Generalsynode herbeizuführen, um sie kostengünstiger zu gestalten und damit häufiger einberufen zu können. In Artikel 17.1. der staatlich registierten Kirchenordnung heißt es nunmehr: „Zur Generalsynode gehören der Bischofsrat, darüber hinaus jede regionale Kirche. Kirchen mit über 60 Gemeinden entsenden neun Synodale in die Generalsynode, regionale Kirchen mit mehr als 30 Gemeinden vier Synodale, und Kirchen, die weniger als 30 Gemeinden haben, wie auch die autonomen Gemeinden, entsenden einen Synodalen.“ Künftig wird die Generalsynode voraussichtlich 45 Synodale haben und alle drei Jahre zusammentreten, was vor allem der effektiveren Arbeit und dem inneren Zusammenhalt förderlich ist. Die übrigen Änderungen bewirken die Verlängerung der Vollmachten des Präsidiums der Generalsynode bis zur Wahl eines neuen Präsidiums und die Einführung der Altersgrenze von 75 Jahren für den Erzbischof sowie für die Bischöfe der regionalen Kirchen. Die Vorschläge wurden von der Generalsynode beschlossen.

### 4.11.3 Der Zukunftsausschuss

Das größte Interesse fand der von Edmund Ratz geleitete Zukunftsausschuss, an dem ein Drittel aller Synodalen teilnahm. Die künftige Struktur der ELKRAS betreffend wurde festgestellt, dass Erzbischof und Generalsynode sowie die damit bisher verbundenen Gremien auch künftig erhalten bleiben sollen.

Eine Kommission soll jedoch Kompetenzen und Effizienz überprüfen. Der Erzbischof soll künftig auch geistlicher Leiter einer Region sein. Hinsichtlich der Partnerschaft mit der Evangelischen Kirche in Deutschland wurde festgestellt, dass die gemeinsame Erklärung beider Kirchen, die im Januar 2005 in Bad Sassendorf unterzeichnet wurde, für den weiteren Weg der ELKRAS von grundlegender Bedeutung sei. Die Vorschläge wurden ebenfalls vom Plenum beschlossen.[38]

Im Berichts- und Finanzausschuss wurden die auf der Generalsynode von den Organen und Diensten der ELKRAS gehaltenen Berichte unter der Leitung von Peter Sachi und Jurij Nowgorodow besprochen. Dem Plenum wurde vorgeschlagen, die Berichte zu bestätigen und den Leiter des Zentralen Kirchenamtes zu beauftragen, die von der Revisionskomission festgestellten Unzulänglichkeiten auszuräumen. Zugleich wurden die Wahlen für das Amt des Erzbischofs, des Präsidiums und der Revisionskomission für den 28. April 2005 vorbereitet.

### 4.11.4 Der Ausbildungsausschuss

Dimitri Lotov trug die Ergebnisse des Ausbildungsausschusses vor; dieser empfahl der Generalsynode die Bildung eines ständigen Ausbildungskomitees, das dem Ausbildungsreferenten zur Seite stehen und in dem jede Region unserer Kirche vertreten sein sollte. Hauptziel muss die bessere Vernetzung zwischen der Ausbildung in den Regionen und im Theologischen Seminar Novosaratovka sein. Dem stimmte das Plenum ebenfalls zu.[39]

---

38 Anm. d. Red.: Durch die Umwandlung der ELKRAS in den „Bund der ELKRAS“ und die Entscheidung, dass die Generalsynode das Leitungsgremium der Evangelisch-Lutherischen Kirche in Russland und der Erzbischof der Leitende Bischof dieser Kirche ist (Dezember 2010), sind die hier referierten Beschlüsse zum Teil Geschichte und zum Teil Wirklichkeit geworden (s. in Abschnitt 2.2.3 Anm. 10, in: JMLB 66, 2019, 193). Mitgliedskirchen im „Bund der ELKRAS“ sind: die *Evangelisch-Lutherische Kirche in Georgien* (ELKG – 700 Gemeindeglieder, 7 Gemeinden, 3 Pastorinnen, 3 Pastoren, 2 Prediger), die *Evangelisch-Lutherische Kirche in der Republik Kasachstan* (ELKRK – 2500 Gemeindeglieder, 47 Gemeinden, 9 Pastoren, 14 Predigerinnen/Prediger, 15 Katechetinnen/Katecheten, 3 Diakone), die *Evangelisch-Lutherische Kirche in der Kirgisischen Republik* (ELKKR – 1000 Gemeindeglieder, 15 Gemeinden, 8 Pastoren, 5 Prediger), die *Evangelisch-Lutherische Kirche Europäisches Russland* (ELKER – 15 000 Gemeindeglieder, 170 registrierte und unregistrierte Gemeinden und Gemeindegruppen, 11 Propsteien, 60 Pfarrer/Prediger), die *Evangelisch-Lutherische Kirche Ural, Sibirien und Ferner Osten* (ELKUSFO – 5000 Gemeindeglieder, 118 Gemeinden, 3 Propsteien, 15 Pfarrer, 97 Predigerinnen/Prediger, 1 Diakonisse), die Deutsche Evangelisch-Lutherische Kirche in der Ukraine (DELKU – 1000 Gemeindeglieder, 13 Gemeinden, 6 Pfarrer, 1 Diakon), die Evangelisch-Lutherische Kirche in Usbekistan (ELKU – 150 Gemeindeglieder, 2 Gemeinden und einige Hausgemeinschaften, 3 Lektorinnen) und das Theologische Seminar in St. Petersburg (Quelle: GAW-Projektkatalog 2021, Leipzig 2020).

39 Anm. d. Red.: Vgl. Abschnitt 2.3.1, in: JMLB 66, 2019, 205–210.

Der Liturgie- und Gesangbuchausschuss tagte unter der Leitung von Manfred Brockmann. Neben Ergänzungen im Entwurf des neuen Gesangbuchs sowie dem Vorschlag, alle Lieder auf einer CD zusammenzufassen, wurde festgestellt, dass die 1999 verabschiedete Agende überarbeitungsbedürftig ist und darüber hinaus weitere Teile wie Beerdigung, Trauung, Taufe, Konfirmation, Amtseinführung und Einweihungen immer noch fehlen. Es wurde an den Beschluss der letzten Sitzung der Generalsynode 1999 erinnert, eine Liturgiekomission zu bilden.

### 4.11.5 Der Ausschuss „Aufbau kirchlicher Dienste"

Ebenfalls von großem Interesse für die Synodalen war die Arbeit im Ausschuss „Aufbau kirchlicher Dienste". Hier wurden die Bereiche Kinder- und Jugendarbeit, Diakonie, kirchliche Presse sowie die Frauenarbeit behandelt. Dem Plenum wurde als Problem vorgetragen, dass es auf gesamtkirchlicher Ebene an Ansprechpartnern und Vernetzungen fehle, wodurch viel Potential ungenutzt bliebe. Es wurde angeregt, dass die Theologischen Seminare in Novosaratovka und Astana künftig Fachkurse für „Kinder- und Jugendarbeit" sowie für die diakonischen Dienste anbieten sollten.

Der siebente Ausschuss beschäftigte sich unter dem Vorsitz von Viktor Dietz mit Statistik und Planung. Grundlage für die Diskussion war das von Pastorin Elvira Sytscheva/Zhejds anlässlich der Sitzung der Generalsynode zusammengestellte statistische Jahrbuch. Wenn man die statistischen Erhebungen richtig interpretiert, werden im Bereich der ELKRAS knapp 75 000 Christinnen und Christen von 94 Pastoren und 233 Predigern in 345 Gemeinden und 61 Gemeindegruppen betreut. Den Gemeinden stehen über 150 Gebäude zur Verfügung.

Die 2. Sitzung der II. Generalsynode hat mit ihren Beschlüssen, vor allem der Verkleinerung der Generalsynode, der Bildung eines Zukunfts-, Ausbildungs- und Liturgiekomitees sowie der Wahl eines – insbesondere wegen seiner strategischen Kompetenzen in der gesamten Kirche bekannten – Bischofs zum Erzbischof tatsächlich den Weg unserer Kirche in die Zukunft gewiesen. Niemand hat versucht, unter dem Glanz der Generalsynode Probleme zu verschleiern oder zu unterdrücken. In vorher nicht dagewesener Offenheit sind die aktuellen Fragen unserer Kirche diskutiert worden. Es sind konkrete Maßnahmen zu deren Lösung in brüderlicher Streitbarkeit vorgeschlagen und beschlossen worden. Die Generalsynode war ein Spiegel, in den unsere Kirche geschaut hat. In diesem Spiegel erkannten wir deutlich unseren gemeinsamen Weg in die Zukunft.

### *4.12 Das Gespräch mit dem Patriarchen Alexij II.*

Gewissermaßen als Abschluss meiner Tätigkeit in St. Petersburg habe ich einen Besuch unserer Kirche beim Patriarchen von Moskau und ganz Russland am 15. November 2005 erlebt. Für Erzbischof Dr. Edmund Ratz war es zugleich der Antrittsbesuch.

Der Patriarch kam ja aus dem alten baltischen Adelsgeschlecht der Barone von Rüdiger. Zwar war schon sein Großvater zur Orthodoxie konvertiert. Aber trotzdem ist Deutsch noch eine seiner Muttersprachen. Wir konnten bei meiner Verabschiedung auch ohne Dolmetscher miteinander sprechen. Dabei heftete er mir den Orden des Heiligen Moskauer Fürsten Daniel II. Klasse an die Brust.

Meine jahrzehntelangen Verbindungen mit Russland wurzelten nach dem Krieg in den frühen Kontakten zwischen der EKD mit dem Patriarchat Moskau und in den Beziehungen des LWB mit allen orthodoxen Kirchen in Gemeinschaft mit dem ökumenischen Patriarchat in Konstantinopel. Es hat mich sehr bewegt, dass diese letzte Begegnung in Moskau mit dem bald darauf überaschend verstorbenen Patriarchen nun den Abschluss meiner Tätigkeit auf dem Gebiet der früheren Sowjetunion bildete.[40]

40 Vgl. hierzu: Edmund Ratz, Der lutherisch-orthodoxe Dialog – aktuelle Standpunkte. Лютеранско-православный диалог – актуальная точка зпения, Beiträge zur Geschichte der evangelisch-lutherischen Kirche Rußlands, Bd. 6, Erlangen 2008. Anm. d. Red.: Zum Abschluss dieser Veröffentlichung im Rahmen des Jahrbuchs „Lutherische Kirche in der Welt“ kann darauf hingewiesen werden, dass diese Erinnerungen Ende 2019 in Moskau in russischer Sprache erschienen sind: „Возрождение Евангелическо-Лютеранской Цекви в России. Воспоминаия архиепископа Георга Кречмара о своем служении в 1989–2005 годах“/„Die Wiedergeburt der Evangelisch-Lutherischen Kirche in Russland. Erinnerungen des Erzbischofs Georg Kretschmar an seinen Dienst in den Jahren 1989–2005.“ Der Bericht dazu von Elena Djakiwa, Die Memoiren des ersten Erzbischofs der ELK sind auf Russisch erschienen, in: Der Bote Spezial 1/2020, 1f).

# Gliederung des Martin-Luther-Bundes

## I. Organe des Bundes

### 1. Vorstand

1.
Präsident:
Pfarrer Dr. Carsten **Rentzing**,
Dresden

2.
Stellvertretender Präsident:
Prof. D. Dr. Rudolf **Keller**, Ansbach

3.
Schatzmeister:
Peter **Siemens**, Hannover

4.
Generalsekretär:
Pfr. Michael **Hübner**
Fahrstr. 15
91054 Erlangen
Tel.: (09131) 7870-14
Fax: (09131) 7870-35
E-Mail:
gensek@martin-luther-bund.de

5.
Vertreter des DNK/LWB:
OKR Norbert **Denecke**
Podbielskistr. 164
30177 Hannover
Tel.: (0511) 696 872-06
Fax: (0511) 696 872-22
E-Mail: denecke@dnk-lwb.de

6.
Vertreter der VELKD:
OKR Johannes **Dieckow**
Amtsbereich der VELKD
im Kirchenamt der EKD
Herrenhäuser Str. 12
30419 Hannover
Tel.: (0511) 2796-8391
E-Mail: Dieckow@velkd.de

7.
Pfr. i. R. Wolfgang **Hagemann**,
Forchheim

8.
Pastor Mathias **Krüger**,
Henstedt-Ulzburg

9.
Bischof Dr. Pál **Lackner**,
Budakeszi/Ungarn

### 2. Zentralstelle des Martin-Luther-Bundes

www.martin-luther-bund.de

Generalsekretär:
Pfr. Michael **Hübner**
Fahrstr. 15
91054 Erlangen
Tel.: (09131) 7870-0
Fax: (09131) 7870-35
E-Mail:
gensek@martin-luther-bund.de

Büro:
Fahrstr. 15
91054 Erlangen
Tel.: (09131) 7870-0
Fax: (09131) 7870-35
E-Mail: info@martin-luther-bund.de

An diese Anschrift werden alle Schreiben an den Martin-Luther-Bund erbeten.

IBAN: DE60 7635 0000 0000 0123 04
BIC/SWIFT: BYLA DE M1ERH

# II. Bundeswerke und Arbeitszweige

## Wohnheim beim Martin-Luther-Bund

Anschrift:
Fahrstr. 15
91054 Erlangen

Ephorus:
Prof. Dr. Walter **Sparn**, Uttenreuth

Vermietung und Verwaltung:
Evang. Siedlungswerk in Bayern
Hans-Sachs-Platz 10
90403 Nürnberg
Tel.: (0911) 2008-0
E-Mail: info@esw.de

Das Wohnheim beim Martin-Luther-Bund ist seit 2019 im Besitz der Evangelisch-Lutherischen Kirche in Bayern. Es wird durch das Evangelische Siedlungswerk verwaltet.
Der MLB ist Nutzer der Büros und Kooperationspartner bei der Betreuung der Bewohner und Bewohnerinnen.
Entstanden ist das Wohnheim als Auslands- und Diasporatheologenheim im Jahr 1935. Es wurde vom ersten Bundesleiter, Prof. D. Dr. Friedrich Ulmer, begründet. In den Jahren seines Bestehens (mit einer durch die Kriegsereignisse hervorgerufenen Unterbrechung) haben Hunderte von Theologiestudenten im Hause gewohnt, darunter erfreulicherweise viele junge Theologinnen und Theologen aus europäischen Minderheitskirchen und auch aus Übersee.
An das alte Haus wurde in den 60er Jahren des 20. Jahrhunderts ein weiteres Heim mit zusätzlichen Zimmern angebaut.
Eine theologische Lektüre unter Leitung des Ephorus befasst sich vor allem mit wesentlichen Aussagen und Quellen des lutherischen Bekenntnisses. Sie wird derzeit im Rahmen des Lehrangebots des Fachbereichs Theologie der Friedrich-Alexander-Universität Erlangen-Nürnberg angeboten.

## Brasilienwerk

Leiter:
Pfr. i. R. Wolfgang **Hagemann**, Forchheim

Geschäftsstelle:
Fahrstr. 15
91054 Erlangen

IBAN: DE84 7655 0000 0760 7009 14
SWIFT/BIC: BYLA DE M1ANS

alle unter: Martin-Luther-Verein Erlangen, mit Vermerk „für Brasilienarbeit".

Dieser Arbeitszweig des Martin-Luther-Bundes wurde 1896 gegründet und wird seit dieser Zeit im Auftrag des Bundes vom Martin-Luther-Verein in Bayern verwaltet, dessen Vorsitzender zugleich Leiter des Brasilienwerkes ist. Von jeher ist von diesem Werk insbesondere die Aussendung von lutherischen Pfarrern nach Brasilien gefördert worden. Darüber hinaus wird in zunehmendem Maß die verantwortliche Teilnahme an kirchlichen Aufbauprojekten (z. B. in Zusammenhang mit der Wanderung evangelischer Familien nach Amazonien oder in die Millionenstädte) zur Hauptaufgabe des Brasilienwerkes. Dies geschieht grundsätzlich in Abstimmung mit der zuständigen Kirchenleitung in Brasilien. Eine im Jahr 1965 von allen Gliedvereinen des MLB begonnene Schulstipendienaktion hat bisher einigen hundert Stipendiaten die Ausbildung ermöglicht. An der Aufbringung der jeweils von der Evangelischen Kirche Lutherischen Bekenntnisses in Brasilien (EKLBB) verwalteten Mittel beteiligt sich seit 1970 das Gustav-Adolf-Werk. Die Förderung kommt Schülern und Studenten zugute, die den Lehrberuf ergreifen wollen.

## Sendschriften-Hilfswerk

(Literaturarbeit)

Frank **Thiel**
Fahrstr. 15
91054 Erlangen
Tel.: (09131) 7870-13
Fax: (09131) 7870-35
E-Mail: shw@martin-luther-bund.de

IBAN: DE60 7635 0000 0000 0123 04
BIC/SWIFT: BYLA DE M1ERH

Das Sendschriften-Hilfswerk wurde im Jahr 1936 eingerichtet. Seit 1980 befindet es sich in Erlangen im Verbund mit der Zentralstelle des Martin-Luther-Bundes. Seine Aufgabe ist es, durch den Versand theologischer Literatur dem oft großen Mangel an gutem Schrifttum in Diasporagemeinden abzuhelfen. Besonders berücksichtigt werden dabei Theologiestudenten und kirchliche Büchereien. So besteht z. B. eine enge Verbindung mit vielen Studierenden an südamerikanischen Hochschulen und mit den Bibliotheken theologischer Ausbildungsstätten in Osteuropa.

Aus der früher – von 1937 bis 1971 – selbständig als Bundeswerk geführten Arbeit der Bibelmission ist durch Zusammenlegung der Tätigkeiten eine

### Württembergische Abteilung des Sendschriften-Hilfswerkes (Bibelmission)

gebildet worden. Diese Arbeit steht unter der besonderen Obhut des württembergischen Gliedvereins des Martin-Luther-Bundes. In jüngerer Zeit hat man sich besonders der Beschaffung von hebräischen und griechischen Bibeln für Studenten in Partnerkirchen gewidmet.

Leiter:
Direktor i.R.
Dr. Karl Dieterich **Pfisterer**
Engelhornweg 15
70186 Stuttgart
Tel.: (0711) 4 800 523
E-Mail: dpfisterer@t-online.de

**Martin-Luther-Verlag**

Anschrift:
Fahrstr. 15
91054 Erlangen
Tel.: (09131) 7870-0
Fax: (09131) 7870-35
E-Mail:
verlag@martin-luther-bund.de

Auslieferung für den Buchhandel:
**ChrisMedia GmbH**
Robert-Bosch-Str. 10
35460 Staufenberg
Tel.: (06406) 8346-0
Fax: (06406) 8346-125
E-Mail: info@chrismedia24.de

Im Martin-Luther-Verlag wird das Jahrbuch des Martin-Luther-Bundes, „Lutherische Kirche in der Welt", veröffentlicht sowie Titel, die über die Diasporakirchen informieren.

## III. Gliedvereine in der Bundesrepublik Deutschland

**1.**
**Martin-Luther-Verein in Baden (gegr. 1919)**

1. Vorsitzender:
Pfarrer Rainer **Trieschmann**
Lutherstr. 2
75228 Ispringen
Tel.: (07231) 89 156
E-Mail: ispringen@elkib.de

2. Vorsitzende:
Johanna **Hochmuth**
Turnstr. 4
75228 Ispringen
Tel./Fax: (07231) 81 820
E-Mail: johannahochmuth@web.de

Kassenführer: Hartmut **Scheel**

IBAN: DE14 6625 0030 0050 1203 93
SWIFT/BIC: SOLA DE S1BAD

**2.**
**Martin-Luther-Verein in Bayern e. V., Evang.-Luth. Diasporadienst (gegr. 1860)**

martin-luther-verein-bayern.de

Vorsitzender:
Pfr. i. R. Wolfgang **Hagemann**

Stellvertretende Vorsitzende:
Pfarrer Prof. Dr. Christian **Eyselein**
Pfarrer Jörg **Mahler**

Schriftführerin: Andrea **Kühn**

Kassenführer: Wolfgang **Köbler**

IBAN: DE84 7655 0000 0760 7009 14
SWIFT/BIC: BYLA DE M1ANS

Geschäftsstelle:
Fahrstr. 15
91054 Erlangen
E-Mail: info@martin-luther-verein-bayern.de

**3.**
**Martin-Luther-Verein in Braunschweig (gegr. 1898)**

Vorsitzender/Geschäftsstelle:
Pfr. Christian **Tegtmeier**
Alte Dorfstr. 4
38723 Seesen-Kirchberg
Tel.: (05381) 8602
E-Mail: christian.tegtmeier@lk-bs.de

Stellvertretender Vorsitzender:
Pfr. Frank **Ahlgrim**
Westendorf 1
38115 Werlaburgdorf
Tel.: (05335) 343
E-Mail: frank.ahlgrim@lk-bs.de

Schriftführer:
Pfarrer Stefan **Werrer**
Geiteldestr. 39
38122 Braunschweig-Geitelde
Tel.: (05300) 372
E-Mail: stefan.werrer@lk-bs.de

Kassenführerin:
Thea **Große**
Zum Papenbusch 3
38723 Seesen
E-Mail: thea.grosse@lk-bs.de

IBAN: DE70 2501 0030 0020 5153 07
SWIFT/BIC: PBNK DE FF

**4.**
**Martin-Luther-Bund in Hamburg (gegr. 1887)**

www.mlb-hamburg.de

1. Vorsitzender:
Pastor Mathias **Krüger**
Hamburger Str. 30
24558 Henstedt-Ulzburg
E-Mail:
pastorkrueger@mlb-hamburg.de

2. Vorsitzender:
Pastor Johannes **Kühn**

1. Kassenführer:
Carsten **Schmidt**

2. Kassenführerin:
Pastorin Maike **Bendig**

1. Schriftführerin:
Pastorin Birgit **Mahn**

IBAN: DE45 5206 0410 0006 4226 32
SWIFT/BIC: GENO DE F1EK1

**5.**
**Martin-Luther-Bund Hannover (gegr. 1853)**

Vorsitzender:
Pastor Christian **Schefe**
Schlingstr. 8
31737 Rinteln
E-Mail: ChristianSchefe@web.de

Stellvertr. Vorsitzender:
Pfr. i. R. Norbert **Hintz**
Auf dem Hollacker 4
27412 Wilstedt
Tel.: (04283) 894 872
E-Mail: Norbert.Hintz@arcor.de

Geschäftsführer:
N. N.
kommissarisch:
Pfr. Andreas **Siemens**

Stellvertr. Geschäftsführer:
Pastor i. R. Horst Friedrich **Härke**
Worthstr. 27
37632 Eschershausen
Tel.: (0170) 3 151 750
E-Mail: horst.haerke@gmx.de

Kassenführer:
Kirchenamtsrat Stefan **Schlotz**
Sudetenstr. 44 a
31224 Peine
Tel.: (0511) 1 241 249 (dienstl.)
E-Mail: Stefan.Schlotz@evlka.de

Stellvertr. Kassenführer:
Kirchenamtsrat i. R. Friedrich **Korden**
Schillerstr. 7
31812 Bad Pyrmont
Tel.: (05281) 6 211 900

IBAN: DE22 5206 0410 0000 6160 44
SWIFT/BIC: GENO DE F1EK1

**6.**
**Martin-Luther-Bund in Lippe (gegr. 1900)**

Vorsitzender:
Pfr. Richard **Krause**
von-Cölln-Str. 21
32791 Lage
Tel.: (05232) 4010
Fax: (05232) 63 110
E-Mail: krause@lutherisch-lage.de

Geschäftsführung:
Sup. Dr. Andreas **Lange**
Papenstr. 16
32657 Lemgo
Tel.: (05261) 189 802
E-Mail: sup@lippe-lutherisch.de

IBAN: DE56 4825 0110 0000 0241 90
SWIFT/BIC: WELA DE D1LEM

**7.**
**Martin-Luther-Bund Lübeck-Lauenburg**

Vorsitzende:
Pastorin Maike **Bendig**
E-Mail: maike.bendig@kkre.de

Stellvertr. Vorsitzender/Schriftführer:
Pastor Frank **Lotichius**

IBAN: DE77 2305 2750 0002 0037 08
SWIFT/BIC: NOLA DE 21RZB

**8.**
**Martin-Luther-Bund in Oldenburg (gegr. 1895)**

1. Vorsitzender:
Pfr. Dr. Tim **Unger**
Kirchstr. 8
26215 Wiefelstede
Tel.: (04402) 8 639 955
E-Mail: tim.unger@ewetel.net

2. Vorsitzender:
Pfr. Dr. Thomas **Ehlert**
Am Kirchhof 4
27804 Berne
Tel.: (04406) 238
Fax: (04406) 970 378
E-Mail: ehlnet@web.de

Kassenwartin:
Christine **Schmidt**
Richard-Wagner-Str. 11
26215 Wiefelstede
Tel.: (04402) 8 636 372
E-Mail: tina.ros@t-online.de

Schriftführer:
Pfr. Florian **Bortfeldt**
Idafehn-Nord 4
26842 Ostrhauderfehn
Tel.: (04952) 5268
Fax: (04952) 5422
E-Mail: floal.bortfeldt@t-online.de

Beisitzerin:
Pfrin. Friedgard **Möllmann**
Wemkendorfer Weg 14
26215 Wiefelstede
Tel.: (04402) 60 019
E-Mail: moellmann-fuj@ewe.net

IBAN: DE30 2805 0100 0071 4056 74
SWIFT/BIC: SLZO DE 22 XXX

**9.**
**Martin-Luther-Bund in Schaumburg-Lippe (gegr. 1987)**

Vorsitzender:
Pastor Reinhard **Zoske**
Bergkirchener Str. 30
31556 Wölpinghausen
Tel.: (05037) 2387
Fax: (05037) 5039
E-Mail:
Kirche_Bergkirchen@t-online.de

Schatzmeisterin:
Angelika **Prange**
Landeskirchenamt
Bahnhofstr.6
31675 Bückeburg
Tel.: (05722) 96 015
E-Mail: a.prange@lksl.de

Beisitzer/innen:

Pastorin Andrea **Dorow**
Klosterstr. 22
31515 Wunstorf-Großenheidorn

Roland **Freitag**
Altenhäger Str. 75
31558 Hagenburg

Rolf **Watermann**
Wilhelm-Busch-Str. 3
31707 Bad Eilsen

IBAN: DE54 2559 1413 0050 4777 00
SWIFT/BIC: GENO DE F1BCK

IBAN: DE70 2555 1480 0320 2048 60
SWIFT/BIC: NOLA DE 21SHG

**10.**
**Martin-Luther-Bund in Württemberg e. V. (gegr. 1879)**

Vorsitzende:
Pfarrerin Andrea **Aippersbach**
Ev. Kirchengemeinde Möhringen und Fasanenhof
Oberdorfstr. 12
70567 Stuttgart
E-Mail:
andrea.aippersbach@elkw.de

Stellvertr. Vorsitzende:
Gudrun **Kaper**
Stuttgart
E-Mail: gud3erutz9p@outlook.com

Kassenführer:
Eberhard **Vollmer**
Heerstr. 17
72141 Walddorfhäslach
Tel.: (07127) 18 703
E-Mail: ae.vollmer@gmx.de

Landesbank Baden-Württemberg
IBAN: DE09 6005 0101 0002 9762 42
SWIFT/BIC: SOLA DE ST

# IV. Ausländische Gliedvereine

BRASILIEN

**1.**
**Comunhão Martim Lutero**

Präsident:
Pfr. i. R. Friedrich **Gierus**
Rua Zelinde Cardos 189
Caixa Postal, 6390
89.068-080 Blumenau – SC
BRASILIEN
Tel.: (+55) (47) 3337-1434
Mobil: (+55) (47) 991 286 398
E-Mail: f.gierus@terra.com.br

Stellvertretender Präsident:
Pastor Norival **Müller**
Rua Professor Hermann Lange, 960
89060-300 Blumenau – SC
BRASILIEN
Tel.: (+55) (47) 33 395 953
E-Mail: norival_m@yahoo.com.br

Schriftführerin:
Karin **Goldacker**
Rua Dr. Pedro Zimmermann, 10695
89075-000 Blumenau – SC
BRASILIEN
E-Mail:
karingoldacker@yahoo.com.br

Schatzmeister:
Dioney **Litzenberger**
Rua Hermann Tiedt, 149 -
89062-340 Blumenau SC
BRASILIEN
Tel.: (+55) (47) 3306-7412
E-Mail: dioneylitz@hotmail.com

Exekutivsekretär:
Pastor Roni Roberto **Balz**
Rua Erich Belz 130
Itoupava Central
89.068-060 – Blumenau – SC
BRASILIEN
Tel.: (+55) (47) 33 371 110
E-Mail: ronibalz@yahoo.com.br

Konto: Überweisung über die Commerzbank Ag/Frankfurt (SWIFT: COB ADE FF) an die Caixa Econômica Federal: 400871228300 EUR – SWIFT: CEF XBR SP
Empfänger: Comunhão Martim Lutero
IBAN: BR38 0036 0305 0237 4000 0000 447C 1
Identifikationsnummer CML: CNPJ 81.144.065/0001-02
Postadresse der Bank:
Caixa Econômica Federal
Rua Dr. Pedro Zimmermann, 7480
Bairro Itoupava Central
89068-001 – Blumenau – SC
BRASILIEN

## CHILE

**2.**
**Fundación Luterana de Chile**

Präsident:
Marko **Jürgensen**
Lota 2330
Providencia
Casilla 16067
Santiago 9
CHILE
Tel.: (+56) 222 313 913
E-Mail: redentor@live.cl

Vizepräsidentin:
Pastorin Hanna **Schramm**
(s. o.)

Direktorin für Sozialarbeit und Entwicklungsprojekte:
Helga **Koch de Escobar**
Los Tulipanes 2979
Providencia
Santiago
CHILE
Tel. (+56) 227 618 635
E-mail: helgakochcl@yahoo.com

IBAN: DE71 5206 0410 0000 0057 11
SWIFT/BIC: GENO DE F1EK1

## FRANKREICH

**3.**
**Société Evangélique Luthérienne de Mission Intérieure et Extérieure en Alsace et en Lorraine**

www.societe-lutherienne.fr

Präsident:
M. le Pasteur
Jean-Luc **Hauss**
12, rue des Cigognes
67330 Neuwiller-lès-Saverne
FRANKREICH
Tel.: (+33) 388 700 019
E-Mail:
contact@societe-lutherienne.fr

IBAN:
FR76 1027 8016 7000 0151 3654 583
SWIFT/BIC: CMCI FR 2A

**4.**
**Association Générale de la Mission Intérieure de Paris**

Präsidentin:
Marie **de Fontenioux**
22, rue des Archives
75004 Paris
FRANKREICH
Tel.: (+33) (687) 513 332
(+33) (1) 48 94 36 90
(Frank Thomas)
E-Mail:
missioninterieure@gmail.com

IBAN:
FR76 3000 3030 7000 0508 9693 570
SWIFT/BIC: SOGE FR PP

## LITAUEN

**5.**
**Martin-Luther-Bund Litauen**

Präsident:
Bischof Mindaugas **Sabutis**
Vokieciu Str. 20
01130 Vilnius
LITAUEN
Tel.: (+370) 52 626 745
Mobil: (+370) 68 795 417
Fax: (+370) 2 123 792
E-Mail: bishop.office@times.lt

Sekretär:
Pfarrer Jonas **Liorančas**
Sody 34-7
00105 Palanga
LITAUEN
Tel.: (+370) 61 683 833
E-Mail: jliorancas@yahoo.com

## NAMIBIA

**6.**
**Evang.-Luth. Kirche in Namibia (DELK) – ELKIN (DELK)**

www.elcin-gelc.org

Bischof Burgert **Brand**
P. O. Box 233
Windhoek
NAMIBIA
Tel.: (+264) (61) 224 294
Fax: (+264) (61) 221 470
E-Mail: bishop-office@elcin-gelc.org

## NIEDERLANDE

**7.**
**Luther Stichting**

Vorsitzende:
Drs. Perla K. A. **Akerboom-Roelofs**
Groesbeekseweg 64
6524 DG Nijmegen
NIEDERLANDE
Tel.: (+31) (24) 3 238 024
Mobil: (+31) 623 258 114
E-Mail:
perlaakerboom@hotmail.com

Geschäftsleiter:
Dr. Andreas H. **Wöhle**
Uiterwaardenstraat 306
1079 DB Amsterdam
NIEDERLANDE
Tel.: (+31) 620 195 027
E-Mail:
a.woehle@luthersamsterdam.nl

Kassenführer:
Drs. J. B. **Val**
Kerkstraat 74
4285 BC Woudrichem
NIEDERLANDE
Tel.: (+31) (183) 304 586
E-Mail: jb@val.nl

IBAN: NL25 INGB 0002 6509 68
SWIFT/BIC: INGB NL 2A

## ÖSTERREICH

**8.**
**Martin-Luther-Bund in Österreich (gegr. 1960)**

www.martin-luther-bund.at

1. Bundesleitung:

Bundesobmann:
Pfr. Mag. Jörg **Lusche**
Albert-Schweitzer-Gasse 7
3160 Traisen
ÖSTERREICH
Tel.: (+43) (2762) 62 120
Mobil: (+43) (699) 18 877 314
E-Mail: mlboebo@gmx.at
st.aegyd@evang.at

Bundesgeschäftsführer:
Mag. Martin **Hrabe**
August Gliederer-Str. 6
2345 Brunn a.Geb.
ÖSTERREICH
Tel.: (+43) (699) 11 031 157
E-Mail: hrabe@gmx.at

Stellvertr. Bundesgeschäftsführer:
Pfr. Mag. Bernhard **Groß**
Technikerstr. 50
6020 Innsbruck
ÖSTERREICH
Tel./Fax: (+43) (512) 2874-32
Mobil: (+43) (699) 18 877 751
E-Mail: b.gross@utanet.at
gross@innsbruck-christuskirche.at

Bundesschatzmeisterin:
Rosalia **Kaltenbacher**
Meidlinger Hauptstr. 19–21/1/1
1120 Wien
ÖSTERREICH
Tel./Fax: (+43) (1) 3 471 628
Mobil: (+43) (676) 7 419 759
E-Mail: r.kaltenbacher@gmx.at

2. Bundesvorstand:

Die Mitglieder der Bundesleitung und die Diözesanobleute:

Burgenland:
Pfr. Mag. Carsten **Marx**
Blumentalstraße 28
7503 Großpetersdorf
ÖSTERREICH
Tel.: (+43) (3362) 2269
Mobil: (+43) (699) 18 877 198
E-Mail: carstenmarx@evang.at

Kärnten: N. N.

Niederösterreich:
Pfr. Mag. András **Pál**
Dr. Stockhammer-Gasse 15–17
2620 Neunkirchen
ÖSTERREICH
Tel.: (+43) (2635) 62 467
Mobil: (+43) (699) 18 877 311
E-Mail: pfarrer@
evang-neunkirchen.at

Oberösterreich:
Pfr. Mag. Ortwin **Galter**
Niedermayrweg 5 a
4040 Linz
ÖSTERREICH
Tel.: (+43) (732) 750 630-14
Fax: (+43) (732) 750 630-16
Mobil: (+43) (650) 7 508 891
E-Mail: mlbooe@gmx.net

Salzburg und Tirol:
Pfr. Mag. Bernhard **Groß** (s. o.)

Steiermark:
Pfrin. Mag^a^. Julia **Moffat**
Martin-Luther-Kai 2
8700 Leoben
ÖSTERREICH
Tel.: (+43) (3842) 42 001
Mobil: (+43) (699) 18 877 688
E-Mail: pfarrerin@aon.at

Wien:
Pfarrerin em.
MMag^a^. Dr. Ingrid **Vogel**, MAS
Johann-Blobner-Gasse 2/1
1120 Wien
ÖSTERREICH
Mobil: (+43) (699) 18 877 766
E-Mail: ingrid.vogel@evang.at

Von Amts wegen:

Bischof Mag. Michael **Chalupka**
Severin-Schreiber-Gasse 3
1180 Wien
ÖSTERREICH
Tel.: (+43) (1) 4 791 523-100
Fax: (+43) (1) 4 791 423-110
E-Mail: bischof@evang.at

Als ständiger Gast:

Generalsekretär Pfr. Michael **Hübner**
Fahrstr. 15
91054 Erlangen
Tel.: (09131) 7870-0
Fax: (09131) 7870-35
E-Mail:
gensek@martin-luther-bund.de

IBAN: AT74 6000 0000 0782 4100
SWIFT/BIC: BAWAATWW

## SCHWEIZ

### 9.
### Martin-Luther-Bund in der Schweiz und im Fürstentum Liechtenstein

www.martin-luther-bund.ch

Präsident:
Daniel **Reicke**
Sommergasse 10
4056 Basel
SCHWEIZ
E-Mail: dreicke@hispeed.ch

Vizepräsident:
Christoph **Dipner**
Rütihardstr. 14
43132 Muttenz
SCHWEIZ
E-Mail: christoph.dipner@gmail.com

Rechnungsführer:
Gerhard **Meier**
E-Mail: gerd.meier@bluewin.ch

Geschäftsstelle:
c/o Ev.-Luth. Kirche Basel und Nordwestschweiz
Friedengasse 57
4056 Basel
SCHWEIZ
E-Mail: vorsitz@martin-luther-bund.ch

IBAN: CH61 0900 0000 8000 5805 5
SWIFT/BIC: POFI CH BEXXX

## SLOWAKEI

**10.**
**Spolok Martina Luthera**

Vorsitzender:
Mgr. Ondrej **Pet'kovský,** Pfr. i. R.
Vel'ké Stankovce 728
913 11 Trenčianske Stankovce
SLOWAKEI
Tel.: (+421) (32) 6 497 101
(+421) (903) 218 143
E-Mail: o.petkovsky@gmail.com

Stellvertr. Vorsitzender:
Mgr. L'ubomír **Batka**, PhD
Bartókova 8
811 02 Bratislava
SLOWAKEI
E-Mail: batka@fevth.uniba.sk

IBAN:
SK25 8330 0000 0020 0141 3738
SWIFT/BIC: FIOZ SK BAXXX

## SÜDAFRIKA

**11.**
**Northeastern Evangelical Lutheran Church in South Africa (NELCSA)**

www.nelcsa.net

Leiter:
Bischof Horst **Müller**
P. O. Box 7095
1622 Bonaero Park
SÜDAFRIKA
Tel.: (+27) (11) 979-7137/9
E-Mail: hmuller@nelcsa.net

Verwaltung:
Liselotte **Knöcklein**
(Persönliche Assistentin):
E-Mail: lknocklein@nelcsa.net

Yolanda **Kilian** (Buchführung):
E-Mail: ykilian@nelcsa.net

Schatzmeister:
Vernon **Filter**
P. O. Box 7095
1622 Bonaero Park
SÜDAFRIKA
E-Mail: vernon.filter@fdcentre.co.za

## TSCHECHIEN

**12.**
**Lutherova společnost (Luthergesellschaft)**

www.luther.cz

V Jirchářích 152/14
110 00 Praha 1 – Nové Město
TSCHECHISCHE REPUBLIK
E-Mail: martin@luther.cz

IBAN:
CZ02 2010 0000 0029 0003 1848
SWIFT/BIC: FIOB CZ PPXXX

**13.**
**Martin-Luther-Vereinigung in der Tschechischen Republik (Teschen)**

Na nivách 7
73701 Český Těšín
TSCHECHISCHE REPUBLIK

Vorsitzender:
Mgr. Emil **Macura**
Masarykovo nám. 4/3
733 01 Karviná
TSCHECHISCHE REPUBLIK
Tel.: (+420) 739 176 324
E-Mail: emacura@sceav.cz

## UNGARN

**14.**
**Luther-Bund in Ungarn**

Präsident:
Prof. Dr. Tibor **Fabiny**
Reviczky utca 58/B
2092 Budakeszi
UNGARN
Tel.: (+36) (23) 450 773

Vizepräsident:
Bischof Dr. Pál **Lackner**
Felkeszi utca 6
2092 Budakeszi
UNGARN
Mobil: (+36) (20) 8 244 616
E-Mail: pal.lackner@gmail.com
pal.lackner@lutheran.hu

Ehrenpräsidenten:

Prof. em. Dr. András **Reuss**
Gyógyszergyár utca 65, III.7
1037 Budapest
UNGARN
Tel.: (+36) (1) 6 300 368
E-Mail: andras.reuss@lutheran.hu

Schuldirektor i. R.
Mátyás **Schulek**
József körút 71–73
1085 Budapest
UNGARN
Tel.: (+36) (1) 3 378 371
(+36) (20) 82 450 000
E-Mail: matyas.schulek@lutheran.hu

IBAN: HU05 5860 0324 1112 7240 0000 0000
SWIFT/BIC: TAKB HU HB

# V. Angeschlossene kirchliche Werke

**1.**
**Gesellschaft für Innere und Äußere Mission im Sinne der lutherischen Kirche e. V., Neuendettelsau (gegr. 1849 von Wilhelm Löhe)**

www.gesellschaft-fuer-mission.de

Geschäftsstelle:
Christian-Keyßer-Haus
Missionsstr. 3
91564 Neuendettelsau
Tel.: (09874) 68 934-0
Fax: (09874) 68 934-99
E-Mail:
info@gesellschaft-fuer-mission.de

1. Vorsitzender:
Pfr. Detlev Graf von der **Pahlen**
Winterleitenweg 39 A
97082 Würzburg
Tel.: (0931) 35 814 725

2. Vorsitzender:
Pfr. Prof. Dr. Thomas **Kothmann**
Missionsstr. 3
91564 Neuendettelsau

Finanzvorstand:
Hartmut-Werner **Niehoegen**
Hans-Sachs-Str. 13
91056 Erlangen
Tel.: (09131) 43 685

IBAN: DE59 7655 0000 0760 7040 80
SWIFT/BIC: BYLA DE M1ANS

**2.**
**Luther-Akademie Sondershausen-Ratzeburg e. V.**

www.luther-akademie.de

Domhof 18 (Dormitorium)
23909 Ratzeburg

Geschäftsstelle:
Waldstr. 48
23996 Bad Kleinen
Tel.: (0173) 6 262 488
E-Mail: info@luther-akademie.de

Präsident:
Dr. h. c. Frank Otfried **July**
Landesbischof der Evangelischen Landeskirche in Württemberg
Gänsheidestr. 4
70184 Stuttgart
Tel.: (0711) 2 149 324

Vizepräsident:
Prof. Ph. D. Bo Kristian **Holm**
Lisbjerg Vaenge 2
8200 Århus N
DÄNEMARK
E-Mail: bh@teo.au.dk

Vorsitzender des Kuratoriums:
Prof. em. Dr. Oswald **Bayer**
Kurhausstr. 138
53773 Hennef
Tel.: (02242) 918 951
E-Mail: OswaldBayer@web.de

Schatzmeister und Sekretär:
OKR Dr. Rainer **Rausch**
Waldstr. 48
23996 Bad Kleinen
Tel.: (0173) 6 262 488
E-Mail: Dr.Rainer.Rausch@luther-akademie.de

Assistent:
Raphael **Bellmann**
Tel.: (0173) 4 034 004
E-Mail: Raphael.Bellmann@luther-akademie.de

IBAN: DE56 5206 0410 0000 3403 40
SWIFT/BIC: GENO DE F1EK1

**3.**
**Kirchliche Gemeinschaft der Evang.-Luth. Deutschen aus Rußland e. V.**

www.kg-bsa.de

Geschäftsführer:
Waldemar **Lies**

Geschäftsstelle:
Büro: Andrea **Lange**
Am Haintor 13
Postfach 210
37242 Bad Sooden-Allendorf
Tel.: (05652) 4135
Fax: (05652) 6223
E-Mail: kg-bsa@web.de

Gemeinschaftsprediger:
Viktor **Büchler**

1. Vorsitzender:
Eduard **Penner**

Stellvertr. Vorsitzender:
Alexander **Schachtmaier**

Beisitzer:
Rudolf **Benzel**
Otto **Eichholz**
Jakob **Gebel**
Erich **Hardt**
Viktor **Schulz**

IBAN: DE55 5206 0410 0000 0021 19
SWIFT/BIC: GENO DE F1EK1

# VI. Werke in Arbeitsverbindung mit dem Martin-Luther-Bund

**1.**

**Diasporawerk in der Selbständigen Ev.-Luth. Kirche – Gotteskasten – e. V.**

http://www.diasporawerk-selk.com/

Vorsitzender:
Prof. Dr. Werner **Klän**
Julius-Brecht-Str. 13–15
23560 Lübeck
E-Mail: vorsitzender@diasporawerk-selk.com

Geschäftsführer:
Markus **Mickein**
Im Kloth 12
76228 Karlsruhe
E-Mail: geschaeftsfuehrer@diasporawerk-selk.com

Kassenführerin:
Britta **Lederbogen**
E-Mail: kasse@diasporawerk-selk.com

Beisitzer:

Pfarrer Tino **Bahl**
E-Mail: beisitz-tb@diasporawerk-selk.com

Annette **Biallas**
E-Mail: beisitz-ab@diasporawerk-selk.com

Pfarrer Daniel **Krause**
E-Mail: Klitten@selk.de

IBAN: DE07 4401 0046 0109 2504 67
SWIFT/BIC: PBNK DE FF

**2.**

**Evangelisch-Lutherische Kirche in Irland**

**The Lutheran Church in Ireland**

**An Eaglais Liútarach in Éirinn**

www.lutheran-ireland.org

Pastor Stephan **Arras**
Lutherhaus
24 Adelaide Road
Dublin 2
D02 XP21
IRLAND
Tel.: (+353) (1) 6 766 548
E-Mail: info@lutheran-ireland.org

IBAN: IE08 BOFI 9009 7319 9449 68
SWIFT/BIC: BOFI IE 2DXXX

IBAN: DE86 5206 0410 0000 0022 40
SWIFT/BIC: GENO DE F1EK1

**Anschriften der Autoren**

Professor
Dr. D. Rudolf **Keller**
Seckendorffstr. 14
91522 Ansbach
DrRudolfKeller@
web.de

Bischof em.
Dr. Miloš **Klatik**
Ev. a. v. farský úrad
Košariská 190/48
900 42 Dunajská
Lužná
SLOWAKEI
klatikmilos1@
gmail.com

Landesbischof em.
Professor
Dr. Gerhard **Müller**,
D. D.
Sperlingstr. 59
91056 Erlangen
gmuellerdd@arcor.de

Dr. Rainer **Stahl**
Habichtstr. 14 A
Appartement 252
91056 Erlangen
rainer.stahl.1@gmx.de

Rektor
Dr. Anton **Tikhomirow**
Theologisches Seminar
Newski pr. 22–24
191186 St. Petersburg
RUSSLAND
tikhomirov@live.com